Rudolf Louis
Die deutsche Musik der Gegenwart

SE**V**ERUS

Louis, Rudolf: Die deutsche Musik der Gegenwart
Hamburg, SEVERUS Verlag 2012
Nachdruck der Originalausgabe von 1909

ISBN: 978-3-86347-304-4
Druck: SEVERUS Verlag, Hamburg, 2012

Der SEVERUS Verlag ist ein Imprint der Diplomica Verlag GmbH.

Bibliografische Information der Deutschen Nationalbibliothek:
Die Deutsche Nationalbibliothek verzeichnet diese Publikation in der Deutschen Nationalbibliografie; detaillierte bibliografische Daten sind im Internet über http://dnb.d-nb.de abrufbar.

© **SEVERUS Verlag**
http://www.severus-verlag.de, Hamburg 2012
Printed in Germany
Alle Rechte vorbehalten.

Der SEVERUS Verlag übernimmt keine juristische Verantwortung oder irgendeine Haftung für evtl. fehlerhafte Angaben und deren Folgen.

seVerus

RUDOLF LOUIS
DIE DEUTSCHE MUSIK DER GEGENWART.

DIE DEUTSCHE MUSIK DER GEGENWART

VON

RUDOLF LOUIS

MIT 15 PORTRÄTS UND
NOTENFAKSIMILES

Wir machen häufig den Fehler, eine Richtung oder Partei oder Zeit lebhaft anzufeinden, weil wir zufällig nur ihre veräusserlichte Seite, ihre Verkümmerung oder die ihnen notwendig anhaftenden „Fehler ihrer Tugenden" zu sehen bekommen — vielleicht weil wir selbst an diesen vornehmlich teilgenommen haben. Dann wenden wir ihnen den Rücken und suchen eine entgegengesetzte Richtung; aber das Bessere wäre, die starken, guten Seiten aufzusuchen oder an sich selber auszubilden. Freilich gehört ein kräftigerer Blick und besserer Wille dazu, das Werdende und Unvollkommene zu fördern als es in seiner Unvollkommenheit zu durchschauen und zu verleugnen. Nietzsche.

Inhalt.

Vorwort.
I. Vom musikalischen Fortschritt 11
II. Das musikalische Drama 45
III. Symphonie und symphonische Dichtung 129
IV. Das Lied — Kirchen-, Chor- und Kammermusik . . . 209
V. Ausübung und Pflege der Musik 277

Vorwort

Ein Autor, der „Die deutsche Musik der Gegenwart" zu seinem Thema wählt, hat wohl kaum zu befürchten, dass man in irgend einem Sinne des Wortes G e - s c h i c h t s c h r e i b u n g von ihm erwarte. Denn nichts anderes kann ja „Gegenwart" in diesem Zusammenhange bedeuten als d e n Teil der Vergangenheit, der n o c h n i c h t „Geschichte" geworden ist, — insofern nämlich die Möglichkeit historischer Auffassungs- und Darstellungsweise nach vorwärts genau so weit sich erstreckt wie die Zeit, die wir darum in jeder Weise als vergangen empfinden, weil auch ihr I n h a l t jene enge und unmittelbare Beziehung zu unserem eigenen Denken, Fühlen und Wollen bereits verloren hat, die das eigentliche Kennzeichen der Gegenwart (der „*actualitas*") ausmacht.

Immerhin muss auch der Betrachter der Gegenwart seinen Gegenstand *sub specie saeculi*, will sagen: im Rahmen zeitlichen Geschehens betrachten, und schon darum kann er zum mindesten den Anschein nicht immer vermeiden, als ob er dem Historiker ins Handwerk pfusche und sein Thema so sehe (und demgemäss auch behandle), wie wenn es durchaus der Vergangenheit angehörte und er selbst bereits jenes Verhältnis rein s a c h - l i c h e n Interesses zu ihm gewonnen hätte, das man vom „objektiven" Geschichtschreiber mit Recht verlangt.

Der Gegenwart gegenüber ist ein jeder mehr oder

minder Partei, und von absoluter Objektivität kann hier noch weit weniger die Rede sein als bei irgend einem Gegenstande der Vergangenheit, weil die Dinge der Gegenwart uns eben ganz anders am Herzen liegen, in ganz anderer Weise mit dem, was wir selbst erwünschen und erstreben, verknotet sind als solche, aus denen uns ein Geist entgegenweht, der dem unsern zwar sehr verwandt sein kann, aber niemals mit ihm ganz und gar identisch ist.

Die Beantwortung der Frage: ob die pseudohistorische Behandlung einer für die Sichel des wissenschaftlichen Historikers noch nicht schnittreifen Zeit überhaupt erlaubt sei, scheint mir von dem Werte abzuhängen, den man solcher Gegenwartsdarstellung zuzuerkennen geneigt ist. Glaubt man — und ich für meinen Teil hege diesen Glauben —, dass die „Gegenwartsgeschichte" nicht nur innerhalb der Gegenwart selbst — als Mittel der Besinnung und Orientierung — eine wichtige, ja notwendige Aufgabe zu erfüllen hat, sondern dass sie unter Umständen auch späteren Geschlechtern das zwar einseitig, aber doch so frisch und lebendig gesehene Bild einer Zeit vermitteln kann, wie es die retrospektive eigentliche Historie in gleicher Weise nie und nimmer vermag, — dann wird man einem Unternehmen nicht die Existenzberechtigung absprechen mögen, das ungefähr darauf hinaus will, für die Musik der Gegenwart die beiden Ziele zu vereinigen, die auf anderem Gebiete etwa der politische Publizist und der politische Memoirenschreiber getrennt verfolgen.

„Betrachtungen und Bekenntnisse" sind der eigentliche Inhalt dieses Buches: wie ich gern schon auf dem Titel vermerkt hätte, wenn es mir da nicht etwas allzu prätentiös vorgekommen wäre. Weil ich mir des Unterschiedes bewusst war, der meine Arbeit notwendigerweise von der des echten und eigentlichen Geschichtschreibers trennen muss, habe ich mich von vornherein bemüht, einen gewissen s u b j e k t i v e n C h a r a k t e r ihr als besonderes Merkmal aufzuprägen. Um diesen Unterschied schon dem ersten Blicke kenntlich zu machen, strebte ich darnach, wo immer es anging, die Darstellung objektiven Geschehens durch das Bekenntnis s u b j e k t i v e n E r l e b e n s zu ersetzen, und aus demselben Grunde wurde den allgemeinen Gedanken und Betrachtungen, zu denen der Gegenstand seiner Natur nach anregen musste, vorzugsweise die Form s u b j e k t i v e r R e f l e x i o n e n gegeben. Diese Methode zwang mich, mein liebes Ich mehr in den Vordergrund treten zu lassen, als es sonst mein Geschmack und meine Gewohnheit ist. Doch das war eben mit in Kauf zu nehmen: als notwendiges Uebel, wenn ich nicht von allem Anfang an die Hoffnung aufgeben sollte, meines Gegenstandes einigermassen Herr zu werden. — —

Der Aphorismus Nietzsches, den ich als Motto gewählt habe, verrät die Tendenz des Buches, — den „*animus*", mit dem ich die musikalische Gegenwart betrachte. Er ist ausgesprochen optimistisch, hoffend und vertrauend, erfüllt von dem guten Willen, unserer Zeit ihre besten Seiten abzugewinnen. Auch diese Tendenz erklärt sich dadurch, dass es die G e g e n w a r t ist, die ich betrachte. Wer ferne, fremde Zeiten und Zustände behandelt, dem mag es gleichgültig sein, ob er zu loben oder zu tadeln, zu lieben oder zu hassen hat. Anders der, der in und mit seiner Zeit s i c h s e l b s t behandelt. Ein solcher ist weit davon entfernt, als „reines Subjekt des Erkennens" seinem Gegenstande gegenüber zu stehen, in dem er vielmehr auf tausenderlei Weise als wollender und strebender Mensch mitten drinne steckt.

D e n k e n u n d E r k e n n e n m a c h t z u m P e s s im i s t e n , T u n u n d H a n d e l n a b e r e r f o r d e r t

Optimisten. Und so gewiss noch ein jeder ernsthaft die Welt *sub specie aeterni* anschauende Denker zu einem Ergebnis gelangen mussten, das in irgend einer Weise den Optimismus dementierte, so gewiss ist es ein nicht zurückzuweisendes „Postulat der praktischen Vernunft", dass wir entweder auf das Leben zu verzichten oder so zu leben haben, als ob die Welt das wäre, was sie in Wahrheit n i c h t ist.

Wer von der Gegenwart redet, soll und muss immer auch als „Subjekt des Wollens" reden, — womit freilich keineswegs gesagt ist, dass man das Schlechte gut, das Faule gesund und das Schwache stark zu nennen habe, sofern es uns nur in der Gegenwart begegnet. Nein: es kommt mir gewiss nicht in den Sinn, vor irgend einem Fehler oder Mangel unserer Zeit die Augen zu verschliessen. Aber was ich von vornherein abweise, das ist die Versuchung an ihr zu verzweifeln, und zwar deshalb abweise, weil es eben u n s e r e Zeit ist, die Zeit, die für uns vor allem auch den Schoss jeder möglichen Z u k u n f t bedeutet. Wer leben will, mag sich alles eingestehen, aber nur das eine nicht: dass er h o f f n u n g s l o s erkrankt sei.

Rudolf Louis.

I.
VOM MUSIKALISCHEN FORTSCHRITT

Wäre man vor die Aufgabe gestellt, unsre, wie auf andern Gebieten, so auch in der Musik ganz ungeheuer vielgestaltige und widerspruchsreiche Gegenwart mit e i n e m Worte zu kennzeichnen, so könnte man vielleicht sagen: Die musikalische Gegenwart ist die Zeit, die unter der fast einstimmig anerkannten, kaum je mehr ernstlich angefochtenen Herrschaft eines ihr eigentümlichen Dogmas lebt, — des D o g m a s v o m m u s i k a l i s c h e n F o r t s c h r i t t.

Der Musiker und Musikfreund der Gegenwart ist innigst durchdrungen von der Ueberzeugung, dass auch die Kunst — wie alles Lebendige — der Notwendigkeit ewigen Wandels und Wechsels unterworfen sei, dass es auch in der Musik einen Stillstand, ein Ausruhen auf erworbenem oder ererbten Besitze nicht geben dürfe und nicht geben könne.

Wofern das Dogma vom musikalischen Fortschritt nichts anderes enthielte als diese Ueberzeugung, bedeutete es die Anerkennung einer unleugbaren T a t s a c h e, der Tatsache, dass alles lebendige Sein notwendigerweise ein bewegtes und rastlos sich veränderndes ist. In Wahrheit enthält das musikalische Fortschrittsdogma aber viel mehr. Ausser der Anerkennung einer Tatsache involviert

es noch — und dadurch wird es erst zum D o g m a —
einen dreifachen G l a u b e n.

Zunächst den Glauben, dass in diesem auf den ersten
Blick so chaotischen Auf und Ab nie ruhender Bewegung
ein tiefer Sinn, das Walten einer immanenten Vernunft
sich ausspreche, dass jegliche Veränderung, von der uns
die Musikgeschichte erzählt, gewissermassen ein und
derselben Tendenz diene und das Wirken einer einzigen
zweckvollen Kraft verrate, die als die eigentliche Seele
alles musikhistorischen Geschehens zu gelten habe. Dass
mit einem Worte diesem endlosen Wechselspiele des
Kommens und Gehens, diesem ewigen Auftauchen und
Wiederverschwinden von Namen und Dingen, Künstlern
und Werken, Moden und Liebhabereien, dass ihm eine
strenge Gesetzmässigkeit innewohne, dass es nicht plan-
und ziellose Veränderung, sondern E n t w i c k l u n g
sei. —

Wenn wir einen Vorgang der Veränderung unter den
Begriff der Entwicklung subsumieren, so wollen wir damit ein Doppeltes aussagen. Einmal: dass wir ein B l e i-
b e n d e s als Subjekt der Veränderung annehmen und
uns vorstellen, dass das Ding „sich" verändert habe, dass
es also auch nach und trotz der Veränderung, im Grunde
genommen, dasselbe geblieben sei, das es vorher schon
gewesen war. Sodann: dass in und mit der Veränderung
eben von diesem gleichbleibenden W e s e n der Dinge
sich etwas offenbare, was zuvor mehr oder minder ver-
borgen gewesen, dass alles historische Werden den Sinn
eines Sich-Entfaltens habe, einer Evolution, zu deutsch,
der Los- oder Herausentwickelung von etwas, das zwar
der M ö g l i c h k e i t nach von jeher in dem Dinge vorhanden war, aber im Laufe der Zeit allmählich erst e r-
s c h e i n t, d. h. ans Tageslicht tritt und sichtbar wird.

Dass aus dem streng gefassten Begriff der Entwicklung in keiner Weise die Veranlassung zu irgend einem Werturteil geschöpft werden kann, ist klar. Denn angenommen auch, dass von zwei aufeinanderfolgenden Zuständen des gleichen Lebensgebiets der spätere immer auch der voller und reicher entwickelte und in diesem Sinne auch der sei, der uns mehr verrate von dem eigentlichen und wahren Wesen der Sache, so wäre damit noch lange nicht gesagt, dass dieser spätere Zustand deshalb auch der erfreulichere und wünschenswertere, der angenehmere und lustvollere sein müsste.

In Sonderheit, wo es sich um künstlerische Dinge handelt, wäre es ein grober Fehlschluss, zu meinen: weil eine Kunst sich zeitlich entwickelt, deshalb muss sie auch fortschreitend immer höhere ästhetische Werte produzieren. Ja, wenn es auch der Fall wäre, dass ausnahmslos jedes Produkt einer späteren Zeit insofern eine höhere Entwicklungsstufe repräsentierte, als es mehr verriete von der eigentlichen Natur des künstlerischen Wollens als das einer früheren Zeit, so müsste es darum doch lange noch nicht dieses Wollen auch näher am Ziele zeigen: Die höhere Entwicklungsstufe brauchte keineswegs notwendigerweise zusammenzufallen mit einer höheren Stufe der Vollendung.

Denn angenommen, dass das künstlerische Wollen für alle Ewigkeit dazu verurteilt sei, in einem gewissen höchsten Sinne sein Ziel verfehlen zu müssen oder doch wenigstens immer nur annäherungsweise das letzte Ende seines Strebens erreichen zu können, angenommen dass auch bei der Kunst — wie bei so vielen anderen Dingen — eine gewisse Täuschung in Bezug auf ihr innerstes Wesen nötig sei, um ihrer wahrhaft froh zu werden, dann würde es begreiflich werden, dass eine in jedem Sinne reicher entwickelte Kunst als Quell ästhetischer Lust unter Umständen auch wohl weit zurückstehen kann hinter einer früheren, in der Entwicklung sehr viel weniger vorgeschrittenen.

Kurz gesagt: Entwicklung ist nicht immer und überall auch schon Fortschritt, und eben das kennzeichnet den Fortschrittsdogmatismus, dass er beide Begriffe, von vornherein gleichsetzt und wähnt, die Notwendigkeit eines steten, ununterbrochenen Fortschritts bewiesen zu haben, wenn er gezeigt hat, dass die Kunst mit dem Zwange eines naturgesetzlichen Gesehehens sich immer weiter e n t - w i c k e l t habe. Sicherlich gilt das heraklitische: „Alles fliesst" von der Musik so gut wie von jeder anderen Kunst, und ganz gewiss liesse sich keine G e s c h i c h t e der Tonkunst denken, wenn es unmöglich wäre, dieses ewige Fliessen als eine fortlaufende Entwicklung zu begreifen oder doch als solche zu „konstruieren". Aber dass diese Entwicklung in d e m Sinne immer und überall auch f o r t - s c h r i t t l i c h sei, dass sie nur Gewinne und keine Verluste brächte, dass es im Laufe der Zeit immer nur schöner, besser und herrlicher würde, das ist dogmatischer Aberglaube, eine willkürliche Annahme, die jeden Augenblick durch das tatsächliche Geschehen widerlegt wird. —

Dass alle historische Veränderung Entwicklung und alle Entwicklung Fortschritt sei, diesen Glauben teilt der musikalische Fortschrittsdogmatiker mit allen denen, die der weitverbreiteten Meinung huldigen: Geschichte lasse sich nicht anders begreifen, als durch den Versuch, die geschichtlichen Ereignisse zu r e c h t f e r t i g e n und nicht nur als notwendig, sondern auch als nützlich und erfreulich hinzustellen. Ein weiterer Glaube — der dritte Bestandteil des Dogmas vom musikalischen Fortschritt — ist dagegen bis zu einem gewissen Masse musikalisches Sondergut; wenigstens begegnet man ihm auf anderen Gebieten weit seltener als auf dem der Tonkunst, wo er in unserer Zeit sehr weit, wenn nicht allgemein verbreitet ist.

Ich meine den Glauben, dass die Betätigung musikalischen Fortschritts einzig und allein darin bestehen könne, dass man die Arbeit der jüngsten Vergangenheit fortsetze, und zwar in demselben Sinne und in der gleichen Richtung fortsetze, nach der gerade unsere unmittelbaren Vorgänger gestrebt hatten.

Unsere Zeit kann sich kaum mehr eine andere Art musikalischen Fortschritts denken, als die, deren Wesen es ist, irgend einen grossen Vorläufer in dessen eigenstem Bereiche zu übertreffen und zu überbieten. Allgemein versteht man heute unter Fortschritt E x a g g e r a t i o n, U e b e r t r e i b u n g, und die Möglichkeit einer Richtungsänderung, der Gedanke, dass es zur Erzielung eines wirklichen, nicht bloss scheinbaren Fortschritts unter Umständen auch nötig sein könne, die Arbeit der Vergangenheit nicht in gleicher Linie weiterzuführen, sondern die Sache an einem ganz andern Ende anzupacken — sei es, weil jene Vorgänger mit dem, was sie sich vorgesetzt hatten, vollständig fertig geworden und ihren Nachkommen gar nichts zu tun mehr übrig gelassen hatten, sei es, weil im Gegenteil das Ziel, dem sie zugestrebt, sich schliesslich überhaupt als unerreichbar herausstellte —, diese Möglichkeit scheint dem Gesichtskreis der überwiegenden Mehrheit unserer fortschrittlich-gesinnten Musikfreunde vollständig entschwunden zu sein.

Dass auch die Musik, wenn sie nicht vertrocknen und verdorren soll, dem allgemeinen Lebensgesetze stetigen Wandels und Wechsels sich nicht entziehen dürfe, das ist eine selbstverständliche, unabweisbare Forderung. Und dass alle Veränderung in unsrer wie in jeder Kunst nur dann einen vernünftigen Sinn hat, wenn sie nicht auf Altes, schon Dagewesenes zurückgreift, sondern Neues bringt, wenn sie immer wieder auf Entdeckungen und Eroberungen ausgeht, und ihren Machtbereich immer weiter ausdehnt, das wird auch der zugestehen, der nicht von vornherein überzeugt ist, dass es innerhalb einer künstlerischen Entwicklung n u r Fortschritt und nicht ebenso natürlicherweise auch Rückgang und Verfall geben müsse. Dass aber Neuland ausschliesslich auf den von unseren unmittelbaren Vorgängern gewiesenen Pfaden zu finden sei, dass man, um vorwärts zu kommen, immer in ein und derselben Richtung weitertrotten müsse, dass es keinen andern Fortschritt als den in gerader Linie gebe, das ist ein Wahn, an dem die Musik der Gegenwart mehr und länger gelitten hat als irgend eine andere Kunst. —

Wenn es gelüstet, ein Bekenntnis in Sachen des musikalischen Fortschritts zu vernehmen, das ungemein bezeichnend ist für die Herrschaft des musikalischen Fortschrittsdogmas in solchen Köpfen, die ganz naiv und ohne jegliche kritische Kontrolle die geistige Atmosphäre ihrer Zeit einatmen, der möge das viel besprochene Pronunciamento nachlesen, das R i c h a r d S t r a u s s in der ersten Nummer der von ihm mitherausgegebenen Zeitschrift „Morgen" (Berlin, 14. Juni 1907, Seite 15—18) veröffentlicht hat. Man sieht da, dass es so etwas wie ein P r o b l e m des musikalischen Fortschritts, irgend etwas Bedenkliches oder Fragwürdiges bei diesem Begriffe für Strauss gar nicht gibt. Vielmehr erscheint ihm die ganze Sache so einfach und sonnenklar, dass er sich eine abweichende Meinung überhaupt nur aus „Unverstand, Unfähigkeit, Bequemlichkeit oder Eigennutz" zu erklären vermag. Er spricht vom naturnotwendigen Prozess des Fortschritts als von einem indiskutablen Faktum, ohne auch nur zu ahnen, dass ihn die Verwechslung der Begriffe Fortschritt und Entwicklung etwas behaupten lässt, was nichts weniger als selbstverständlich und über allen Zweifel erhaben ist. Und bis zu d e m Grade zeigt er sich in dem Lieblingsdogma seiner Zeit befangen, dass ihm auch am

„vollendeten Kunstwerke" nicht das als das wichtigste gilt, was für die k ü n s t l e r i s c h e Schätzung eigentlich doch einzig und allein in Frage kommt: sein ästhetischer Eigenwert, — sondern er meint, dass auch das einzelne Kunstprodukt in erster Linie h i s t o r i s c h betrachtet werden müsse, nämlich „als Glied einer grossen, stets lebendigen Entwicklung, als Same in die Seelen der Nachkommen gelegt, fortzeugend stets Höheres und Vollkommeneres zu gebären," — mit anderen Worten also: als blosses M i t t e l, mit Hilfe dessen etwas Zukünftiges erreicht werden s o l l, nicht aber auch als Z w e c k, in und mit dem etwas für sich selbst Bedeutungsvolles schon erreicht worden i s t.

Ja noch mehr: sogar auf die Art seiner Fragestellung, auf die besondere Wendung, die er seinem Thema gegeben hat, war die Skrupellosigkeit des Straussischen Fortschrittsglaubens ersichtlicherweise von Einfluss. Denn wäre er nicht von vornherein so fest davon überzeugt gewesen, dass der Begriff des musikalischen Fortschritts selbst ganz und gar nichts Problematisches enthalte, so hätte er wohl d i e Frage gestellt, die einem jeden, der sich über dieses Thema äussern will, doch zu allererst auf die Lippen treten muss, die Frage nämlich: ob und in welchem Sinne man überhaupt den Begriff des Fortschritts auf die Veränderungen anwenden dürfe, die das musik-historische Geschehen uns darbietet. Statt aber nach dem Wesen und der Bedeutung des musikalischen F o r t s c h r i t t s zu fragen, fragt Strauss nach der Existenz oder Nichtexistenz einer musikalischen Fortschrittsp a r t e i. Er lässt ein ernstes und lockendes Problem — eben weil es ihm noch gar nicht als Problem aufgegangen ist — beiseite, um sich mit einer Frage zu beschäftigen, die man mit dem besten Willen nicht sehr wichtig finden kann und die vollends für den — so sollte man meinen — ohne jegliches Interesse sein müsste, der von der T a t s a c h e eines steten musikalischen Fortschritts so durchaus überzeugt ist wie Strauss. Denn gerade wenn der künstlerische Fortschritt im Sinne eines kontinuierlichen Besser- und Vollkommenerwerdens als „notwendiger Prozess" über allen Zweifel erhaben feststeht, dann ist es wohl ziemlich gleichgültig, ja recht eigentlich eine „Doktorfrage", ob dieser Fortschritt, um sich durchzusetzen, der Parteibildung bedarf oder nicht. Genug, d a s s er sich durchsetzt und dass sein Sieg jederzeit und in jeder Beziehung auch einen G e w i n n und S e g e n für die Kunst bedeutet, — und davon ist ja Strauss völlig überzeugt.

Indem er aber von einer musikalischen F o r t s c h r i t t s p a r t e i redet, tut er etwas, was sehr oft, bisweilen sogar mehr oder minder unbewusst geschieht, wenn eine Kunst unter dem Gesichtswinkel der Zeitgeschichte betrachtet wird. Er überträgt einen dem p o l i t i s c h e n L e b e n angehörenden Begriff auf die Musik und bringt eben damit musikalische Verhältnisse in Analogie zu politischen Verhältnissen. So oft das aber geschieht, ist die allergrösste Vorsicht, ja entschiedenes Misstrauen am Platze. Denn nirgends ist wohl von jeher die Falschmünzerei in Begriffen umfassender und zugleich gröber betrieben worden als in der Politik, und eben darum ist jede Uebertragung eines politischen Begriffs auf anderweitige Lebensgebiete von vornherein verdächtig.

Nun mag man sich die Uebertragung des Begriffs der „Partei" auf das künstlerische Gebiet ja noch gefallen lassen, wenn auch nicht verkannt werden darf, dass wohl noch nie einer die Anhängerschaft eines Meisters oder einer bestimmten Richtung der Kunst: „Partei" genannt hat, ohne die Absicht, dieser Anhängerschaft damit etwas übles nachzusagen, sie in der Redlichkeit ihrer Ueberzeugungen, ihrer Urteilsfähigkeit oder Unbefangenheit zu verdächtigen, — wohl wissend, dass man bei dem Worte „Partei" eben zunächst an politische Partei denkt und sich daran erinnert, durch welche Motive die Reihen politischer Parteien zusammengehalten zu werden pflegen und wie wenig da in der Regel die persönlichen Interessen, die den eigentlichen Parteikitt bilden, zu tun haben mit den hochtrabenden Phrasen gemeinsamer Welt- und Lebensanschauung, die als weithinblinkendes Schild öffentlich ausgehängt werden.

Der Ausdruck „Partei" hat wegen seiner politischen Herkunft fast etwas vom Charakter eines Schimpfwortes bekommen, und dass auch Richard Strauss ihn so verstanden wissen will, verrät er naiv, aber deutlich gerade mit der Beantwortung der von ihm aufgeworfenen Frage: es gibt nämlich nach ihm zwar eine musikalische R ü c k s c h r i t t s p a r t e i — denn welche Schändlichkeiten gäbe es nicht auf der gegnerischen Seite! — aber nicht ebenso auch eine musikalische Fortschrittspartei und zwar existiert eine solche angeblich darum nicht, weil sie, wenn sie existierte, ganz überflüssig wäre, — eine Argumentation, mit Hilfe deren man freilich die Nichtexistenz a l l e r überflüssigen Dinge der Welt beweisen könnte, die aber gerade weil sie logisch so schwach ist über den eigentlichen Sinn der Behauptung, die sie stützen soll, nicht den geringsten Zweifel gestattet.

Immerhin: es mag hingehen, dass man von Parteibildung auch auf dem Gebiete der Kunst spreche, so unverkennbar die schmähende Absicht ist, die man mit dieser Bezeichnung zumeist verfolgt. Denn es handelt sich da um eine tatsächlich vorhandene Analogie. Selbst die überzeugten und sachlich begeisterten Anhänger einer künstlerischen Richtung müssen sich zu einer festen und straffen Organisation zusammentun, wenn sie in unserer Zeit der Idee oder dem Manne, dessen Namen sie auf ihre

Fahnen geschrieben, zum Siege verhelfen wollen. Und eine solche Organisation wird auch in ihren unwillkommenen Begleiterscheinungen immer eine gewisse Aehnlichkeit mit den Eigentümlichkeiten politischer Parteibildung aufweisen, selbst wenn man zunächst noch davon absieht, dass — so wie die Menschen nun einmal sind — die Masse derer, die wenn nicht aus unlauteren persönlichen Motiven, so doch aus blindem Herdentrieb ein Panier ergreifen, um so weniger von der Gefolgschaft eines Meisters zurückgehalten werden kann, je weiter und je allgemeiner der Glanz einer solchen neu aufgehenden Ruhmessonne am Himmel der Kunst sich verbreitet. Also: man hat ein unanfechtbares Recht dazu, den Begriff der Partei vom politischen auf das künstlerische Gebiet zu übertragen, und höchstens gegen den M i s s b r a u c h dieses Rechtes wäre zu protestieren.

Anders verhält es sich mit solchen Begriffen, die durch ihre politische Anwendung nicht blos einen übeln Beigeschmack bekommen haben, sondern geradezu verfälscht und in Grund hinein korrumpiert worden sind. Denn solche Verfälschung kann es fertig bringen, dass ein von Haus aus unschuldiger, ja nützlicher und notwendiger Gedanke nur darum dem Fluche allgemeiner Verabscheuung anheimfällt, weil es den Phrasenhelden gelungen ist, dem W o r t e, in dem sich dieser Gedanke verkörpert, einen derart falschen Sinn unterzuschieben, dass der Gedanke selbst dadurch geächtet wird. Um eine solche Fälschung handelt es sich z. B., wenn Strauss gleich dem politischen Redakteur eines kleinen Provinzblattes das Wort „Reaktion" gleichbedeutend mit „Rückschritt" gebraucht, in einer Bedeutung also, die dem Worte weder der Etymologie, noch dem ernsthaften Sprachgebrauche nach jemals zukommt. Ein gutes und schönes Wort, der allgemein adoptierte Terminus für einen Begriff, ohne den wir die

Vorstellung einer lebendigen Entwicklung überhaupt nicht zu fassen vermögen, wurde aus Gründen der Parteitaktik zum Schreckgespenst, zum Wauwau der politischen Kinderstube gemacht, und auf das intellektuelle Niveau einer Parlamentsdebatte muss auch die Diskussion künstlerischer Angelegenheiten herabsinken, wenn man sich nicht scheut, die im politischen Gedankenaustausch unbeanstandet kursierende schlechte Münze in Gebiete einzuschmuggeln, die von Derartigem eigentlich verschont bleiben sollten.

Denn was bedeutet ursprünglich und von rechtswegen das Wort R e a k t i o n? — Es ist von Haus aus ein Terminus der Naturwissenschaften, zunächst der Mechanik. In ihr ist Reaktion das notwendige Correlat zum Begriff der Wirkung, die Gegenwirkung, die ein jeder Körper, der auf einen anderen einwirkt, von diesem selbst wieder erleidet. Denn es lautet eines der physikalischen Axiome, dass bei jeder Wirkung immer eine gleichgrosse und entgegengesetzte Gegenwirkung vorhanden ist, oder anders ausgedrückt, dass die Wirkungen, die irgend zwei Körper aufeinander ausüben, in ihrer Grösse immer gleich und in ihrer Richtung einander entgegengesetzt sind. Indem man den Begriff dann auf chemische, physiologische und psychologische Vorgänge übertrug, verstand man unter Reaktion überhaupt die Art und Weise, wie Stoffe, Organismen usw. von aussen her erfolgende Einwirkungen beantworten, wie sie auf Dinge, die als „Reize" an sie herantreten, „reagieren".*)

Sollte dieses Wort nun weiterhin auch auf historisches und politisches Geschehen angewendet und bei der Darstellung und Beurteilung irgend eines geschichtlichen

---

*) Am weitesten ist bekanntlich der Begriff der chemischen Reaktion, unter den strenggenommen alle chemischen Prozesse ohne Ausnahme fallen.

Entwickelungsvorganges von „Aktion" und „Reaktion" gesprochen werden, so durfte man ein es auf keinen Fall ausseracht lassen, wenn man nicht einer groben Begriffsfälschung sich schuldig machen wollte. Man durfte nicht vergessen, dass man es mit einem Begriffe zu tun habe, der auf dem Gebiete, dem er entlehnt ist, etwas schlechthin N o t w e n d i g e s bedeutet, nicht etwas Willkürliches, dessen Eintreten vielleicht irgendwie verhindert werden könnte, sondern etwas, das mit der Unentrinnbarkeit naturgesetzlichen Geschehens auf alle Fälle eintreten m u s s. Wollte man wirklich den naturwissenschaftlichen Begriff der Reaktion auf das historische Gebiet übertragen und nicht einen ganz neuen (der Homonymie wegen täuschenden und irreführenden) Begriff bilden, so musste dem Begriffe wenigstens das gewahrt bleiben, was für ihn (eben als einen aus der Naturwissenschaft übertragenen) ein allerwichtigstes Gattungsmerkmal ist: der C h a r a k t e r d e r N o t w e n d i g k e i t.

Und in der Tat dürfte man auch da, wo man z u e r s t von historischer oder politischer Reaktion sprach, nichts anderes als etwas Notwendiges und Unentrinnbares unter dem Worte verstanden haben. Denn ich denke mir, dies geschah wohl zu einer Zeit der Enttäuschung und Ernüchterung, zu einer Zeit, wie sie unser Vaterland etwa in der Aera des Deutschen Bundes erlebt hat. Da schien es, als ob ein ganzes Kapitel aus dem Buch der Weltgeschichte einfach ausgelöscht werden sollte, als ob es wirklich möglich sei, Geschehenes ungeschehen zu machen, als ob gewaltigste Anstrengungen, heldenhafteste Taten ganz umsonst und vergeblich gewesen seien. In wildem Sturme war der befreiende Völkerfrühling durch die Lande gebraust, hatte das Morsche gestürzt, das Verstaubte weggefegt; alles war neu geworden, — wenn nicht das Paradies auf Erden, so doch die Erfüllung jedes berechtigten Wunsches und Sehnens konnte nun nicht länger mehr auf sich warten lassen. Das war die allgemeine Ueberzeugung, der felsenfeste Glaube eines ganzen Volkes, — und dieser Glaube sollte eine so bitter grausame Enttäuschung erleben, eine Enttäuschung, die, weil sie ganz wider alles Hoffen und Erwarten kam, auch den Mutigsten der Verzweiflung in die Arme treiben musste.

In dieser Not der Verzweiflung griff man zu einem Hilfsmittel, zu dem der — in dieser Beziehung so leicht zufriedenzustellende — Mensch auch sonst wohl seine Zuflucht nimmt, wenn er Unerträgliches, aber Unabwendbares über sich ergehen lassen muss. Er suchte zu dem ihm bedrückenden Uebel eine A n a l o g i e aus fremdem Gebiete, die ihm das Unheil als etwas Notwendiges und damit auch als etwas Berechtigtes dartun sollte. Wie man etwa von den „Geburtswehen einer neuen Zeit" spricht und für die schmerzhaften Wunden, die Uebergangsperioden der Menschheit zu schlagen pflegen, darin einen Balsam findet, dass man die Analogie physiologischer Tatsachen heranzieht, so erinnerte man sich bei solch einem unerwarteten Rückschlage des politischen Lebens an die Doppelheit aller physikalischen Wirkung und stellte sich vor, dass auch beim historischen Geschehen jeder Wirkung eine Gegen- oder Rückwirkung entspreche. Man suchte den Rückschritt, die Rückkehr zu dem, was man ein für allemal abgetan geglaubt hatte, als eine derart notwendige Gegenwirkung, die R e s t a u r a t i o n als R e a k t i o n zu begreifen und damit als ein peinliches, aber unvermeidliches Uebel zu rechtfertigen.

Soweit diese Analogie nun s t i m m t e, konnte man sie sich wohl gefallen lassen. Denn es ist ganz gewiss, dass manche geschichtlichen und politischen Rückschrittsphänomene als Reaktionserscheinungen im eigentlichen

Sinne des Wortes gelten können. Je mehr man sich aber daran gewöhnte, allen Rückschritt ohne jegliche Ausnahme als Reaktion zu bezeichnen und diesem Begriffe auch solche Vorgänge und Tendenzen zu subsumieren, die nichts weniger als derart unvermeidliche und darum auch ruhig hinzunehmende natürliche Rückschläge waren, desto mehr verlor das Wort Reaktion im gewöhnlichen Sprachgebrauche seine ursprüngliche Bedeutung, desto mehr bekam es auch etwas Odioses, bis es zum Range eines gewöhnlichen Schmähwortes herabsank, als welches es heute im ausserwissenschaftlichen Leben fast einzig und allein noch angewendet wird. Man gewöhnte sich allmählich daran, unter dem Worte, das ursprünglich ein Natürliches und Notwendiges bezeichnet hatte, alle Taten und Bestrebungen mitzuverstehen, die in irgend einem Sinne als rückschrittlich und fortschrittsfeindlich gelten können, alles Schnöde und Hassenswerte jener traurigen Versuche, den Zeiger an der Uhr der Weltgeschichte mit Gewalt zurückzudrehen und Zustände wieder heraufzuführen, die unwiederbringlich zu Grabe gesunken sind, — jener Versuche, die vor allem auch darum etwas so Klägliches haben, weil ihnen ja doch niemals ein dauernder Erfolg beschieden sein k a n n. —

Man entschuldige diese lange Abschweifung. Aber um mit dem, was ich nun sagen will, nicht allzugrosses Entsetzen hervorzurufen, schien es mir unbedingt erforderlich, nicht nur zu behaupten, dass das richtig verstandene Wort Reaktion nicht das gleiche bedeute wie Rückschritt, sondern auch herzuleiten und etwas näher auszuführen, wieso und warum die Gleichsetzung der beiden Begriffe als missbräuchlich anzusehen ist. — Während Richard Strauss in seinem Programmaufsatz von Reaktion durchaus in diesem missbräuchlichen, dem politischen Sprachgebrauch entnommenen Sinne spricht und seine

Ausführungen mit einem kräftigen Pereat auf die böse **Reaktions**partei am besten und wirkungsvollsten abzuschliessen vermeint — denn das Fremdwort „Reaktion" klingt ja schon als solches viel gefährlicher als „Rückschritt" — glaube ich, dass man den **Begriff der Reaktion** — und zwar als den einer nicht nur nicht verabscheuenswürdigen, sondern im Gegenteil höchst nützlichen und nötigen Sache — schlechterdings **nicht entbehren kann**, wenn man über das Problem des Fortschritts in unserer wie in jeder Kunst zu einer wirklichen Verständigung kommen will. Denn jener Wahn, an dem unsere musikalischen Zeitgenossen so vielfach leiden und den ich vorhin als dritten Bestandteil des Dogmas vom musikalischen Fortschritt gekennzeichnet habe, der Wahn, dass es keine andere Art des Fortschritts gebe, als den in gerader Linie, er läuft eben darauf hinaus, dass die Gegenwart zu einem grossen Teile vergessen hat, wie auch die Musik nicht ausgenommen sein kann von dem Gesetze polarer Doppelheit, demgemäss jegliches Ding auf Erden mit seinem Widerpart untrennbar fest verbunden ist. Wie überall, so gibt es auch im musikgeschichtlichen Geschehen keine Wirkung ohne Gegenwirkung, keine Aktion ohne Reaktion, keine Betätigung nach irgend einer Richtung hin, die nicht mit Notwendigkeit ein „Widerstreben", eine Tendenz nach der entgegengesetzten Richtung wachrufen müsste. Keine historische Entwicklung verläuft in gerader Linie, sondern immer geht es im Zickzack oder in der Spirale, oder wie man sich sonst diesen aus dem Zusammenwirken entgegengesetzter Kräfte resultierenden Gang im räumlichen Bilde veranschaulichen mag.

Ja, wenn es auch möglich wäre, die Reaktion aus dem Entwicklungsgange der Tonkunst gänzlich auszuscheiden, so wäre es doch keineswegs von Vorteil. Denn die

Reaktion bedeutet ja nicht nur eine Verzögerung und Verlangsamung auf dem Wege des Aufstiegs zu den Gipfeln der Kunst, sondern ebensosehr auch eine Hemmung auf den Pfaden des Abstiegs und Niedergangs. Sie ist das heilsame Gegenmittel gegen die allem menschlichen Streben innewohnende Neigung, der Einseitigkeit zu verfallen und dadurch wider Willen seinen eigenen Inhalt *ad absurdum* zu führen. Liegt es doch in der Natur eines jeden und in Sonderheit eines jeden k ü n s t l e r i s c h e n Ideals, insofern etwas wie einen Widerspruch in sich zu bergen, als zu seiner auch nur annähernden Verwirklichung immer mindestens z w e i einander entgegengesetzte Tendenzen erforderlich sind, von denen eine jede, für sich betrachtet, die andere streng genommen ausschliesst. So ist z. B. das Ideal des musikalischen Dramas eine solche Vereinigung von dramatischer Poesie und Tonkunst, bei der die Musik ebensosehr zu ihrem Rechte käme wie die Dichtung. Es mag dahingestellt bleiben, ob eine volle Verwirklichung dieses Ideals überhaupt im Bereiche der Möglichkeit liegt. Aber gewiss bedarf es, damit man ihm möglichst näherkomme, des fortgesetzten Ineinanderwirkens zweier Kräfte, von denen die eine radikal und einseitig weiterverfolgt, zu einer völligen Unterwerfung des Dichters unter den Musiker, die andere in umgekehrter Weise zu einer Knebelung des Tones durch Wort und Handlung führen m ü s s t e. Und weiterhin: wer jemals über das so vielfach und in so vielfachem Sinne diskutierte Verhältnis der Musik zur Welt der Wirklichkeit im allgemeinen nachgedacht, der wird schliesslich immer noch zu dem Ergebnis gelangt sein, dass auch diese Wechselbeziehungen durch das nie rastende Gegenspiel zweier antagonistisch wirkenden Kräfte bestimmt werden. Immer wieder zieht es den Musiker herab zur Erde, zur Anknüpfung fester und bestimmter Relationen zwischen der Innenwelt des Ohrs und der Aussenwelt des Auges, zur Verbindung mit Wort, Geberde und Handlung und zu all den mannigfaltigen Versuchen, den Parallelismus zwischen dem in sich selbst beschlossenen idealen Reich der Töne und der konkreten Realität des körperlichen Daseins zu einer bis ins einzelne hinein deutbaren Symbolik auszugestalten — und immer wendet er sich auch wieder voll Sehnsucht nach oben, entflieht er der Berührung mit der gemeinen Wirklichkeit und flüchtet sich in jenes himmlische Paradies, wo die Töne, losgelöst von jeder bestimmten Beziehung auf irdische Dinge, selbstgenügsam ihre eigne hohe Welt sich bauen. Die Verfolgung der einen Tendenz befriedigt auf die Dauer so wenig wie die der andern eine Sehnsucht, die an ihrem letzten Ziele eigentlich erst dann angelangt wäre, wenn sie es je verwirklichen könnte, dass beiden Strebungen zugleich und zwar in gleicher Weise und in gleicher Stärke genügt würde.

Das Zusammenwirken von Aktion und Reaktion ist also unbedingt erforderlich, damit irgend ein künstlerisches Ideal seiner Verwirklichung möglichst nahe gebracht werde, und unsere Zeit hat es besonders nötig, dass ihr diese Wahrheit wieder einmal eindringlich zu Gemüte geführt werde. Dass sie vor allem daran erinnert werde, wie fast noch jeder wirklich grosse und bedeutende musikalische Fortschritt — aus dem Gesichtspunkte der jeweils herrschenden Moderichtung gesehen — als Folge einer R e a k t i o n s b e w e g u n g sich darstellt. Dass also Reaktion, richtig verstanden, nicht nur nicht gleichbedeutend mit Rückschritt, sondern im Gegenteil gerade die Gewähr und Bedingung jedes lebendigen und dauernden F o r t s c h r i t t e s ist. Denn während das Verfolgen einer bereits eingeschlagenen Richtung oft zu nichts weiter führt als das ans Tageslicht zu bringen, was irrtümlich und verkehrt an dieser Richtung war, ist es die Reaktion, die — weil sie immer eine R i c h t u n g s ä n d e - r u n g bewirkt — auf neue Wege und zu neuen Entdeckungen hinleitet. So weckte um die Wende des 16. und 17. Jahrhunderts eine Reaktion gegen die Ausschweifungen überkünstelter Polyphonie jene Gegenströmung, der die akkordlich begleitete Homophonie ihre Entstehung verdankt. „Reaktionär" im Sinne von „rückschrittlich" wäre diese Gegenströmung gewesen, wenn sie eine Rückkehr zur a b s o l u t e n, unbegleiteten Homophonie angestrebt hätte, etwa so wie sie 150 Jahre später J. J. Rousseau wenigstens theoretisch verfocht. Indem sie aber durch Unterordnung akkompagnierender Nebenstimmen unter eine melodieführende Hauptstimme das Prinzip der Einstimmigkeit i n n e r h a l b d e r M e h r s t i m m i g k e i t selbst zur Geltung brachte, ermöglichte sie die Auffindung eines Neuen, von dem man zuvor auch nicht einmal die Möglichkeit geahnt hatte.

Aber — so höre ich einen Skeptiker einwenden — zugegeben auch, dass alles, was wir als musikalischen Fortschritt anzusehen uns gewöhnt haben, das Produkt einander widerstreitender Faktoren, die Resultante aus gegensätzlich gerichteten Strebungen ist, welches Recht haben wir denn überhaupt, von „Fortschritt" in der Kunstgeschichte zu reden? Woher entnehmen wir die Wertmassstäbe, um irgend einem späteren Zustande der Kunst den Vorzug zu geben vor einem früheren? Ist da nicht alles subjektiver Willkür und individuellem Belieben anheimgegeben, sodass allgemein Gültiges und Verbindliches überhaupt nicht ausgemacht werden kann? Gibt es da einen anderen Gesetzgeber als den persönlichen Geschmack des einzelnen, über den sich bekanntlich nicht streiten lässt? Und kann mein Urteil, das in irgend einem Entwicklungsabschnitte unserer Kunst fortschrittliche

Bewegung zu erkennen glaubt, kann es etwas anderes bedeuten wollen als den Ausdruck der Tatsache, dass die Entwicklung innerhalb dieser Zeit eine Richtung verfolgte, die sie d e m näherbrachte, was gerade zufällig mir — vielleicht n u r mir und gewiss nicht allen Menschen ohne Ausnahme als ein erstrebenswertes Ziel vor Augen schwebt? Mit einem Worte: gehört der Begriff „künstlerischer Fortschritt" überhaupt zu denen, die etwas fest und klar Bestimmbares aussagen, über deren Bedeutung eine a l l g e m e i n e Verständigung möglich ist, oder handelt es sich da um eines jener schillernden Trugworte, die man am besten völlig meidet, weil ja doch jeder dritte Mensch ihm einen anderen Inhalt gibt?

Ganz gewiss ist der Begriff des „künstlerischen Fortschritts" höchst problematischer Natur und es hat nicht an solchen gefehlt, die ihn aus dem ernsthaften und namentlich aus dem wissenschaftlichen Sprachgebrauche ganz verbannen wollten. Aber diese Verbannungsdekrete haben bis jetzt noch sehr wenig Erfolg gehabt und ich glaube, dass der gewünschte Erfolg auch in Zukunft ausbleiben wird. Denn so skeptisch man auch über den künstlerischen Fortschritt denken möge, die U n e n t b e h r l i c h k e i t dieses Begriffs dürfte sich schliesslich doch immer wieder herausstellen. Wer selbst als Wollender und Strebender im künstlerischen Leben und Treiben mitten drinne steht, der wird die Vorstellung nicht missen wollen, dass sein Mühen und Arbeiten der Kunst als solcher zum Segen gereiche und dass er insofern im Dienste eines künstlerischen F o r t s c h r i t t s stehe, als seine Leistungen neue, bisher unbekannte W e r t e repräsentieren, mit denen er irgendwelche Leistungen seiner Vorgänger übertrifft. Jeder Künstler ist ein Wettkämpfer und die mit ihm um die Palme Ringenden erblickt er nicht nur neben sich in der

R. STRAUSS

Gegenwart, sondern vor allem auch rückwärts in der Vergangenheit. Wollte man ihm die Hoffnung rauben, dass er Vorgänger — und seien sie noch so gewaltig — zum mindesten dadurch überflügeln könne, dass er die Kunst selbst in ihrem grossen Entwicklungsgange fördere und vorwärtsbringe, so würde sein Ehrgeiz einen der allerwirksamsten und — was vielleicht noch wichtiger ist — einen der alleredelsten (weil sachlichsten) Antriebe verlieren. Ebensowenig kann der, welcher zur Beurteilung künstlerischer Leistungen berufen ist, des Fortschrittsbegriffes bei seiner Wertung entbehren. Zugegeben, dass das künstlerische Ideal, das er im Herzen trägt und dem er alle seine Wertmassstäbe entnimmt, letzten Endes auf der Basis eines reinpersönlichen Geschmackes ruht; aber das kann ihn keineswegs hindern, für sich wenigstens dieses Ideal so anzusehen und so zu gebrauchen, als ob es ein allgemeingültiges wäre. Denn wollte er in der kritizistischen Bedenklichkeit so weit gehen, dass er auf die Anwendung dieser Massstäbe verzichtete, so müsste sein Urteil sich dann streng genommen auf das rein Technische beschränken, auf die Frage, ob und wie der Künstler das, was er gewollt, auch erreicht hat, während die Wertung dieses Wollens selbst, die Beurteilung seiner Bedeutung für die Kunst und ihre Zukunft ganz aus dem Spiele zu bleiben hätte, — eine Forderung, die zwar auch schon häufig genug erhoben, aber noch niemals — und von ihren eifrigsten Verfechtern oft am wenigsten streng erfüllt wurde.

Endlich braucht auch die wissenschaftliche Sprache des Historikers den Fortschrittsbegriff notwendigerweise. Denn soll die Kunstgeschichte mehr sein als ein vernunft- und zusammenhangsloses: „Es war einmal", so muss sie als E n t w i c k l u n g gefasst werden. Entwicklung als sinnvolle Veränderung ist aber nichts anderes als Bewegung, gemessen an einem bestimmten Z i e l e, und Annäherung an ein bestimmtes Ziel ist eben das, was wir **Fortschritt** nennen. Nun wird sich die Musikgeschichte zwar sehr hüten, ein universelles Endziel für die musikalische Gesamtenwicklung oder auch ein absolutes, für alle Zeiten gültiges Ideal aufstellen zu wollen, das überall als Kanon zu gelten hätte, wo immer nur der Fortschrittswert irgend einer künstlerischen Erscheinung zu beurteilen wäre. Aber innerhalb des Zusammenhanges einer Kulturgemeinschaft, eines Volkes oder eines bestimmten Zeitabschnittes kann auch der kritischste Historiker nicht anders verfahren, als dass er — durch eigenes und fremdes, bis zu einem gewissen Grade stets subjektiv willkürliches Urteil beraten — einzelne Höhepunkte, überragende Gipfel annimmt, zu denen die Entwicklung einer Zeit oder Kunstgattung allmählich hinabsteigt, um von da dann mehr oder minder rasch wieder herabzusinken.

Denn das ist ja keine Frage: zu dem Begriff des Fortschritts gehört als sein notwendiges Pendant der Begriff des **Verfalls**. Jeder Blick auf die Geschichte irgend einer in der Vergangenheit abgeschlossen daliegenden Kunst belehrt uns, dass immer einmal im Laufe ihrer Entwicklung ein Zeitpunkt eintrat, wo es anfing abwärts zu gehen, wo der Beginn der Dekadenz für das allgemeine Urteil späterer Geschlechter — einerlei welcher Geschmacksrichtung der Urteilende angehört — ganz offen und klar ersichtlich wird. Für die Gegenwart und jüngste Vergangenheit, wie überhaupt für jede Zeit, die mit der Gegenwart noch in einem direkten lebendigen Zusammenhang steht, dürfte zwar kaum jemals auch nur annähernde Einstimmigkeit darüber zu erzielen sein, ob sich ihre Entwicklung im allgemeinen aufwärts oder abwärts bewege. Aber damit, dass die Zukunft vielleicht einmal ganz anders urteilen werde als wir selbst es tun und von unseren Enkeln erhoffen, dass das Urteil der Geschichte gar manches von dem, worin wir heuzutage Zeichen lebensvollen Fortschritts erblicken, als Symptome des Verfalls erkennen und schliesslich in unserer ganzen Gegenwart, die sich auf ihre „Fortschritte" soviel zugute hält, eine Zeit der Dekadenz erblicken könnte, damit sollten doch auch die überzeugtesten Fortschrittsgläubigen wenigstens als mit einer M ö g l i c h k e i t gelegentlich rechnen.

So wenig es also angehen wird, des musikalischen Fortschrittsbegriffes zu entraten, so sehr ist es nötig, ihn vorsichtig und mit kritischer Besonnenheit zu gebrauchen. Vor allem gilt es, sich vor solchen Missverständnissen zu hüten, wie sie der alte Gouvy einmal höchst bezeichnend verraten hat. „Glauben Sie wirklich," so schreibt der an Otto Klauwell,[1]) „dass es in der Kunst Reformen gibt, oder gar Revolutionen, wie in der Politik, in der Industrie? Die Eisenbahn hat den Postwagen verdrängt und für immer unnötig gemacht: das ist eine Reform, eine Revolution. Aber gibt es etwas ähnliches in der Kunst? Finden Sie im Don Juan etwas zu reformieren? Oder hat die C-moll-Symphonie Beethovens etwa die G-moll-Symphonie Mozarts unnötig gemacht?" — Was hier verwechselt wird, ist die ä s t h e t i s c h e und die h i s t o r i s c h e (entwicklungsgeschichtliche) Wertung des Kunstwerks. In dem Sinne, dass ein Meisterwerk, mit dem der Genius sein Wollen voll verwirklicht hat, durch eine spätere Schöpfung überflüssig gemacht werde, gibt es natürlich keinen künstlerischen Fortschritt und kann es keinen geben. Hinsichtlich des ästhetischen Genusses hat Schopenhauer recht, wenn er sagt, dass die Kunst immer am Ziele sei. Wenn die (allerdings vielfach zeitgeschichtlich bedingten) Voraussetzungen für das volle V e r-

---

[1]) Otto Klauwell: Theodor Gouvy. Sein Leben und seine Werke (Berlin 1902) S. 92.

ständnis eines Kunstwerkes bei dem Geniessenden erfüllt sind, so wird er — falls es das Werk eines Meisters ist — immer und jederzeit einen Genuss haben, der so hoch und vor allem so einzig in seiner Art und darum auch so ganz und gar unvergleichlich ist, dass er niemals durch einen anderen künstlerischen Genuss überboten oder ausgelöscht werden kann. In bezug auf die ästhetische Wertung sind alle Meisterwerke ersten Ranges einander k o o r d i n i e r t, und so wenig wie etwa — um bei Gouvys Beispiel zu bleiben — die Beethovensche C - moll-Symphonie, als einzelnes Kunstwerk betrachtet, höher steht als Mozarts G - moll - Symphonie, so wenig darf man überhaupt den Fortschritt irgend einer Kunst darin sehen wollen, dass auch von zwei M e i s t e r w e r k e n das später entstandene notwendigerweise schöner und vollkommener sein müsste als das frühere oder aber dass unter allen Umständen die Z a h l der jeweils entstehenden vollendeten Kunstschöpfungen im Laufe der Zeit immer g r ö s s e r werde. Vielmehr handelt es sich dabei, wie gesagt, um zwei völlig verschiedene Arten der Wertschätzung: um die ästhetische, die darnach fragt, was ein bestimmtes Werk als Quell künstlerischen Genusses bedeutet, und um die entwicklungsgeschichtliche, die ihm seinen Platz innerhalb des zeitlichen Werdeganges der betreffenden Kunst oder Gattung anweisen will. Zu streiten, ob eine Beethovensche oder Mozartsche Symphonie, eine Glucksche oder Wagnersche Oper grössere oder bedeutendere Kunstwerke seien, das hat wirklich sehr wenig Sinn. Aber darüber, dass die Symphonie als musikalische Kunstform von Mozart zu Beethoven sich fortschreitend entwickelt habe und dass ebenso auch der Weg, den das musikalische Drama von Gluck bis Wagner zurückgelegt hat, für die Gattung selbst als ein Fortschritt einzuschätzen sei, darüber dürfte sich eine

Einigung der Urteilsfähigen trotzdem wohl leicht erzielen lassen.

Aber auch dann, wenn wir uns strenge hüten, die ästhetische und entwicklungsgeschichtliche Wertungsweise mit einander zu vermengen, wenn wir stets eingedenk bleiben, dass auf j e d e r Entwicklungsstufe einer Kunst vollendete, in ihrer Art unübertreffliche Werke möglich sind und dass folglich das höchste der Kunst überhaupt Erreichbare in diesem Sinne immer schon von einem jeden echten Meisterwerke erreicht w o r d e n i s t, einerlei ob es gestern oder vor tausend Jahren entstand, — auch dann sind noch nicht alle Schwierigkeiten besiegt, die dem Begriff des künstlerischen Fortschritts anhaften und seine einwandfreie Anwendung so sehr erschweren. Um dieser Schwierigkeiten völlig Herr zu werden, bedarf es einer noch tieferen Einsicht, die sich uns erschliessen wird, wenn wir das Verhältnis untersuchen, in dem der Fortschrittsbegriff zu seiner logisch-notwendigen Ergänzung: dem Begriff des künstlerischen V e r f a l l e s steht.

Ueberblicken wir den Entwicklungsgang einer Kunst, deren Werden und Vergehen abgeschlossen in der Vergangenheit vor uns liegt, so bietet sich uns insofern immer das gleiche Bild, als die entwicklungsgeschichtliche Wertung, das Urteil, ob sich die Entwicklung der betreffenden Kunst in einem gegebenen Augenblicke aufwärts oder abwärts bewege, nicht an allen Punkten ihres Werdeganges mit gleicher Sicherheit abgegeben werden kann. Wir sehen die Kunst emporwachsen aus Anfängen, die in jeder Beziehung den Charakter des Unentwickelten und Primitiven tragen. Solange diese Kindheitsperiode andauert, erscheint jede Neuerung unverkennbar als positiver Fortschritt, jeder Schritt vorwärts als ein Gewinn für die Kunst, und es kann kaum einen Zweifel darüber geben, dass in dieser Zeit jede Wandlung ein Wachstum, jedes A e l t e rwerden auch ein G r ö s s e rwerden bedeutet. Umgekehrt, aber esenso klar und leicht zu beurteilen ist der entwicklungsgeschichtliche Charakter am entgegengesetzten Ende der historischen Bahn. Da verrät alles, dass es abwärts, dem Verfall entgegengeht und jedes Weiterschreiten führt jetzt nicht mehr zu neuen Höhen empor, sondern immer nur noch tiefer hinab. Der entwicklungsgeschichtliche Wert des „Fortschritts" wird negativ: nicht dass man Neues gewinnt, sondern dass Altes, Wertvolles dahinschwindet, hat nun als das wesentliche und wichtigste Ergebnis all der geschichtlichen Veränderungen zu gelten, die ja gerade in solchen Verfallszeiten oft besonders rasch und gewaltsam vor sich zu gehen pflegen.

So unschwer solcherweise das aufsteigende Wachstum einer primitiven und das Absterben einer degenerierenden Kunst sich erkennen und beurteilen lässt, so heikel ist die Aufgabe, den jeweiligen entwicklungsgeschichtlichen Wert der dazwischenliegenden Zeiten abzuschätzen, der Zeiten, in denen die betreffende Kunst ihre höchste Blüte allmählich erreicht und überschreitet. Was sich in der Beurteilung jenes Jugend- und Greisenalters weniger störend bemerkbar macht, die Verschiedenheiten im individuellen Geschmack und Temperament des einzelnen Beurteilers treten hier deutlich zutage. Der eine möchte den Höhepunkt der Entwicklung an einer verhältnismässig frühen, der andere an einer beträchtlich späteren Stelle ansetzen. Und während dieser geltend machen kann, dass die Kunst zu jener früheren Zeit doch noch nicht alle in ihr ruhenden fruchtbaren Möglichkeiten voll entwickelt hatte, kann der andere mit Recht auf die Merkmale von Ueberreife und beginnendem Verblühen hinweisen, die der vom ersteren bevorzugte spätere Zeitpunkt bereits erkennen lässt. Versucht man aber unter möglichster Ausscheidung der subjektiven Urteilsbeeinflussung durch persönlichen Geschmack und Liebhaberei zu einer Entscheidung zu gelangen, die Anspruch auf Objektivität und Allgemeingültigkeit zu erheben vermöchte, so wird man sich diesem Ziele immer nur bis auf eine gewisse Entfernung annähern, niemals aber es ganz erreichen können.

Die nie völlig zu überwindende Schwierigkeit liegt nämlich darin, dass in jeder künstlerischen Entwicklung die Elemente des Fortschritts und des Verfalls, des Gewinnes und Verlustes auf eine ganz eigenartige, untrennbare Weise aneinander gebunden und ineinander verschlungen sind. Derart nämlich, dass jede entwickelungsgeschichtliche Veränderung, die in irgend einem Sinne als Fortschritt angesprochen werden kann, in anderer Beziehung als Verlust und Einbusse zu gelten hat. Mag an einem bedeutsamen Wendepunkte durch kühne Neuerer noch so viel Wertvolles für eine Kunst gewonnen worden sein, immer wird es einen, und zwar einen w o h l b e r e c h t i g t e n Gesichtspunkt geben, unter dem der Gewinn als Verlust, die Neuerung als Zerstörung und Beraubung erscheint. Für alles, was eine Kunst im Laufe ihrer Entwickelung neu erwirbt, muss ein Preis gezahlt werden in Form eines Gutes, das damit, dass es an den Fortschritt „drangegeben" wird, unwiederbringlich verloren geht. Aber anderseits ist fast immer auch die Kehrseite eines durch das historische Werden mit Notwendigkeit herbeigeführten künstlerischen Verlustes ein positiver künstlerischer G e w i n n, und selbst Zeiten offenersichtlichen Verfalls sind nicht davon ausgenommen, dass die Kunst selten ganz ohne Entschädigung bleibt für die Wunden, die ihr die eigene Entwicklung schlägt: auch dann noch, wenn ihre Pfade unverkennbar abwärts führen, können sie oft den Fuss noch in neue bisher unentdeckt gebliebene Länder weisen, und dass eine bestimmte künstlerische Richtung die *Décadence* sogar als ästhetisches Losungswort sich selbst auf die Fahne schrieb, das wäre ja niemals möglich gewesen, wenn es nicht auch für die Kunst eine A b e n d r ö t e gäbe, die gerade solche Erscheinungen in besonders hellem Glanz erstrahlen lässt, die verraten, dass sich die Sonne zum Untergange neigt.

Wenn nun in dieser Weise Fortschritt und Verfall, Gewinn und Verlust im Verlaufe einer künstlerischen Entwickelung nicht bloss einander ablösen, sondern nebeneinanderherlaufend sich auf das mannigfaltigste durchkreuzen und ineinander verknoten, so leuchtet es ein, dass die genaue Abschätzung des entwicklungsgeschichtlichen Wertes einer jeden grossen und einschneidenden Veränderung innerhalb des geschichtlichen Werdens unserer Kunst nur dann gelingen könnte, wenn es möglich wäre, jeweils in einer allgemein verbindlichen Weise zu bestimmen, ob bei einer solchen Wandlung mehr gewonnen als verloren wurde, ob die Neuerwerbung die Drangabe des guten Alten lohnte oder nicht. Wenn das nun schon bei der historischen Beurteilung einer Kunst der Vergangenheit nicht immer leicht fällt — und um so weniger leicht, je weiter man sich von solchen Zeiten entfernt, die, wie die Anfänge und Ausgänge einer jeden Kunst mehr oder minder das Merkmal entwicklungsgeschichtlicher E i n - d e u t i g k e i t aufweisen, — so wird es vollends zur baren Unmöglichkeit, wenn es sich um die Wertung von solchen Dingen handelt, die der Gegenwart oder der jüngsten Vergangenheit angehören. Denn da der Blick keines Sterblichen in die Zukunft zu dringen vermag, ist uns hier gerade das versagt, was bei solcher Beurteilung das entscheidende ist: das Fort- und Weiterwirken irgend einer wichtigen Veränderung b i s z u m l e t z t e n E n d e zu verfolgen und zu sehen, wie die Saat der Vergangenheit und Gegenwart einmal aufgehen und zu was sie sich schliesslich auswachsen werde.

Immerhin kann uns die geschichtliche Erfahrung manches lehren, was uns auch bei der Beurteilung der Gegenwart zugute kommt, und unsere Hoffnungen oder Befürchtungen sei es zu bestärken, sei es abzuschwächen vermag, wenn wir angesichts der verwirrenden Mannigfaltigkeit und Vieldeutigkeit der Bestrebungen und Erscheinungen in unserem heutigen Musikleben uns nicht mehr ganz zurechtfinden und in Zweifel geraten, ob wir uns denen anschliessen sollen, die unter der jüngeren Musikergeneration zur Stunde gewiss noch in der Mehrzahl sind, — den Fortschrittsgläubigen, die stolz darauf sind, „wie wir's so herrlich weit gebracht" und keinen Augenblick daran zweifeln, dass sich die Entwicklung unserer Musik immer noch und immer weiter aufwärts bewegen werde, — oder jenen anderen, deren Stimme sich von Zeit zu Zeit (und zwar bezeichnenderweise in der jüngsten Vergangenheit immer häufiger) vernehmen lassen mit Unkenrufen von einem unabwendbar drohenden oder gar schon hereingebrochen V e r f a l l unserer Musik.

Ueberall noch, wo eine Kunst sich ihrem Untergange zuneigte, traten gewisse Verfallssymptome auf, von denen anzunehmen ist, dass sie uns auch in der Gegenwart begegnen müssten, wenn jene Unglückspropheten Recht hätten und wir tatsächlich in einer Periode musikalischer Degeneration lebten. Zu den wichtigsten und vielleicht auch untrüglichsten dieser Kennzeichen schienen mir immer gewisse Störungen in der Aufeinanderfolge und Ablösung von W i r k u n g u n d G e g e n w i r k u n g, v o n A k t i o n u n d R e a k t i o n bei den jeweils zur Herrschaft gelangenden künstlerischen Richtungen zu gehören. Wie wir gesehn haben, ist dieser Wechsel eine wesentliche und unerlässliche Bedingung für jede gesunde

Höherentwicklung einer Kunst. Er kann zunächst einmal dadurch gestört werden, dass einer bestimmten, zu einem gewissen Zeitpunkt inaugurierten Richtung gegenüber die Reaktion entweder ganz ausbleibt oder doch nur so schwach erfolgt, dass sie nicht recht aufzukommen und gegen jene sich nicht durchzusetzen vermag. Weil jedes individuelle Streben, worauf es immer gerichtet sei und wie es immer formuliert werde, in der Kunst so gut wie anderswo zuletzt mit Notwendigkeit der Einseitigkeit verfällt, weil schlechthin a l l e s Wollen, bis in seine äussersten Konsequenzen hinein verfolgt, sich schliesslich selbst *ad absurdum* führen m u s s, deshalb ist es unvermeidlich, dass ein solches Ausbleiben der Gegenwirkung und ausgleichenden Remedur in kürzester Zeit zur Dekadenz führe.

Aber so wenig der Wechsel von Aktion und Reaktion ganz aus der Entwicklung verschwinden darf, ebenso wenig darf er zu rasch und in zu kurzen Intervallen erfolgen. Oft sehen wir nämlich in Zeiten des Verfalls auch gerade umgekehrt eine gewisse nervöse Hast und Unruhe in dem Ablauf von Wirkung und Gegenwirkung. Eine Richtung wird eingeschlagen, aber nicht lange genug eingehalten und wieder verlassen, noch ehe sie geniessbare Früchte hatte zeitigen können. Die Reaktion tritt jeweils so früh ein, dass keine Richtung sich voll entwickeln und wahrhaft ausleben kann. Es entsteht ein rastloses Hin- und Herpendeln, ein Eilen ohne Zweck und Ziel, ein fortwährendes Säen ohne Ernte, der trügende Anschein eines Zuviel an strotzendem Wachstum, Todeskrankheit in der Maske übersprudelnder Lebenskraft.

Und noch ein drittes, was uns nicht weniger selten begegnet, ist für Verfallszeiten charakteristisch: das nämlich, dass eine solche Zeit wohl oft selbst erkennt, wie es immer weiter abwärts geht mit dem, was ihr zumeist am

Herzen liegt. Sie sucht dann die Ursache des Uebels und findet sie in jenem Ausbleiben der Reaktion, vermöge dessen eine gewisse Richtung, einseitig immer weiter verfolgt, dem Schicksal verfällt, sich und damit die Kunst selbst zu Tode hetzen zu müssen. Man weiss dann wohl, dass eine Reaktion nottut, verkennt aber, worin diese, wenn sie dem Leben dienen soll, einzig und allein bestehen kann. Auch in solcher Lage verwechselt man gern Reaktion mit Rückschritt und glaubt, der drohenden Degeneration dadurch steuern zu können, dass man zur U m k e h r und R ü c k w e n d u n g mahnt. Wo solche Restaurationsversuche sich häufen oder gar die p o s i t i v e R e - a k t i o n — verstanden als eine zu N e u e m führende Gegenwirkung — ganz verdrängen, darf man sicher sein, ein in seinen künstlerischen Kräften erschöpftes und verfallenes Geschlecht vor sich zu haben. Denn nur ein solches kann vergessen, dass innerhalb einer jeden künstlerischen Entwicklung die Forderung der Rückkehr zu etwas, was schon einmal da war, darum so ganz und gar absurd ist, weil sie etwas verlangt, was an sich u n m ö g - l i c h ist, und auch dann noch wertlos bliebe, w e n n seine Verwirklichung im Bereiche der Möglichkeit läge.

Werfen wir nach diesen notgedrungen fragmentarischen und mehr nur andeutenden als ausführenden Erörterungen einen Blick auf die deutsche Musik der Gegenwart, so können wir zunächst einmal mit Genugtuung feststellen, dass die Herrschaft des Fortschrittsdogmas wenigstens e i n e heilsame Folge gehabt zu haben scheint. Mehr denn je ist man heute allgemein davon überzeugt, dass jegliches künstlerische Schaffen nur dann einen Sinn und Wert hat, wenn es als Schaffen eines Neuen, noch nicht Dagewesenen auftritt, und die begründete Hoffnung kann man wenigstens hegen, dass der rückschrittliche Aberglaube, der Wahn, als ob es jemals gelingen könne, eine natürliche Entwicklung aufzuhalten oder gar zurückzuschrauben, endgültig besiegt und beseitigt sei. Glaubt man wirklich, in der Musik unserer Zeit Anzeichen des Verfalls zu erkennen, so möge man die Degeneration entweder als etwas Unabwendbares hinnehmen oder aber nach b r a u c h b a r e n Mitteln und Wegen forschen, wie ihr hemmend zu begegnen sei. Aber das eine im Laufe der Jahrhunderte so vielfach angepriesene und immer wieder als wirkungslos, ja verderblich erkannte Heilmittel, den ohnmächtigen Versuch, die Entwicklung einer Kunst willkürlich in retrogradem Sinne beeinflussen zu wollen, den möge man ein für allemal aufgeben!

Für die E n t s c h e i d u n g der Frage, ob unsere Kunst — die ihr Kindheits- und wohl auch ihr Jünglingsalter ganz gewiss schon hinter sich hat — bereits an d e m Punkte ihrer Entwicklung angelangt sei, wo ein allmählicher Abstieg nicht länger mehr aufgehalten werden kann, oder ob noch eine weitere Höherentwicklung mit einigem Recht von ihr erwartet werden dürfe, für diese Entscheidung könnte der in unseren Tagen so weitverbreitete zuversichtliche G l a u b e an ihre Zukunft wohl in doppeltem Sinne verwertet werden. Man könnte daran denken, in dieser Zuversicht Anzeichen eines seiner Sache gewissen, stolzen Kraftgefühls zu erblicken, man könnte sich aber auch daran erinnern, wie es gewissen Kranken eigentümlich ist, gerade dann sich am wohlsten und gesundesten zu fühlen, wenn ihr Zustand in jenes letzte Stadium getreten ist, wo die Katastrophe ganz unmittelbar bevorsteht. Auch andre kennzeichnende Merkmale unsrer Zeit sind, auf ihre symptomatische Bedeutung angesehen, in ähnlicher Weise doppeldeutig. Wenn wir sehen, wie die sogenannte „neuromantische" Richtung der deutschen Musik von der Mitte des vorigen Jahrhunderts ab sich in zähem Daseinskampfe allmählich durchsetzte, wie sie

Schritt vor Schritt die Gegner verdrängte und schliesslich selbst zu einer Art von ausschliessender Alleinherrschaft gelangte, so dürfen wir uns zum mindesten des E i n e n getrösten: diese Richtung hat Kraft genug bewiesen, um all das voll zu entwickeln, was an lebensvollen Keimen und Trieben in ihr lag, z u f r ü h ist jedenfalls die Reaktion gegen sie n i c h t eingetreten. Wie aber, wenn die hier wie überall im Laufe der Zeit als schlechthin unerlässlich sich herausstellende Reaktion gar nicht oder doch nicht kräftig genug eintreten sollte, um als wirkungsvolles Gegengewicht entscheidend in die Wagschale fallen zu können? Wenn die Einseitigkeiten und Uebertreibungen, die auch beim Verfolgen dieser Richtung nicht ausbleiben konnten, gar keine Korrektur in der Zukunft erfahren würden?

Die Befürchtung, dass dem so sein möchte, ist oft genug ausgesprochen worden, und gewiss nicht ohne Grund. Auch wer selbst innerhalb der musikalischen Neuromantik künstlerisch aufgewachsen ist, muss — sofern er sich nur einigermassen Unbefangenheit und klaren Blick bewahrt oder wiedergewonnen hat — wohl anerkennen, dass diese Gefahr eine kurze Zeitlang wirklich drohend war. Doch meine ich, dass sie schon heute als überwunden gelten kann. Die Anzeichen, aus denen ich diesen Glauben schöpfe, treten zwar zur Stunde noch nicht überall so klar und offen zutage, dass man sie mit den Händen greifen und mit den Fingern geradezu auf sie hinweisen könnte. Aber sie sind vorhanden, wie namentlich d e r fast täglich zu erfahren Gelegenheit hat, der mit dem Wollen und Streben der heranwachsenden künstlerischen Jugend in ständiger Fühlung lebt. Gewiss ist es vielfach ein unsicheres Suchen und Tasten, was da zu beobachten ist, ein dunkles Ringen, des Ziels und Wegs noch kaum bewusst. Aber wenn man sich bemüht, das Gemeinsame an all dem aufzusuchen, was einem von solchem Treiben und Knospen gerade am hoffnungsvollsten berühren wollte, so wird man ganz unwillkürlich zu der Annahme gedrängt, dass die nächste Zukunft der deutschen Musik unter dem Zeichen einer ausgesprochenen Reaktion zu der heute fast ausschliesslich herrschenden „modernen" Richtung stehen werde, einer Reaktion, die freilich nichts weniger als den Versuch einer Rückwendung zu Vergangenem bedeuten wird. Im Gegenteil: Diese Reaktion wird vielleicht zwar in manchem auf die Kunst der Vorzeit zurückgreifen, sei es um sich im allgemeinen an ihr zu orientieren, sei es um einzelne Elemente aus ihr zu neuer Verarbeitung wieder aufzunehmen, und sie wird sich vor allem auch bemühen, ohne Not nichts preiszugeben von dem, was gerade die jüngste Vergangenheit an dauernd wertvollen, künstlerischen Gütern neu erworben hat. Aber sie wird in nichts jenem Schreckgespenste gleichen, das der Fortschrittsphilister so gerne an die Wand zu malen pflegt; denn trotz ihres bestimmten, ja scharfen Gegensatzes zu dem, was man in der Gegenwart gewöhnlich unter „modernen" musikalischen Anschauungen und Bestrebungen zu verstehen pflegt, wird sie ihrem Wesen nach sein: nicht grämliche Flucht in die Vergangenheit, sondern hoffnungsfreudiger Ausblick in die Zukunft, nicht Reaktion als Umkehr, sondern: Reaktion als Fortschritt.

II.

DAS MUSIKALISCHE DRAMA

Niemals zuvor ist wohl um einen Meister der Tonkunst heftigerer Kampf entbrannt gewesen als um Richard Wagner. Keiner hat hartnäckigeren Widerstand, verbittertere Anfeindung erfahren. Bei keinem ist aber auch der endliche Triumph so glänzend gewesen wie bei ihm. Denn was dem Genius des Bayreuther Meisters schliesslich als Siegespreis zufiel, das war weit mehr als Ruhm, Ehre und Anerkennung, wie sie auch anderen vor ihm schon zuteil geworden: es war nichts geringeres als die musikalische Weltherrschaft. Mag man immerhin an den Streit der Gluckisten und Piccinisten und ähnliche Vorgänge aus der „Kriegsgeschichte der Oper" erinnern. Ein näherer Vergleich überzeugt sofort, dass es sich im Falle Wagner um etwas ganz anderes handelte. Jene früheren Fehden glichen mehr oder minder Territorialkriegen, deren Folgen wenigstens unmittelbar nicht allzuweit reichten. Richard Wagner führte einen Weltkrieg, dessen universaler Charakter ebensowohl darin zum Ausdruck kam, dass er weit über Deutschland hinaus die ganze musikalische Welt in Atem hielt, als auch darin, dass er zwar auf dem Gebiete der Oper ausgekämpft, mit seinen Ergebnissen und Nachwirkungen aber für die gesamte Tonkunst in allen ihren Zweigen von Bedeutung wurde.

Die sogenannte Glucksche „Reform" war zunächst eine rein interne Angelegenheit der französischen Nationaloper. Mittelbar wurde sie dann freilich auch für die Entwicklung der deutschen Oper von Wichtigkeit. Aber Italien, die Heimat des musikalischen Dramas, ist von dieser Opernreform ganz unberührt geblieben; und jedenfalls ist es ausschliesslich und allein die O p e r, für die Gluck als eine historische Persönlichkeit zu gelten hat. Für alles, was ausserhalb des musikalischen Dramas liegt, war sein Wirken und Schaffen durchaus bedeutungslos. Ganz anders bei Wagner. Zwar gleicht er seinem grossen Vorgänger darin, dass all das, was er selbst auf ausserdramatischem Gebiete künstlerisch geleistet, an sich nicht allzu schwer wiegt. Aber trotzdem könnte man keine Geschichte der Nach-Beethovenschen Symphonie oder des deutschen Liedes in der zweiten Hälfte des 19. Jahrhunderts schreiben, man könnte nicht über das neuere Oratorium, ja vielleicht nicht einmal über die moderne Kammermusik erschöpfend reden, ohne der Einwirkung des Gewaltigen zu gedenken, der sogar d i e Kunstgebiete beeinflusst und befruchtet hat, denen er selbst im Uebereifer theoretischer Spekulation die Möglichkeit lebendiger Weiterentwicklung gelegentlich abgesprochen hatte.

Und gehen wir die ganze Musikgeschichte durch: es wird sich kaum eine zweite Persönlichkeit finden, die sich auch nur entfernt darin mit Richard Wagner vergleichen liesse, dass ein in schwerstem Kampfe errungener Sieg zu einer so universalen Herrschaft führte, einer Herrschaft, die das musikalische Empfinden und Gestalten einer ganzen Welt unter ihr Zepter zwang und weit über die Grenzen einer Nation und eines einzelnen Kunstgebietes hinaus so etwas wie eine künstlerische U n i v e r- s a l m o n a r c h i e begründete. Gleich jenen Welteroberern, dem mazedonischen Alexander, Karl dem Grossen oder dem ersten Napoleon, die wie mit einem Schlage das staatliche Leben ganzer Völker umgestalteten, so hat der Bayreuther Meister eine radikale Umwälzung auf dem Gebiete seiner Kunst hervorgebracht. Sein Schaffen wirkte wie eine Revolution: nicht allmählich, Schritt vor Schritt das Neue aus dem Alten herausentwickelnd, sondern plötzlich, wie Gewittersturm hereinbrechend und alles seinem Siegeslaufe im Wege Stehende über den Haufen rennend.

Wenn es Tatsache ist, dass Wagner in einem Zeitraum von etwa dreissig Jahren eine musikalische Umwälzung eingeleitet und durchgeführt, wie sie kaum jemals zuvor durch die Lebensarbeit eines einzelnen Mannes zustande gekommen war, so ist natürlicherweise mit der Anerkennung dieser Tatsache zunächst noch gar nichts ausgemacht über den eigentlichen und bleibenden Wert, über die Ewigkeitsbedeutung des Wagnerschen Schaffens im Vergleich mit dem Schaffen manch eines Vorgängers, dessen musikalisches Genie dem seinigen vielleicht gleichkam oder es sogar überragte, dessen unmittelbare und augenblickliche Einwirkung auf das musikalische Empfinden und Denken der Zeit sich aber mit der Wagnerschen Revolutionierung der Musik des 19. Jahrhunderts nicht im entferntesten vergleichen lässt. Dass Wagner so wirken musste, wie er gewirkt hat, ist einesteils der individuellen Artung seiner wahrhaft cäsarischen Persönlichkeit, dieser reinsten Inkarnation des „Willens zur Macht", die je in der Geschichte unserer Kunst erlebt wurde, — andernteils den zeitlichen Umständen zu verdanken, die gerade einem Streben wie dem seinen ganz besonders günstig waren. Ob Richard Wagner wirklich, wie so oft gesagt worden ist, als der überragend grösste Repräsentant des deutschen Geistes auf dem Gebiete der Kunst zu gelten hat, darüber wird man verschiedener Meinung sein können, — und zwar sowohl hinsichtlich der Grösse wie des Deutschtums. Dass er als spezifisch m u s i k a l i s c h e s Genie, als rein musikschöpferische Potenz an die Höhe eines Bach, Beethoven oder Mozart nicht heranreicht, darüber ist er sich selbst ebensowenig im Unklaren gewesen, wie es von den Vernünftigen unter seinen Anhängern und Bewunderern jemals bestritten worden ist. Aber all das hindert nicht anzuerkennen, dass er mit seinem Kämpfen g e s i e g t und mit seinem Schaffen g e w i r k t hat wie nie zuvor ein deutscher Musiker.

Richard Wagner beherrscht mit seiner Kunst und seiner Persönlichkeit unser gesamtes heutiges Musikleben derart, dass das wenige, was sich seinem übermächtigen Einflusse ganz und in jeder Weise entzieht, als verschwindende Ausnahme erscheint und bei der Kennzeichnung des allgemeinen Charakters der musikalischen Gegenwart kaum mit in Rechnung gezogen zu werden braucht. Ob diese Herrschaft noch lange andauern oder ob sie das Schicksal der meisten politischen Weltherrschaften teilen wird, die gewöhnlich um so rascher wieder zerfielen, je mehr sie in der Zeit ihrer höchsten Blüte einen wahrhaft universalen Charakter getragen hatten, das ist — wie alle Zukunftsspekulation — eine müssige Frage, deren Entscheidung übrigens, selbst wenn sie in dem durch die Analogie mit den politischen Weltherrschaften nahegelegten Sinne entschieden werden müsste, noch gar nichts ausmachen würde über die fortwirkende Kraft und Bedeutung des Wagnerschen Schaffens. Denn sehr wohl wäre es möglich, dass der Bayreuther Meister auch in seinem geschichtlichen Weiterleben dem grossen Alexander gliche, der Schöpfer einer neuen Kulturperiode wurde, obwohl das von ihm begründete Reich ihn selbst nicht lange überlebt hat.

Wie dem auch sei: jedenfalls ist Richard Wagner der

letzte Markstein in der Musikgeschichte; der Sieg seiner Kunst das letzte Ereignis, das wir als der bereits historisch gewordenen Vergangenheit angehörig betrachten können. Mit dem Augenblicke, da dieser Sieg entschieden war, also — um ein bestimmtes Datum zu nennen — etwa mit 1883, dem Todesjahre des Meisters, beginnt für die Musik eine neue Zeit, die Zeit, in der wir jetzt noch leben. Die Musik der Gegenwart ist die Musik, die unter dem Einflusse Richard Wagners steht, einem Einflusse, dem sich niemand entziehen kann, der ihm zu entrinnen sucht, so wenig wie der willig sich Hingebende. In dieser Zeit wird die Richtung eines jeden und namentlich des schaffenden Musikers bestimmt durch sein Verhältnis zu der Kunst des Bayreuthers. Ob er sich ganz in die Ideen und Tendenzen dieser Kunst versenke, ob er über sie hinaus, an ihr vorbei oder hinter sie zurückstrebe, das weist ihm seine zeitgeschichtliche Stellung an. Und demgemäss ist auch die erste und nächste Aufgabe für den, der die deutsche Musik der Gegenwart zum Gegenstand seiner Betrachtung macht, die Untersuchung der Art und Weise, wie Richard Wagner die Tonkunst unserer Zeit, in Sonderheit ihre musikalische Produktion angeregt, befruchtet und beeinflusst hat.

Seit Gluck war kein Musiker mehr so ausschliesslich Musikdramatiker gewesen, wie Richard Wagner. Aber es wurde schon gesagt, dass er trotz dieser Ausschliesslichkeit seiner Begabung und seines Strebens für die gesamte Musik der Gegenwart, für alle ihre Gebiete und Gattungen nahezu gleichwichtig geworden ist: ja, man könnte — angesichts von Erscheinungen wie Anton Bruckner und Hugo Wolf — zu dem Urteile sich versucht fühlen, dass gerade in anderen Zweigen des musikalischen Schaffens, in der Symphonie und im Liede, der Wagnersche Einfluss vielleicht sogar fruchtbarer und segensreicher zur Geltung gelangt sei als auf dessen eigenstem Gebiete, dem musikalischen Drama. Und dass dieser Einfluss soviel weiter ausgreifen und sich ausdehnen konnte, das liegt nicht nur daran, dass der Bayreuther Meister im ganzen eine so viel gewaltigere Persönlichkeit war, als der Komponist des Orpheus, der den Platz, den er heute in der Geschichte der Oper einnimmt, ohne seinen Librettisten Calsabigi ganz gewiss n i c h t erreicht hätte, — es hat seinen Grund vor allem auch darin, dass Wagner ein so ganz anderer M u s i k e r war als Gluck. Ich will nicht die Frage aufwerfen, wer von den beiden stärker begabt gewesen sei. Aber das ist ganz gewiss: Wagner verstand es, all das, was er vor sich und neben sich vorfand, die gesamte Musik seiner Vorgänger und nicht minder die seiner gleichzeitigen Strebensgenossen in einer Weise für sich und seine künstlerischen Zwecke zu nützen, wie das von Gluck — der in seiner Art gewisslich auch ein grosser „Lerner" war — nicht im entferntesten behauptet werden kann. Nennt man die italienische Oper, von der er ausging, Händel, dessen Musik er in London kennen lernen konnte, und Rameau, dessen unmittelbares Erbe anzutreten er berufen war, so hat man so ziemlich alles beisammen, was für die Entwicklung von Glucks musikalischer Persönlichkeit ausschlaggebende Bedeutung gewann. Wogegen Wagner — abgesehen von einigem wenigem, was seiner Natur gänzlich unassimilierbar blieb — schlechthin a l l e s aufnahm und in sich verarbeitete, was er in Vergangenheit und Gegenwart vorfand, einer jener zusammenfassenden Geister, die den Additionsstrich unter eine ganze lange Reihe von Einzelposten der Entwicklung setzen, um aus ihnen die Summe zu ziehen, — die in und mit ihrem Wirken all das abzuschliessen und zu vollenden scheinen, was in jahrhundertelangem Werden sich allmählich vorbereitet hatte, und bei denen man es be-

4*

greifen kann, wenn sie in den Augen ihrer Anhänger (und wohl auch bisweilen in ihren eigenen) dastehen als ein Schluss- und Endergebnis, als das, worauf der Genius der Kunst mit deren ganzer Geschichte eigentlich hinaus gewollt habe.

Wäre Richard Wagner nichts anderes und nichts mehr gewesen als der grosse Musiker, der aus seinen Partituren zu uns spricht, so hätte das gewiss schon genügt, um seinen Einfluss auf die Weiterentwickelung der Tonkunst ganz unvergleichlich gross zu machen. Nun ragt aber die Gestalt des Bayreuther Meisters weit hinaus über das Sondergebiet der Musik: er, der ja ursprünglich garnicht von der Musik ausgegangen, sondern zur Musik erst g e - k o m m e n war, weil ihm, dem geborenen Dramatiker, schon früh ein dramatisches Ideal vorschwebte, von dem er instinktiv fühlte, dass es nur mit Hilfe der Musik zu verwirklichen sei, — er war überdies eine ganz ausserordentlich starke dichterische Begabung, ein Poet, dessen Eigenart und wahrhaft schöpferisches Gestaltungsvermögen durch gewisse Schrullen, Gewaltsamkeiten und Inkorrektheiten der Sprachbehandlung nur wenig beeinträchtigt werden, er war endlich ein höchst origineller und energischer Denker, dessen Spekulationen über Kunst und Kultur darum nicht weniger stark und tief wirken mussten, weil sie zunächst nur zur Verteidigung, Erläuterung und Rechtfertigung des eigenen künstlerischen Schaffens angestellt worden waren. Und gerade dieses letztere Element in Wagners geistiger Gesamtpersönlichkeit, seine Kunst- und Kulturtheorie war es, die unter der Anhängerschaft des Bayreuther Meisters jene nicht nur korporativ so fest geschlossene, sondern auch geistig so streng gebundene P a r t e i b i l d u n g ermöglichte, wie man sie zuvor in der Geschichte der deutschen Kunst noch niemals erlebt hatte. Zu der Wagnerschen Kunst kam das Wagnersche Dogma, und mit seiner Hilfe vor allem gelang es, dem Wagnerianismus jenen engherzigen Sektierergeist einzuimpfen, der so ganz und gar unvermögend war, gerade dem besten und echtesten Teile des Wagnerschen Genius gerecht zu werden.

Wer einmal die Geschichte des deutschen Wagnerianismus schreiben will, der wird zu beachten haben, wie sich unter der grossen Schar derer, die in irgend einem Sinne als Gefolgsleute, Nachahmer oder Fortbildner Richard Wagners sich ansehen lassen, drei verschiedene Gruppen zu unterscheiden sind. Da ist zunächst einmal die Masse derjenigen, auf die Richard Wagner nur als Musiker gewirkt hat. Sie bilden wohl die übergrosse Mehrzahl. Zu ihnen gehört vielleicht schon Franz Liszt — soweit wenigstens wie er als Nachfolger und nicht als Vorgänger seines grossen Freundes zu gelten hat, — sicherlich aber, und zwar als ihr schöpferisch bedeutendster Vertreter, Anton Bruckner, dessen geniale Naivität dem Wagnerschen Dogma so fern blieb, dass er es wagen konnte, als Wagnerianer die reine Orchestersymphonie ohne jegliche programmmusikalische Tendenzen zu pflegen. — Ihnen reihen sich dann an jene anderen, die sich durch die künstlerische Gesamtpersönlichkeit des Bayreuthers haben beeinflussen lassen, für die es wohl zumeist der Musiker Wagner war, dem sie zuerst einen grossen und nachhaltigen Eindruck verdankten, die. aber nicht dabei stehen blieben, sich an der Wagnerschen Tonsprache zu berauschen, sondern mit Eifer zu der Erkenntnis des künstlerischen Ideales fortschritten, in dessen ausschliesslichen Dienst der Meister seine Musik — als Mittel zum Zweck der Verwirklichung einer dramatischen Absicht — gestellt hatte. Unter denen, die sich der Nachfolge Wagners auf dessen eigenem Gebiete, dem musikalischen Drama zuwandten, sind s i e es, deren Schaffen das positiv Wertvollste innerhalb der neueren deutschen Opernkomposition zu verdanken ist. Mit den hauptsächlichsten Vertretern dieser Gruppe werden wir uns in der Folge eingehend zu beschäftigen haben.

Endlich gibt es noch eine dritte Klasse von Wagnerianern, die nämlich, aus der sich in der Hauptsache die enge und esoterische Gemeinde der „Bayreuther Blätter" rekrutiert. Für sie ist Wagner als Reformator und Regenerator der deutschen Kultur bei weitem wichtiger, denn als Künstler oder gar als simpler Musiker. Zu den Erfordernissen des echten Wagnerianers rechnen sie in erster Linie, dass er christlich-sozialer Antisemit, Antivivisektionist und (wenigstens theoretisch) auch Vegetarianer sei. Der Richard Wagner, den sie über alles verehren, ist der Verfasser des 10. Bandes der gesammelten Schriften und Dichtungen, während sie die übrigen theoretischen Arbeiten des Meisters zumeist nur aus den vorsichtigen Auszügen kennen, die Glasenapp und Heinrich von Stein in ihrer Enzyklopädie und ihrem Lexikon dem rechtgläubigen „Bayreuther" in die Hand zu geben für gut befunden haben. Für die „deutsche Musik der Gegenwart" kommt diese Sorte nicht in Betracht. Denn der echte Bayreuther komponiert nicht, ja er duldet dieses Laster auch an andern nur dann, wenn sie nachweisbar in einem näheren verwandtschaftlichen Verhältnis zum Hause Wahnfried stehen. —

Wohl bei einem jeden, dessen Wagnerianismus von der Musik ausging, waren es anfänglich gewisse A e u s s e r l i c h k e i t e n der Wagnerschen Tonsprache, die ihn gefangen nahmen: der spezifisch Wagnersche Orchesterklang, besondere — zum Teil nur auf der Verwendung ungewohnter Instrumente beruhende — Effekte, eigentümliche melodische und namentlich auch harmonische Wendungen, die, zum erstenmale gehört, wie Stimmen aus einem fernen Paradies berührten, mit einem Worte all das, was die m a t e r i a l e n E l e m e n t e der Wagnerschen Grammatik und Stilistik ausmacht. Es erscheint begreiflich, dass der Einfluss Wagners auf die deutsche Opernproduktion sich zunächst darin bemerkbar machte, dass man anfing, die Tonsprache des Bayreuther Meisters in derartigen Aeusserlichkeiten zu kopieren. Die W a g n e r - N a c h f o l g e im musikalischen Drama begann als W a g n e r - N a c h a h m u n g — wie jedes künstlerische Schaffen mit einem Nachahmen beginnt. Und eben weil man sah, dass diese Aeusserlichkeiten ganz unmittelbar auf jeden wirkten, wie er sich auch sonst zum Wagnerschen Kunstwerk stelle, glaubte man in ihnen auch das eigentliche Geheimnis der Wagnerschen Theatererfolge zu entdecken, sodass auch derjenige sich ihnen nicht wohl verschliessen konnte, der im übrigen sich der Theorie und Praxis des Wagnerschen Musikdramas gegenüber ablehnend verhielt. Es erschien als ein — freilich zumeist mehr vom Instinkt als von überlegter Absicht diktiertes — Gebot der Klugheit, unter vorsichtiger Vermeidung alles dessen, was in Wagners Werken vielfachen Anstoss und Befremden erregte, d a s nicht zu verschmähen, was seine Musik an eindrucks- und effektvollen Neuerungen gebracht hatte. So entstand eine e k l e k t i s c h e Richtung, deren musikdramatisches Ideal prinzipiell nicht über die alte Oper hinausging und die von dem inneren Kern der Wagnerschen Bestrebungen nichts verstand oder nichts wissen wollte, trotzdem es aber für gut fand, das, worauf Wagner im Verfolg dieser seiner Bestrebungen mit N o t w e n d i g k e i t gekommen war, als willkommene Bereicherungen ihrer eigenen musikalischen

Formen- und Ausdruckssprache w i l l k ü r l i c h zu verwenden.

Mit der stärkste Vertreter dieser Richtung ist K a r l G o l d m a r k. 1832 in Ungarn geboren, ging er als Schüler Jansas (1795—1875) von der Violine aus und hatte, in der Komposition wohl hauptsächlich autodidaktisch vorgebildet, seinen ersten grossen Erfolg mit der einst vielgespielten „Sakuntala"-Ouverture. „Die Königin von Saba", mit der er 1875 an der Wiener Hofoper als Musikdramatiker debutierte, ist sein bestes Werk geblieben, dasjenige, nach dem er zu beurteilen ist, wenn man — wie es eigentlich bei jeder humanen Beurteilung der Fall sein sollte — den Massstab immer nur an das Höchste anlegt, was einem Künstler zu erreichen beschieden war. Der alttestamentlich-orientalische Stoff entsprach vortrefflich dem Temperament und dem Empfinden des Komponisten, der auch in seiner Musik die jüdische Abkunft niemals verleugnet hat, und da das Libretto von dem Stammesgenossen M o s e n t h a l geschickt gearbeitet war, so ergab sich ein Werk, das nicht nur von einer starken musikalischen Begabung zeugt, sondern auch als Ganzes einheitlich und in seiner Art sogar stilvoll wirkt.

Ein Opernbuch wie „Die Königin von Saba" hat Goldmark zum zweitenmale nicht mehr gefunden. In der Folge sieht man ihn krampfhaft nach einem erfolgverheissenden dichterischen Vorwurfe suchen, wobei er — haltlos und schwankend, weil ohne jegliche richtunggebende künstlerische Ueberzeugung — dadurch auf der Höhe der Zeit sich erhalten zu können meint, dass er immer dem nachläuft, was jeweils die letzte Saison als *Haute Nouveauté* gebracht hatte. Mit Richard Wagner wird er christlich und mystisch, indem er auf den „Parsifal" (1882) seinen „Merlin" (1886) folgen lässt; als Humperdinck mit seinem „Hänsel und Gretel" (1893) im Märchen ein neues, aus-

beutungsfähiges Stoffgebiet entdeckt zu haben scheint, wendet sich auch Goldmark mit der Dickens-Verballhornung „Das Heimchen am Herd" (1896) einer ähnlichen Richtung zu, und als man schliesslich wieder einmal alles Heil von den alten Griechen zu erwarten sich anschickte (Bungerts „Odysseus Heimkehr" 1896), da zog auch der Komponist der „Königin von Saba" auf die Suche nach der „Sonne Homers" und schrieb seine „Briseïs" (1898), der er dann späterhin noch einen in der Textwahl völlig unbegreiflichen selbst durch die Rücksicht auf Tagesmoden nicht mehr erklärbaren „Götz von Berlichingen" (1902) und das „Wintermärchen" (nach Shakespeare — 1907) folgen liess. Auch rein musikalisch bewegten sich die Leistungen Goldmarks, dessen Merlin-Partitur zum mindesten noch hochinteressante Partien aufweist, allmählich immer weiter abwärts: ein trauriger Beleg für die Tatsache, dass — abgesehen vom Genie, das sich immer „des rechten Weges bewusst" bleibt — auch das ausgesprochene Talent in einer Zeit wie der heutigen, wo der Musiker ohne die einengende, aber auch hegende und schützende Schranke eines überlieferten, konventionellen Stils ganz allein auf den eigenen Geschmack sich angewiesen sieht, nicht zur vollen, harmonischen Ausbildung zu gelangen vermag, wenn ihm künstlerische Kultur und Gesinnung vollkommen mangeln.

Eine Goldmark vielfach verwandte Erscheinung ist (wenn wir den Pianisten gänzlich aus dem Spiele lassen) Anton Rubinstein (1829—1894), der als Opernkomponist freilich nur zum Teil der deutschen Tonkunst angehört. Er ist gegenüber jenem, der in seinen besten Sachen immer durch eine saubere und gewählte Technik fesselt, ganz gewiss der nachlässigere Arbeiter, dafür aber auch die stärkere Begabung. Auch als Schaffender fasziniert Rubinstein gelegentlich durch einen unleugbaren Stich — ich will nicht sagen ins Geniale, aber doch ins „Genialische", und gerade dem Werk, das wohl den Höhepunkt seiner Opernproduktion bedeutet, dem (kürzlich ja auch in Deutschland wieder aufgenommenen) „Dämon" (nach dem byronisierenden Epos des Lermontow, zuerst Petersburg 1875) kann man zum mindesten einen gewissen grosszügigen „Schmiss" in Anlage und Ausführung nicht absprechen.

Gehören Goldmark und Rubinstein vor allem auch insofern zusammen, als sie, beide durch Abstammung und Herkunft dem deutschen Wesen fremd, zeitlebens „Ausländer" innerhalb unserer musikalischen Kultur geblieben sind, und darum auch in den eigenartigsten Elementen ihres Schaffens eine gewisse asiatisch-orientalische Exotik vertreten, so sind nun ein paar Namen zu nennen, die sich hier nur darum einigermassen ungezwungen anschliessen, weil wir es auch in ihnen mit Repräsentanten eines ausgesprochenen musikdramatischen Eklektizismus zu tun haben. Da ist der gleich Goldmark im Grunde auf der grossen Oper Meyerbeers fussende **Edmund Kretschmer** (geboren 1830 in der sächsischen Oberlausitz, ausgebildet in Dresden, wo er auch späterhin lebte und wirkte). Seine „Folkunger" (Libretto gleichfalls von Mosenthal, Dresden 1874) machten einst die beliebte „Runde über die sämtlichen Bühnen Deutschlands" und wer's gut trifft, kann einem „Krönungsmarsch" aus dieser Oper wohl heute noch einmal auf dem Programm eines Gartenkonzerts begegnen. Auch die „Folkunger" blieben ein vereinzelter glücklicher Wurf, wie er derartigen Talenten nur einmal — und zwar merkwürdigerweise meist am Beginne ihrer Laufbahn zu gelingen pflegt. Kretschmers spätere Opern: „Heinrich der Löwe" (Text vom Komponisten, Leipzig 1877), „Der Flüchtling" (Spieloper, Ulm 1881), „Schön Rothraut" („romantisch", Dresden 1887) fristen ohne Ausnahme nur noch als dürre Lexikonsnotizen ein schattenhaftes Dasein. —

Schon bei Wagner macht sich in den früheren Werken, im „Tannhäuser" hie und da und mehr vielleicht noch in manchen Chorpartien des „Lohengrin", ein gewisses Etwas bemerklich, das beweist, wie auch dieser Gewaltige der Tatsache, dass er im Vaterlande des vierstimmigen Männergesanges geboren wurde, gelegentlich seinen Tribut hat entrichten müssen. Ohne einen Gran Philistrosität ist ja wohl überhaupt kein guter Deutscher denkbar, und der Bayreuther Meister hätte kein echter Sachse sein müssen, wenn diese Philistrosität an den wenigen Stellen, wo sie bei ihm zum Vorschein kommt, musikalisch nicht mit Vorliebe die Form biedermeiernder Liedertafelei angenommen hätte. Soweit Kretschmer von Wagner beeinflusst ist, erlangt nun gerade dieses Element bei ihm eine weitere Ausbildung und stärkere Betonung, er erscheint stellenweise geradezu als ein Vorläufer des Mannes, in dessen dramatischen Arbeiten der triviale Geist des deutschen Männergesanges sich mit äusserlich aufgefasster Wagnernachahmung zu einem Ganzen verbindet, dessen unvornehmen Effekten die Masse des Theaterpublikums wohl gelegentlich erliegen konnte, das aber für jeden feineren Geschmack — einerlei welcher Richtung er zuneige — eben seiner inneren Seichtigkeit und Roheit willen ein Greuel ist. Ich meine die Opern Heinrich Zöllners, der 1854 als Sohn Karl Zöllners (— also in bezug auf Liedertafelei schon erblich belastet! —) zu Leipzig geboren wurde, am Konservatorium seiner Vaterstadt studierte und dann nacheinander in Dorpat, Köln, New-York und Leipzig eine hauptsächlich dem Männergesang gewidmete Dirigententätigkeit entfaltete. Ausser dem, durch die Vierteljahrhundert-Feier des deutsch-französischen Krieges veranlassten Einakter „Der Ueberfall" (nach einer

Erzählung Wildenbruchs, Dresden 1895) errang sich besonders die nach Gerhard Hauptmanns symbolischem Märchendrama gearbeitete „Versunkene Glocke" (Berlin 1899) einen entschiedenen Bühnenerfolg.

Die möglichst wortgetreue musikdramatische Ausschlachtung eines bekannten und berühmten Dichterwerkes hatte Zöllner zuerst in seinem „Faust" (München 1887) versucht. Wenn er diesen Versuch dann späterhin mit mehr Glück an einem modernen, durch die literarische Tagesmode emporgehobenen Opus wiederholte, so tat er damit nur etwas, was andere vor ihm schon getan hatten und was in Zukunft selbst Grössere als er (— man denke nur an Straussens „Salome"! —) nicht verschmähen sollten. So hatte ja auch Victor Nessler (1841—1890) den tiefbeschämenden Siegeslauf seines „Trompeter von Säkkingen" in erster Linie der unerhörten Popularität der Scheffelschen Dichtung zu verdanken, und August Bungert (geboren 1846) hätte die dreiste künstlerische Hochstapelei seiner „Homerischen Welt" („Odysseus Heimkehr" 1896, „Kirke" 1898, „Nausikaa" 1901, „Odysseus' Tod" 1903) nimmer wagen dürfen, wenn er nicht gewusst hätte, dass er in jeder Stadt des lieben deutschen Vaterlandes auf ein Parterre von Gymnasialabsolventen rechnen konnte.

Diese beiden trotz der Verschiedenheit ihres Auftretens und ihrer Erfolge so innig wesensverwandten Geister seien aber in unserem Zusammenhange nur darum erwähnt, um zu zeigen, wie selbst solche, die ganz anders wo herkamen oder sich sogar in einen ausgesprochen feindlichen Gegensatz zu Wagner stellten, der Beeinflussung durch dieses übermächtige Genie sich nicht zu entziehen vermochten. Nesslers Ideal war die sogenannte „Volksoper", seine Vorliebe jener süss-säuerliche Brei aus rührseliger Sentimentalität und alkoholdurchtränkter Komik, den schon der freilich musikalisch viel potentere L o r t z i n g so erfolgreich zusammenzurühren verstand, und Bungert, der wesentlich Höheres prätendierte, ging ja geradezu auf die „Ueberwindung" Wagners aus: sein Ziel war nichts geringeres, als die Welt von der bedrückenden Tyrannei der Wagnerschen Kunst und des Wagnerschen Geistes zu befreien. Und trotzdem ist die Musik des einen so wenig wie die des anderen ohne die Einwirkung des Bayreuther Meisters zu denken. Der Wagnersche Einfluss, bei Nessler oberflächlicher und mehr nur in Einzelheiten spürbar, ist bei Bungert so stark, dass seine Tonsprache oft geradezu als eine trivialisierende Karrikatur der Wagnerschen anmutet. —

Unter denen, die nicht bloss durch gewisse Aeusserlichkeiten des musikalischen Idioms, sondern durch die künstlerische Gesamtpersönlichkeit Richard Wagners mächtig und tief ergriffen wurden, die über die blosse Wagnernachahmung hinausgehend, mit Ernst und mehr oder minder hohem Verständnis für die eigentliche Absicht des Meisters zu einer Wagnernachfolge „im Geiste und in der Wahrheit" sich anschickten, gehören die ältesten zum grossen Teil jenem engeren Kreise der „W e i- m a r a n e r" an, der seinen künstlerischen Mittelpunkt in dem begeisterten und begeisternden Wirken F r a n z L i s z t s hatte. Nicht als ob alle die zahlreichen Musiker, die zu irgend einer Zeit einmal in den Bann der Lisztschen Persönlichkeit gezogen wurden, auch als „Wagnerianer" in diesem höheren Sinne anzusprechen wären. Im Gegenteil: einige der namhaftesten von ihnen wurzeln gerade mit ihrer musikdramatischen Produktion noch durchaus in der Vor-Wagnerschen Tradition. Weil es sich aber doch wohl empfiehlt, diesen ganzen Weimaraner Kreis gemeinsam zu behandeln, und in der Tat innerhalb dieses Kreises uns zum erstenmale der Typus des reinen und rechtgläubigen Wagnerjüngers unter den deutschen Opernkomponisten begegnet, seien hier auch die — wenigstens in kurzer Erwähnung — mit einbezogen, die der eigentlichen Natur ihrer künstlerischen Bestrebungen nach an einer anderen Stelle (zum Teil in unmittelbarer Nähe Goldmarks) hätten Platz finden sollen.

Es wäre eine interessante und dankbare Aufgabe, einmal im Zusammenhang die kompositorischen Leistungen all der Musiker zu würdigen, die irgendwie der Weimarer Schule zuzuzählen sind, eine Aufgabe, deren Lösung auch dann noch wertvoll wäre, wenn — wie ich vermute — das positive Gesamtergebnis bei der Abschätzung dieser Leistungen ein überraschend dürftiges sein sollte. Einstweilen muss man sich mit einem auf Einzelwürdigung verzichtenden summarischen Ueberblick begnügen, zumal da das in Betracht kommende Quellenmaterial nicht überall leicht zugänglich ist. Genau genommen hätte man ja eigentlich von zwei Weimarer Schulen zu reden, einer älteren, die dem ersten Aufenthalte Liszts in Weimar (1848—1861), und einer jüngeren, die dem zweiten Aufenthalte (1869—1886) zeitlich entspräche. Die wichtigere und zumal für unsere Betrachtung zunächst allein in Betracht kommende Epoche des Lisztschen Wirkens ist jene frühere Zeit. Von solchen, die damals zu den Füssen des Weimarer Meisters gesessen hatten, sind als Opernkomponisten die folgenden namhaft geworden: Joachim Raff (1822—1882), Peter Cornelius (1824—1874), Eduard Lassen (1830—1904), Hans v. Bronsart (geb. 1830), Alexander Ritter (1833—1896), Felix Draeseke (geb. 1835), Josef Huber (1837—1886). Darunter ist der bedeutendste ganz zweifellos Cornelius: Ritter scheint mir mehr entwicklungsgeschichtlich — durch den Einfluss, den er auf andere ausgeübt — als durch den schöpferischen Eigenwert seiner musikdramatischen Produktionen wichtig zu sein, und von Dräsekes Opern bekenne ich zu wenig zu wissen, um mir ein abschliessendes Urteil erlauben zu dürfen. Ein Blick in den Klavierauszug der „Gudrun" (Hannover 1884) schien das harte, wohl zu harte, aber gewiss auch bezeichnende Wort eines witzigen Freundes zu bestätigen, — der auf die Frage, wie denn diese Musik eigentlich sei, antwortete: „Die Dräsekesche Gudrun, — na, das ist halt so eine Art von talentloser Euryanthe." — Von Josef Huber, der zuletzt Geiger im Stuttgarter Hoforchester war, kann man in jedem Musiklexikon lesen, dass er ein „origineller" Komponist gewesen sei, der in Leipzig den (nebenbei gesagt, weder literarisch, noch gar poetisch ernst zu nehmenden) Peter Lohmann (geb. 1833), den Textdichter seiner beiden Opernwerke: „Die Rose vom Libanon" und „Irene", kennen gelernt, in der Folge die freie („psychologische") Formgebung in seiner Musik kultiviert und — um dem „omnitonalen" Prinzip seiner Harmonik auch äusserlich sichtbaren Ausdruck zu geben — auf die Tonartvorzeichen verzichtet habe. Aber an die Oeffentlichkeit ist von diesen eigenartigen Bestrebungen noch weniger getreten als von den musikdramatischen Bemühungen der Raff, Bronsart, Lassen und Dräseke, von denen der letztere ja noch einmal in allerjüngster Vergangenheit eine einaktige komische Oper („Der Fischer und der Kalif", nach einem Stoff aus „Tausend und eine Nacht") zur Aufführung gebracht hat. —

Immer — und ich glaube, dass es vielen so ergeht wie mir — immer, wenn meine Gedanken bei Peter Cornelius weilen, fühle ich mich zu ganz besonders herzlicher Freudigkeit erregt. Ich bin nie der Versuchung erlegen, Cornelius als Künstler oder auch nur als Menschen zu überschätzen, wohl wissend, dass er weder in seinem Schaffen noch in seinem Leben zu den ganz Grossen gehörte, dass sein eigenschöpferisches Vermögen nicht Kraft genug besass, um dem gewaltigen Einflusse des Bayreuther Meisters gegenüber seine volle, reine Selbständigkeit zu bewahren, wie auch sein Charakter nicht frei zu sprechen ist von einer gewissen Schwäche und Haltlosigkeit, die in seine Lebensführung gar oft etwas Halbes und Unentschiedenes brachte. All das kann aber nicht ernstlich das Gefühl sympathischer Liebe stören, das einen mit unwiderstehlicher Gewalt zu Peter Cornelius hinzieht. Er war — um ein viel missbrauchtes Wort zu gebrauchen — in Wahrheit eine *anima candida,* ein Mensch, der in seiner Bescheidenheit, Anspruchslosigkeit und Selbstvergessenheit sehr weit von dem entfernt war, was die Welt so gemeinhin als das Ideal eines „Lebenskünstlers" ansieht, dem dafür aber jene andere, von so wenigen geübte Kunst eignete, sich einen Schatz rein i n n e r l i c h e r Beglückung und Beseligung zu gewinnen, der gefeit ist gegen jegliche Beraubung durch äusseres Leid und Ungemach, die wahre „Krone des Lebens", das köstliche Gut des Gottesfriedens, der „höher ist als alle Vernunft". Eine durchaus harmonische und einheitliche Natur, bei der Leben und Kunst in seltener Weise zusammenstimmten, liebenswürdig im eminenten Sinne des Wortes, doch ohne jene Nebenbedeutung des Kleinen und Unbedeutenden, die man mit dem Begriff des „Liebenswürdigen" so gern verbindet, — ein heller Kopf und scharfer Verstand, aufgeschlossen allem Neuen und Zukunftverheissenden, was seine Zeit ihm darbot, aber auch erfüllt von einem warmen Gefühle für die Poesie des ehrwürdig Alten, von jener Pietätsromantik, die wohl in keiner echten Künstlerseele ganz fehlt. Die Verbindung von Wort- und Tondichter in einer Person, dieses unerhörte Wunder der künstlerischen Erscheinung Richard Wagners, wiederholt sich bei Cornelius in verkleinertem Massstabe, und dieser

Umstand, dass er nicht nur, wie so mancher andere Nach-Wagnersche Musikdramatiker, der Librettist, sondern wirklich und im Ernste gesprochen der D i c h t e r seiner Opern war, das allein schon sichert ihm in der Geschichte des deutschen Musikdramas einen ganz besonderen Platz.

Im Jahre 1904 waren dreissig Jahre seit dem Tode des 1824 zu Mainz (als Sohn eines Schauspielers und Grossneffe des berühmten Malers) geborenen Peter Cornelius verflossen. Es ist das der Zeitpunkt, wo der deutsche Musiker und Schriftsteller „frei" wird, d. h. wo das Urheberrecht — das den schaffenden Künstler nicht anders vor dem Verhungern zu schützen weiss, als indem es seine Wirksamkeit auf die breiteren Massen des Volkes für viele Jahre gewaltsam unterbindet —, wo dieses Recht auch dem Minderbemittelten den bequemen Genuss der nun nicht mehr geschützten und darum erschwingbar gewordenen Bücher und Musikalien erlaubt. Man konnte hoffen, dass auch im Schicksal der Cornelianischen Kunst mit diesem Jahre die Wendung eintreten, der so lange Verkannte oder doch nur von ganz wenigen nach vollem Verdienst Gewürdigte endlich das werden würde, wozu ihn die Eigenart seiner edlen, gemütvollen Begabung vor vielen anderen zu bestimmen scheint: ein Liebling der ganzen musikliebenden Nation. Bis zur Stunde hat sich diese Hoffnung leider noch sehr wenig erfüllt, und fast ist zu befürchten, dass Cornelius' Musik auch fürderhin bleiben werde, was sie immer schon war: *caviare to the general,* eine erlesene Kost für seltene Feinschmecker. Dagegen wurde die Gesamtheit des Cornelianischen Schaffens nun wenigstens allgemein und leicht zugänglich gemacht durch die Breitkopf und Härtelsche Gesamtausgabe seiner m u s i k a l i - s c h e n Werke, der sich als wichtige Ergänzung eine Ausgabe der l i t e r a r i s c h e n Werke anschloss, die den

Meister als empfindungstiefen, formgewandten Lyriker und als feinsinnigen musikalischen Schriftsteller kennen lehrt, ausserdem aber auch in einer wertvollen (leider nur allzu voluminös geratenen) Auswahl von Briefen, Tagebuchblättern und Gelegenheitsgedichten die innere Lebensgeschichte der liebenswerten Persönlichkeit des Menschen Cornelius entrollt.*)

Das Werk, mit dem sich Cornelius als Opernkomponist den Besten an die Seite gestellt hat, ist seine dramatische Erstlingsarbeit: der 1858 durch Liszt in Weimar aus der Taufe gehobene „Barbier von Bagdad", dem (wie Dräsekes viel späterem „Fischer und Kalif") gleichfalls eine Erzählung aus „Tausend und eine Nacht" zugrunde liegt. Die Schicksale dieses geist- und humorsprühenden Werkes waren seltsam. Bei seiner Uraufführung fiel es einer von Dingelstedt (dem damaligen Weimarer Hoftheater-Intendanten) angezettelten, gegen Liszt gerichteten Kabale zum Opfer. Dann blieb es verschollen, bis Felix Mottl als junger Karlsruher Hofkapellmeister sieben Jahre nach dem Tode des Dichterkomponisten den „Barbier" zu neuem Leben erweckte (1881). Der Karlsruher Aufführung wurde eine von Mottl besorgte Neubearbeitung der Partitur zugrunde gelegt und in dieser Umarbeitung wurde die Oper dann auch anderwärts (zuerst von Hermann Levi in München) gebracht. Dass es nur sehr wenige Theater blieben, die es mit dem Schmerzenskinde des armen Cornelius wagen wollten, und dass auch diese Wenigen mit dem Wagnis so gar nicht auf ihre Rechnung kamen, das mochte manchem unbegreiflich erscheinen, bis **Max Hasse** in eben jenem Jahre, da die **Originalpartitur** des

---

*) Für die erste Orientierung in Cornelius' Leben und Schaffen empfiehlt sich die kenntnisreich und hübsch geschriebene kleine Biographie, die **Edgar Istel** als 25. Bändchen der Reclamschen Musikerbiographien veröffentlicht hat.

„Barbier" vom Urheberrechtsschutze frei kam, der erstaunten Welt seine Entdeckung mitteilte: dass nichts anderes als die von Mottl vorgenommenen Instrumentationsänderungen das fortdauernde Bühnenmissgeschick der Cornelianischen Oper verschuldet hätten. Durch diese Aenderungen — eine wagnerianisierende, verdickende und vergröbernde „Uebermalung mit Tristanfarben" — sei nämlich ein fremdes und störendes Element in die Partitur gekommen, der stille und zarte Reiz der originalen Orchestrierung gänzlich verwischt und dadurch die vom Komponisten beabsichtigte intime Wirkung der Musik vereitelt worden. Dass Hasse nicht wohl als kompetenter Beurteiler in derartigen Fragen gelten kann, die immerhin doch auch eine beträchtliche Kenntnis von t e c h n i s c h - musikalischen Dingen erfordern, das hat er späterhin als in vielen Stücken recht ungeschickter Herausgeber der musikalischen Werke Cornelius' sattsam bewiesen. Immerhin wurde seine ebenso temperamentvoll vorgetragene als schlecht gestützte Behauptung*) die Veranlassung, dass man der Barbier-Aufführung beim Weimarer Cornelius-Feste des Jahres 1904 die Originalpartitur zugrunde legte. Ob Mottl in seiner Umarbeitung nicht stellenweise etwas zu weit gegangen sei, mag dahingestellt bleiben. Dass aber seine nichts weniger als dicke oder überladene Instrumentierung in keiner Weise den intimen Charakter des Werkes alteriert, steht ebenso fest, wie die künstlerische N o t w e n d i g k e i t einer retouchierenden Behandlung der Cornelianischen Originalorchestration, die an vielen Orten ganz gewiss nicht lobenswert ist.

Als Cornelius seinen „Barbier" schrieb, hatte er zwar

---

*) Vgl. Peter Cornelius und sein Barbier von Bagdad. Die Kritik zweier Partituren. Peter Cornelius gegen Felix Mottl und Hermann Levi. Von Max Hasse. Leipzig 1904.

den starken Einfluss von Berlioz' „Benvenuto Cellini" schon erfahren, aber der frühere Wagner war ihm noch ziemlich, der spätere sogar gänzlich unbekannt geblieben. Die zweite Oper „Der Cid" (Weimar 1865) verrät dagegen deutlich, dass der Komponist inzwischen eifrig den „Lohengrin" und auch den „Tristan" studiert hatte, und zwar nicht ohne an der freien Entwicklung seiner Eigenart ernstlichen Schaden zu leiden. Die Gefahr, die der Wagnersche Einfluss für ihn bedeutete, hat Cornelius selbst erkannt. Er suchte ihr zu entgehen, indem er sich in die träumerisch-zarte, mehr lyrische als dramatische Welt seiner „Gunlöd" zurückzog, an deren Vollendung ihn ein allzufrüher Tod verhinderte. Während „Gunlöd" trotz wiederholter Rekonstruktionsversuche (von C. Hoffbauer und E. Lassen: Weimar 1891, von W. v. Baussnern: Köln 1906) kaum dauernd für die Bühne zu gewinnen sein dürfte, hat mich der „Cid", als ich ihn im Sommer 1904 zu Weimar wieder einmal hörte, durchaus von seiner Lebensfähigkeit überzeugt. Gewiss, die Dichtung hat dramaturgische Schwächen, und die Originalität und stilistische Einheitlichkeit des „Barbier" wird auch von der Musik nicht entfernt erreicht. Aber wenn das Werk auch sonst keinen einzigen gelungenen Takt enthielte, schon die wundervolle Szene zwischen Cid und Ximene im 2. Akt, die zum schönsten gehört, was Cornelius geschrieben, — sie allein würde genügen, um die Forderung einer ernstlichen Beachtung dieser Oper zu rechtfertigen, die ausser in Weimar und München (hier zuerst 1891 unter Levi) wohl noch nirgends zu länger dauerndem Leben erweckt wurde.

Für die Entwickelungsgeschichte der deutschen Oper ist aber Cornelius, wie gesagt, vor allem durch seinen „Barbier" von Wichtigkeit geworden, insofern nämlich die neueren Bemühungen um einen künstlerisch vollwertigen

Stil für die vornehmere komische Oper in Deutschland fast ausnahmslos an Cornelius anknüpften. Begreiflicherweise: denn von dem wenigen, was als Vorbild für solche Bestrebungen überhaupt in Betracht kommen konnte, empfahl sich kaum irgend ein anderes Werk gerade auch in s t i l i s t i s c h e r Hinsicht so sehr als nachahmenswertes Muster wie Cornelius' „Barbier". Lortzing, der sein starkes Bühnentalent fast ausschliesslich in den Dienst der heiteren Muse gestellt hatte, wird wohl heute allgemein sehr stark überschätzt: aber den Vertretern der eigentlichen *ars severior* wird ihn doch niemand zuzählen wollen, — und Nicolais' prächtige „Lustige Weiber" stehen zu sehr ausserhalb des Bereiches der ihrem Wesen und ihrer Herkunft nach spezifisch d e u t s c h e n Opernproduktion, sie verraten zu sehr, dass sie — so wie sie sind, mit all ihren eigentümlichen Vorzügen und Schwächen — auch diesem hochbegabten Musiker ohne seine italienische Schulung niemals hätten gelingen können, sie sind vor allem auch noch allzusehr alte Nummernoper, um einen Komponisten der Nach-Wagnerschen Zeit zur unmittelbaren Nachfolge zu reizen.

Gerade für diese Zeit aber bot sich die ideale komische Oper als ein lockendes Ziel. Der Bayreuther Meister selbst war in erster Linie Tragiker gewesen. Die „Meistersinger" bilden in seinem Schaffen eine vereinzelte Ausnahme, die zwar den Ausspruch des platonischen Sokrates bestätigt: „dass es die Sache eines und desselben Mannes sei, eine Komödie und eine Tragödie machen zu können" (am Ende des „Gastmahls"), — im übrigen aber schon ihrer gewaltigen Dimensionen und des tiefen Ernstes ihrer eigentlichen „inneren" Handlung wegen kaum als „komische" Oper im gewöhnlichen und herkömmlichen Sinne des Wortes angesprochen werden konnten. Dagegen erschien eine Uebertragung der Wagnerschen Ideen und

Prinzipien auf das Gebiet der eigentlichen komischen Oper den Epigonen schon darum besonders verheissungsvoll, weil man hier besser als irgendwo anders hoffen konnte, der Gefahr einer unselbständigen Nachahmung Wagners zu entgehen, insofern man sich dabei auf einen Wettstreit mit dessen übergewaltiger Grösse in ihrem eigensten Bereiche gar nicht einzulassen brauchte. Wenn man dabei an nichts weiter dachte, als an einen Ausbau der durch Wagner inaugurierten Kunst nach einer Seite hin, die dem Meister selbst ferner gelegen hatte, so mussten sich diese Bestrebungen gewiss als fruchtbar erweisen. Anders war es mit ihrem **äusseren Erfolge** bestellt. Diejenigen — und auch solche Stimmen wurden ja laut, — die da meinten, dass das **Publikum** den Versuchen einer Wagner-Nachfolge im leichteren Genre der komischen Oper mit grösserer Gunst und Bereitwilligkeit entgegenkommen werde als denen, die ernst und schwer auf dem hohen Kothurn der Tragödie einherschritten, sie erlagen einer Täuschung. Es zeigte sich hier — was man auch sonst vielfach bestätigt finden kann, — dass die vornehme Kunst in **tragischem** Gewande weit mehr Chancen bei der grossen Masse hat als die leichter geschürzte Muse der **Komik**, sofern diese nicht ganz auf das Niveau des Niedrig-Possenhaften hinabsteigt. Das Theaterpublikum — das **mehr** „Publikum" ist als irgend ein anderes — will die scharfen und groben Reize, es will derb angefasst, gepackt und geschüttelt, ja umgeworfen werden. Seine Sensationsgelüste kann auch die **höhere Tragödie** wohl gelegentlich befriedigen, die bei ihm dann freilich ganz anders wirkt als sie eigentlich wirken soll, nämlich rein stofflich und affektmässig. Aber die **höhere Komödie**, das Gebiet der künstlerisch ernsten und in ihren Mitteln wählerischen Komik, vollends die Steigerung des Komischen zum Humor, jene sublimierte Stimmung, die zwischen Tränen lächelt und die Blüten des Frohsinns und der Heiterkeit aus dem dunklen Erdreiche des Schmerzes, die Lust am Leben aus dem Abgrunde tiefsten Verzweiflens und Verzagens emporwachsen lässt, — das sind Gebiete, die von jeher nur den edleren Naturen, d. h. also einer verschwindenden Minderheit, zugänglich gewesen sind und es wohl auch in alle Zukunft bleiben werden.

Das hat ausser Cornelius, dessen „Barbier" nach wie vor zu den meistgelobten und wenigstaufgeführten Werken der deutschen Bühne gehört, noch ein anderer zu seinem Schaden erfahren müssen: H e r m a n n G ö t z mit „Der Widerspenstigen Zähmung". Es ist gewiss kein Zufall, ich meine: nicht bloss eine etwa durch die zeitliche Nachbarschaft des ersten Eindrucks bewirkte, rein subjektive Assoziation, dass mir die Erinnerung an den „Barbier von Bagdad" immer mit einem gewissen Zwang auch die Götzische Oper ins Gedächtnis zurückruft, dass diese Werke in meinem Geiste wie ein zusammengehöriges Paar miteinander verbunden sind. In der Tat haben nicht nur die beiden S c h ö p f u n g e n nach Eigenart und kunstgeschichtlicher Stellung so manches gemeinsam: auch ihre S c h ö p f e r sind in vieler Hinsicht geist- und wesensverwandte Erscheinungen. Fern liegt es mir natürlich, beide Opern oder beide Männer einander gleichzusetzen. Cornelius war gewiss die bedeutendere und vor allem auch die vielseitigere Natur, geradeso wie sein „Barbier" die „Widerspenstige" an Originalität und künstlerischer Reife ganz erheblich weit überragt. Aber es ist doch dieselbe Art von Liebe, die wir für beide Werke hegen, und die Altäre, die wir den beiden Meistern errichtet haben, sie stehen nahe beieinander, sozusagen in dem gleichen B e z i r k e unseres Herzens. Persönlich vertreten sie beide den heute fast gänzlich ausgestorbenen

Typus des älteren deutschen Musikers, jene Art von Idealismus, die uns Neueren sogar schon anfängt verdächtig zu werden, weil wir sie selbst nur mehr als Karrikatur, oder noch schlimmer: als heuchlerische Maske im Leben kennen lernten. Auch Götzens Stellung zu Wagner erinnert in etwas an Cornelius. Zwar liegt der „Barbier" ja bekanntlich vor der Zeit, die für den Einfluss Wagners auf Cornelius entscheidend wurde, während die Musik der „Widerspenstigen"ohne die Kenntnis WagnerscherWerke wohl nicht so hätte ausfallen können, wie sie geworden ist.*) Aber hier wie dort finden wir die frühe Erkenntnis der überragenden Grösse Wagnerscher Kunst gepaart mit einem sicheren Instinkt für die Gefahren, die aus einem engen Anschluss an den Bayreuther gerade für schwächere und zartere Begabungen drohen. Das Bestreben, Wagner gegenüber die eigene Selbständigkeit zu wahren, zeigt sich bei Götz in einer stärkeren Zurückhaltung und Abweisung, namentlich soweit seine persönliche Zugehörigkeit zur Anhängerschaft des Meisters in Frage kam, — wogegen Cornelius, der mit Recht sich stärker fühlen durfte, vor einer zeitweiligen g ä n z l i c h e n Hingabe an Wagners künstlerische Persönlichkeit nicht zurückschreckte, — was zur Folge hatte, dass der Wagnersche Einfluss (in „Cid" und „Gunlöd") für ihn sowohl verderblicher als anderseits auch wieder unvergleichlich

---

*) Man hat Götzens „Widerspenstige" die „kleinen Meistersinger" genannt und die „Meistersinger" sind es wohl auch, an die zunächst ein jeder denkt, wenn er über das Verhältnis Götzens zu Wagner nachdenkt. Demgegenüber muss gesagt werden, dass der Komponist nach der Wiener Aufführung seines Werkes brieflich erklärt hat, dass er die „Meistersinger" fast gar nicht kenne, — eine Verwahrung, an der übrigens das „fast" nicht unbeachtet bleiben darf. „Tannhäuser", „Lohengrin" und „Tristan" sehr genau zu kennen, hat Götz bei dieser Gelegenheit selbst ausdrücklich betont.

viel fruchtbarer geworden ist, als für Götz. Diesem wie jenem war es nicht vergönnt, zu erweisen, was sie bei voller Entwicklung und Ausreifung ihrer Individualität noch hätten leisten können. Der spätreife Cornelius starb mit 50 Jahren, Götz (1840—1876), der in die Schweiz verschlagene Königsberger, erreichte gar nur das Lebensalter Mozarts, und wie Cornelius seine „Gunlöd", so musste Götz seine „Francesca da Rimini" unvollendet hinterlassen. (Vollendet und aufgeführt durch Ernst Frank, Mannheim 1877.)

Unter denen, die nach Peter Cornelius für die komische Oper von Bedeutung geworden sind, nimmt Hugo Wolf (1860—1903) mit seinem „Corregidor" (Mannheim 1896) eine ganz exzeptionelle Stellung ein. Obgleich er den „Barbier" gekannt hat, kann man ihn kaum als eigentlichen Nachfolger Cornelius' ansehen. Das stilistische Vorbild für den „Corregidor" sind zweifellos die Wagnerschen „Meistersinger" gewesen. Auch an Smetana fühlt man sich gelegentlich erinnert, der es ja gleichfalls liebt, die Schwierigkeit einer einheitlichen und zugleich leichtflüssigen musikalischen Gestaltung bei Konversationsszenen dadurch zu überwinden, dass er solchen Szenen ein einziges kurzes und meist lebhaft figuriertes musikalisches Motiv zugrunde legt. Dagegen gehört Wolf der von Cornelius inaugurierten Richtung insofern an, als er gleich so manchen anderen glaubte, im heiteren Drama am ehesten seine künstlerische Selbständigkeit neben und nach Wagner behaupten zu können.

Diese einzige vollendete Oper bedeutet innerhalb des Wolfschen Gesamtschaffens einen ersten Versuch und zwar einen Versuch, von dem man gewiss nicht sagen kann, dass er durchweg geglückt sei. Dass er sich auf der Bühne, in den grossen Formen, ja sogar auch im Orchester nicht recht heimisch fühlte, das verrät der Komponist des

„Corregidor" auf Schritt und Tritt. Mängel und Schwächen in diesem Werke nachzuweisen: von der alles in allem doch recht unglücklichen dramatischen Gestaltung der köstlichen Novelle des Alarcon durch Rosa Mayreder bis zu gelegentlichem Versagen der musikalischen Erfindungskraft —, das ist ganz gewiss nicht schwer. Aber trotz alledem: Wolf war ein Genie, und dass er das war, verleugnet auch der „Corregidor" in keiner Weise. Man braucht noch nicht einmal an die Höhepunkte der Musik zu denken, an den grandiosen Eifersuchtsausbruch des Tio Lucas im 3. Akt oder an die in die Handlung eingestreuten glänzenden l y r i s c h e n Perlen: auch wo der Flug des Künstlers sich minder hoch erhebt, ist er doch von jener Art, die nur dem Genius eignet, dem Künstler, in dessen Natur es liegt, a n d e r s zu sehen, zu fühlen und zu gestalten, als die anderen.

Jeder, der als Kenner und Bewunderer der Wolfschen Lyrik zuerst den „Corregidor" kennen lernte, hat — wofern er nicht der gegen derartiges ja stets gefeiten engeren „Gemeinde" angehörte — zunächst wohl eine E n t t ä u s c h u n g erlebt. Natürlicherweise: denn die Schwächen des Werkes liegen offen zutage, wogegen seine Vorzüge zu einem grossen Teile sich verbergen oder durch die Mängel für den ersten Blick verdeckt werden. Das ist aber das Auszeichnende des Genius vor dem blossen Talente: bei diesem bedeutet jeder einzelne Fehler etwas, was den Wert des ganzen Werkes mindert, eine Einbusse, die den Gesamteindruck w e s e n t l i c h schmälert. Anders beim Genie: da ist jede Vollkommenheit, jeder geniale Zug für sich etwas, was man mit einer u n e n d l i c h e n G r ö s s e vergleichen könnte, von der man bekanntlich endliche Grössen abziehen kann, so viele man will, ohne dass es im ganzen weniger würde. Die Mängel des Genies sind etwas, was zwar den Z u g a n g z u m G e n u s s seiner

Vorzüge erschweren, ja für einen oder den anderen auch wohl ganz verhindern kann. Aber wenn dieser Zugang einmal gefunden, wenn wir erst soweit sind, dass die Grösse des Genies überhaupt auf uns einwirkt, so erleben wir einen Eindruck, der so weit über alles endliche Mass hinausgeht, dass ihm kein „Subtrahent" irgend etwas anhaben kann. Und so erging es mir auch mit dem „Corregidor". Es wurde mir nicht ganz leicht, dahinter zu kommen, dass auch aus dieser Oper der echte und ganze Hugo Wolf zu mir spricht. Als ich es aber erst einmal entdeckt hatte, konnte mich auch nichts mehr in meinem freudigen Geniessen beirren.

Ungefähr ein Jahr nach dem „Corregidor" trat Anton Urspruch (1850—1907, ursprünglich Klavierspieler, Schüler von Ignaz Lachner, Raff und Liszt, seit 1887 Lehrer am Raffschen Konservatorium seiner Vaterstadt Frankfurt) mit der komischen Oper „Das Unmöglichste von allem" (Libretto nach einer Komödie des Lope de Vega, Uraufführung Karlsruhe 1897) an die Oeffentlichkeit, ein Werk, das in vieler Beziehung als das gerade Widerspiel des „Corregidor" sich darstellt. Bei Wolf: die Schöpfung eines Genies mit grossen Mängeln, bei Urspruch: die Arbeit eines Talentes mit eminenten Vorzügen. Ein ernstes, durch reifen Kunstverstand geleitetes Wollen, glänzendes technisches Können, Geschmack und Stilgefühl, das sind die Eigenschaften, durch die Urspruch vor allem besticht. Mehr als irgend ein Vorgänger oder Nachfolger scheint er mit bewusster Absicht auf die Entdeckung eines eigentümlichen Stils für die moderne komische Oper ausgegangen zu sein. Der Einfluss Cornelius' ist dabei unverkennbar, vor allem auch in dem konsequenten Weiterschreiten auf dem im „Barbier von Bagdad" wohl zuerst begangenen Wege, kontrapunktische Kunstformen (Kanon, Fuge) prinzipiell für die besonderen Zwecke der komischen Oper zu nutzen. Urspruch geht ja darin viel weiter als Cornelius, vielleicht hie und da sogar zu weit, nämlich bis an die Grenze, wo das sinnvolle Spiel in leere Spielerei umschlägt. Aber dass sich diese Formen vielfach mit Glück gerade für solche Wirkungen eignen, wo es auf Geist, Leben und Witz ebensosehr ankommt, wie auf formale Geschlossenheit, das hat auch Urspruch bewiesen, der in seinem Werke freilich nicht nur Nachfolger Cornelius' ist, sondern auch andere Einflüsse — z. B. die von Verdis 1893 erschienenem „Fallstaff" — erfahren hat und formal vielfach auch auf ältere Vorbilder (wie das Mozartsche Opernfinale) zurückgreift. Wer die Entwicklung der neueren komischen Oper studiert, sei es aus historischem Interesse, sei es um sich für eigenes Schaffen zu orientieren, der wird Urspruchs Arbeit nicht unbeachtet lassen. Denn es gibt wenige moderne Werke der Gattung, die ebenso l e h r r e i c h wären. Aber von der Bühne dürfte die Oper wohl endgültig verschwunden sein. Gehört sie doch recht eigentlich zu denen, die für das grosse Publikum ebensowohl zu gut, als anderseits auch wieder nicht gut genug sind. Zu gut, insofern eine derartige Musik mit nichts den niedrigen Instinkten und dem schlechten Geschmack der Menge auch nur einen Schritt weit entgegenkommt, nicht gut genug, insofern ihr ebensowenig auch nur das geringste innewohnt von jener zwingenden Kraft, die dem Genie vor allem eigen ist, von jener Kraft, die den Hörer zum Mitgehen und Mitfühlen nötigt und auch d e n künstlerische Grösse wenigstens a h n e n lässt, der ausserstande ist, sie zu e r k e n n e n. —

Der Zufall wollte es, dass wiederum genau ein Jahr nach Urspruchs „Das Unmöglichste" ein Werk die Uraufführung erlebte, das der gleichen künstlerischen Richtung angehörte und das von allen komischen Opern der

Gegenwart, die eine Beeinflussung durch den „Barbier von Bagdad" verraten, am unverkennbarsten und reinsten aus einer bewussten Nachfolge Cornelius' hervorgegangen zu sein scheint. Es ist Eugen d'Alberts Einakter „Die Abreise" (Frankfurt a. M., 1898). Der berühmte Pianist (geboren 1864 zu Glasgow als Sohn eines aus Deutschland stammenden Tanzkomponisten, pianistisch gebildet unter Ernst Pauer in London und Franz Liszt in Weimar, allgemein musikalisch in der Hauptsache wohl Autoditakt, aber — durch Vermittlung Hans Richters zu Wien — von Brahms in einer starken, den Einwirkungen des Lisztschen Kreises die Wagschale haltenden Weise beeinflusst), — er ist als Komponist eine Erscheinung, die vielfach an Rubinstein erinnert. Rubinstein war gewiss auch als schaffender Künstler die genialere, phantasie- und erfindungsreichere Natur, wogegen d'Albert wohl Anspruch auf den Ruhm einer höheren musikalischen Kultur und Bildung erheben darf. Aber was beiden gemeinsam zu sein scheint, das ist eine gewisse Wahl- und Skrupellosigkeit beim Schaffen, ein auffallender Mangel an Selbstkritik und sichtender Auslese. Beide paralysieren ihre hohe Begabung durch die Schludrigkeit ihres Arbeitens, uneingedenk des Voltaireschen Satzes, dass nicht zu schreiben verstehe, wer es nicht verstehe, sich zu korrigieren.

Ueberblickt man die grosse Reihe von Opern, die d'Albert ausser der „Abreise" geschrieben hat („Der Rubin" — nach Hebbel — Karlsruhe 1893, „Ghismonda" Dresden 1895, „Gernot" Mannheim 1897, „Kain" und „Der Improvisator" — nach Andersen — Berlin 1900, „Tiefland" Prag 1903 und „Flauto solo" 1904) — so wird man keine ohne gewinnende und reizvolle Einzelzüge finden, keine aber auch, die als Ganzes einen harmonischen und voll befriedigenden Eindruck machte. Nur ein einzigesmal ist es ihm gelungen, schlechthin Vollendetes zu schaffen, ein Werk, dem von der ersten bis zur letzten Note der Stempel der Meisterschaft aufgeprägt ist: in der „Abreise", deren Libretto — ein Lustspielchen des 1826 bei Wien verstorbenen Freiherrn von S t e i g e n t e s c h — ihm durch den Grafen Ferdinand Sporck vermittelt wurde. Wie dieser harmlose Biedermeier-Text, der kaum das Rudiment einer eigentlichen Handlung aufweist, so ist auch die Musik keineswegs das, was man irgendwie bedeutend nennen könnte, ja sie ist im eigentlich Schöpferischen, in der Erfindung nicht einmal sehr stark und eigenartig. Aber was eine Musik ohne dies im höchsten Sinne produktive Element überhaupt sein kann, was Geschmack, Stilgefühl, Geschick, Laune und eine sicher gestaltende Hand zu leisten vermögen, das ist in dieser Musik erreicht, die als das weitaus beste zu gelten hat, was d'Albert jemals für die Bühne geschrieben. Denn auch was er nach der „Abreise" an ernsten Opern geschaffen, steht durchaus auf derselben Stufe wie seine früheren Werke: vielversprechende Ansätze, wirkungsvolle Einzelheiten innerhalb eines (meist schon in der Stoff- und Textwahl) durchaus verfehlten Ganzen.

Allen denen aber, die geglaubt hatten, dass d'Albert in der leichten Lustspieloper das seiner Natur gemässe Genre, sozusagen eine Spezialität gefunden habe, die er nur sorgfältig weiterzupflegen brauche, um auf der mit der „Abreise" erreichten künstlerischen Höhe zu bleiben, — ihnen allen bereitete „Flauto solo" eine herbe Enttäuschung. Hier hätte das Libretto, die von H a n s v o n W o l z o g e n besorgte Dramatisierung einer bekannten Anekdote aus der Kronprinzenzeit Friedrichs des Grossen, wohl Anlass geben können, so etwas wie ein Rokoko-Pendant zur „Abreise" zu liefern. Freilich hätte das (schon zur Herstellung des musikalischen Zeitkolorits) ziemliche Arbeit und Sorgfalt erfordert. Statt dessen hat d'Albert hier in einer Weise roh und gewöhnlich, stil- und geschmacklos dahermusiziert, dass man sich fragen muss: ist das wirklich derselbe Künstler, dem wir die „Abreise" verdanken, wohnen da nicht zwei ganz verschieden künstlerische Seelen in e i n e r Brust, zwei Seelen, von denen die eine emporstrebt zu den reinen Höhen edler Kunst, während die andere selbstzufrieden sich genügen lässt am Trivialsten? Kann es einen solchen Mangel an kritischer Selbstbesinnung geben, dass derselbe Mann, dessen Feder eines der feinsten musikalischen Lustspiele der neueren Zeit entflossen ist, sich nicht scheut, mit derartigen groben Banalitäten an die Oeffentlichkeit zu treten? Und — was vielleicht das schlimmste an dieser traurigen Erfahrung ist — sollte man es für möglich halten, dass nicht nur vereinzelte, sondern sehr viele Beurteiler von „Flauto solo" es fertigbrachten, von dem neuen Werke in denselben Tönen der Begeisterung zu reden wie von der „Abreise", — weil eben der Name d'Alberts sie glauben machte, dass sie in solchem Falle ihr Judicium garnicht weiter anzustrengen brauchten und auch für das neue heitere Werk ganz einfach das Klischee wieder verwenden könnten, das sie von jener ersteren Gelegenheit her noch bereit hatten? —

Zwei weitere Vertreter der komischen Oper, die in der jüngsten Vergangenheit häufiger genannt worden sind, stehen mehr abseits von der durch Cornelius beeinflussten Richtung: der Deutsch-Italiener E r m a n n o W o l f - F e r r a r i (geb. 1876), der mit seinen *„Donne curiose"* (Die neugierigen Frauen" München 1903) vielversprechend genug auftrat, und E. N. v. R e z n i c e k (geb. 1861). Wolf, der als Sohn eines deutschen Vaters und einer italienischen Mutter schon durch seine Abstammung zwei Nationen angehört, ist auch als Komponist zur Hälfte, vielleicht sogar mehr als zur Hälfte Italiener geblieben. Seine „Neugierigen Frauen" suchen denn auch ersichtlicherweise ihr stilistisches Vorbild in der Vergangenheit der italienischen *Opera buffa*. Leider haben die — gleich der ersteren Oper nach einem Goldonischen Lustspiele gearbeiteten — „Vier Grobiane" (München 1905) sehr wenig von dem gehalten, was man nach den „Neugierigen Frauen" erwarten durfte. Durch seine Uebersiedelung nach Venedig, wohin der Künstler 1902 als Direktor des städtischen Konservatoriums berufen wurde, scheint Wolf übrigens nun endgültig zur i t a l i e n i s c h e n Musik übergetreten zu sein.

Auch Reznicek, der Sohn des österreichischen Feldmarschall-Leutnants, steht als ein halber Fremdling innerhalb des deutschen Musiklebens der Gegenwart. In seinen Adern scheint echtes böhmisches Musikantenblut zu fliessen, und wer die Ouverture und einzelne andere Partien aus seiner „Donna Diana" (nach Moreto, Prag 1894) kennt, der weiss, dass Reznicek eine nicht sehr tiefe, aber ausgesprochene Begabung ist. Leider vermochte er in der Kultur und Ausbildung seines Geschmacks über das Niveau des Militärkapellmeisters (als welcher er sich ja einige Jahre betätigt hat) nicht allzuweit hinauszukommen. Das Uebermass einer das Heterogenste in einen Topf zusammenrührenden Stillosigkeit macht seine in der Stoffwahl ungemein glückliche „Donna Diana" als Ganzes unmöglich, und „Till Eulenspiegel" (Berlin 1902) bedeutet ganz gewiss wenigstens nach dieser Richtung hin keinen Fortschritt in der Entwicklung des Komponisten.*) — —

---

*) Die komische Oper ist hier nur soweit verfolgt worden, wie sie als ein g e s o n d e r t e r Strom innerhalb der Gesamtentwicklung des musikalischen Dramas der Gegenwart sich abhebt.

Wie der vom „Barbier von Bagdad" ausgehende Impuls innerhalb der komischen Oper bis in die Gegenwart hinein fortgewirkt hat, so ist das Beispiel und die Lehre eines zweiten alten Weimaraners in anderer Beziehung für die Entwicklung des Nach-Wagnerschen musikalischen Dramas von Bedeutung geworden. Ich meine A l e x a n d e r R i t t e r, der nicht nur für Richard Strauss an einem entscheidenden Wendepunkte seiner Entwicklung geradezu so etwas wie ein S c h i c k s a l geworden ist, sondern auch Ludwig Thuille und mit ihm — direkt oder indirekt — eine ganze Reihe jüngerer Musiker, ja in gewissem Sinne sogar die ganze sogenannte „Münchener Schule" beeinflusst hat. Ritter war im Jahre 1833 von deutschen Eltern in Russland geboren. Die als treue und aufopfernde Freundin Richard Wagners bekannte Mutter wohnte nach dem frühen Tode des Vaters in Dresden (seit 1841), wo der kleine Sascha Schulkamerad und Freund Hans von Bülows wurde. Seine musikalische Laufbahn begann er als Geiger (zuerst Schüler von Franz Schubert in Dresden, später von Ferdinand David in Leipzig). Die Heirat mit der Schauspielerin Franziska Wagner, der Nichte Richard Wagners, gestaltete die Beziehungen, die den jungen Musiker von der Mutter her mit dem Meister verbanden, noch fester und enger. Gleichzeitig (1854) zog Ritter nach Weimar, wo der Einfluss Liszts und der Wetteifer mit gleichaltrigen Strebensgenossen wie Cornelius, Bronsart und Raff ihn

---

Was andere, wie Humperdinck, Strauss, Schillings, auf diesem Gebiete geleistet haben, soll im Zusammenhang des übrigen Schaffens dieser Meister gewürdigt werden. — Ueber die auf Schaffung eines besonderen Stils für die moderne komische Oper gerichteten Tendenzen orientiert gut die historisch-ästhetische Studie „Die komische Oper" (Stuttgart, Carl Grüninger) von E d g a r I s t e l, der sich ja selbst auch praktisch in der Gattung versucht hat („Der fahrende Schüler", Karlsruhe 1906).

vollends zum Komponisten machten. Späterhin hat er dann in verschiedenen Stellungen (als Kapellmeister, als Geiger, als Musikalienhändler und als „freier" Komponist) nacheinander zu Stettin, Dresden, Würzburg, Paris, Chemnitz, Meiningen und zuletzt (seit 1886) zu München gelebt, wo er 1896 verstarb.

Als Opernkomponist ist Ritter mit zwei kleineren Werken: „Der faule Hans" (München 1885) und „Wem die Krone?" (Weimar 1890) aufgetreten, die höchst erfreuliche Gaben für die deutsche Bühne gewesen wären, wenn sie zu ihrer Zeit die gebührende Beachtung gefunden hätten. Heute dürfte es für ihre Wiedererweckung zu spät sein: denn die Tonsprache des Musikdramatikers Ritter ist allzusehr und allzu sklavisch von der Richard Wagners abhängig, als dass sie in der Gegenwart noch viel mehr als ein bloss retrospektives Interesse erwecken könnte. Dazu fehlt den vom Komponisten selbstverfassten Textdichtungen, die durch eine gewisse „Sinnigkeit" in Idee und Stimmung für sich einnehmen, doch auch das rechte Theaterblut, das allein die Bühnenlebensfähigkeit garantiert, und gewisse Sonderlichkeiten und Schrullen der Diktion — ohne die es beim echten Wagnerianer ja nie abgeht — haben bei Fernerstehenden mannigfachen Anstoss erregt. Trotzdem muss gesagt werden, dass Ritter nicht nur durch die Macht seiner edlen, wahrhaft vornehmen und idealbegeisterten Persönlichkeit auf die gewirkt hat, die ihm im Leben nähertreten durften, sondern dass auch dem Schaffen des Komponisten — und nicht zum wenigsten dem Schaffen des O p e r n k o m p o n i s t e n Ritter sein Platz in der Geschichte der neueren deutschen Musik gebührt.

Mit ihm tritt zum erstenmale der eigentliche „Wagnerianer" als Opernkomponist auf den Plan, der Musikdramatiker, der nicht bloss Anregungen von der Tonsprache des Bayreuther Meisters empfangen hat, sondern in dessen ganzer Gedanken- und Empfindungswelt aufgeht und keine andere Lebensluft kennt als die Atmosphäre der Wagnerschen Kunst- und Lebensanschauung. Es beginnt nun der eigentlich tiefere und wirklich ernst zu nehmende künstlerische Einfluss Wagners, der Einfluss auf solche, die nicht bloss Nachahmer, sondern in höherem Sinne Schüler und Jünger des Bayreuther Meisters sich nennen durften. Wie natürlich erfolgte der Uebergang von der äusserlichen Wagner-Nachahmung zur innerlich erfassten Wagner-Nachfolge nicht plötzlich, sondern in allmählichem Wandel. Und im Gegensatz zu Ritter, der schon den reinen und voll ausgebildeten Typus des opernkomponierenden Wagnerianers darstellt, begegnen uns sonst mannigfache U e b e r g a n g s - f o r m e n, die von der nur äusserlich wagnerianisierenden eklektischen Richtung (vergl. S. 53) Schritt vor Schritt zu der eigentlichen und ausgesprochenen Wagnerianeroper überleiten. Da treffen wir zunächst auf Leute, deren Schaffen sich prinzipiell von dem jener Eklektiker nur wenig unterscheidet: den mehr durch seine „Erlebnisse mit Richard Wagner, Franz Liszt und vielen anderen Zeitgenossen" (1898) als durch seine Opern (u. a. „Meister Martin und seine Gesellen" Karlsruhe 1879) bekannt gewordenen, dem Bayreuther Meister persönlich befreundeten W e n d e l i n W e i s s h e i m e r (geb. 1838), den Lübecker K a r l G r a m m a n n (1842—1897), der zuerst mit seiner „Melusine" (Wiesbaden 1875) und dann später noch einmal (zur Zeit der Mascagnitis) mit zwei Einaktern: „Ingrid" und „Irrlicht" (Dresden 1894) von sich reden machte, und H e i n r i c h H o f m a n n (1842—1902), der einen gewissen, allerdings nicht vorhaltenden Erfolg mit seinem „Armin" (1872) erzielte.

Ein Schritt weiter führt zur wagnerianischen K a pellmeisteroper: aus der grossen Zahl ihrer Vertreter seien Hermann Zumpe (1850—1903; unvollendet hinterlassene Oper „Savitri" nach einer Dichtung des Grafen Sporck, Schwerin 1907) und Felix Mottl (geb. 1856; „Agnes Bernauer" Weimar 1880, „Fürst und Sänger", „Ramin") genannt. Ihr gehört von jüngeren Musikern auch Siegmund von Hausegger (geb. 1872) an, der freilich seit seinem verheissungsvollen „Zinnober" (München 1898) der Bühne ferngeblieben ist, Waldemar v. Baussnern (geb.1886; u. a. „Der Bundschuh" Frankfurt 1904) und Felix Weingartner (geb. 1863) zum mindesten mit seinen Jugendwerken („Sakuntala" Weimar 1884, „Malawika" München 1886), während er später in „Genesius" (Berlin 1893) und „Orestes" (Leipzig 1902) wieder mehr nach rückwärts hin Anschluss suchte, ohne indessen von seinem schöpferischen Berufe hinreichend überzeugen zu können. Der viel ältere Adalbert von Goldschmidt (1848—1906), der als nicht weniger strammer Wagnerianer begann („Helianthus" Leipzig 1884), hätte dagegen wohl das Zeug zu einer selbständigen Weiterentwicklung in sich gehabt, wenn ihm nicht von Anfang an der Fluch ungenügender kompositionstechnischer Ausbildung angehaftet hätte. Ueber den Dilettantismus, zu dem ihn übrigens schon seine unabhängige äussere Lebensstellung prädestinierte, kam er nicht hinaus, und so tauchten seine späteren Opernwerke („Die fromme Helene" — nach Wilhelm Busch — Hamburg 1897 und die Trilogie „Gäa" — nicht aufgeführt — 1889) nur als flüchtige Sensationen am Horizonte der Oeffentlichkeit vorübergehend einmal auf, um sofort wieder zu verschwinden.

Vor allem sind es aber gerade die gewichtigsten und meistgenannten Namen der allerjüngsten Vergangenheit,

die in diesem Zusammenhange anzuführen wären: Engelbert H u m p e r d i n c k, Richard S t r a u s s, Max S c h i l l i n g s, Friedrich K l o s e, Hans P f i t z n e r, — sie alle sind als Musikdramatiker in einem oder dem anderen Sinne „Wagnerianer", ihr Schaffen geht von dem Werke des Bayreuther Meisters aus und baut auf ihm weiter. Ja, selbst solche aparte Sonderbestrebungen, wie die des Prager Philosophieprofessors Christian v. E h r e n f e l s, dessen „Chordramen" einen im Rücken des Auditoriums aufzustellenden orgelbegleiteten Singchor als „idealen Zuschauer" in die Oper einführen wollen — eines dieser „allegorischen„ Dramen hat inzwischen an O t t o T a u b m a n n (geb. 1859) einen Komponisten von hohem Wollen und starkem musikalischem Können gefunden („Sängerweihe", Elberfeld 1904) — auch solche Bestrebungen sind unmittelbar aus der intensiven Beschäftigung mit dem Bayreuther Kunstwerke herausgewachsen. — —

Die spezielle Richtung nun, der Alexander Ritter innerhalb der engeren Wagnerschule angehörte, hat in der Folge eine ganz besondere Bedeutung erlangt. E r war nämlich der erste, der seine musikdramatische Muse ins Reich des M ä r c h e n s führte, und zwar zum tiefsinnig interpretierten, symbolisch ausgedeuteten Märchen: Wege also, auf denen er späterhin dann mehr als e i n e n Nachfolger finden sollte. Und auch darin steht er nicht allein, dass man die eigentliche Tendenz seines dramatischen Schaffens sozusagen als „a b s c h w ä c h e n d e" Wagner-Nachfolge charakterisieren könnte. Es ist das die Tendenz, die innerhalb der musikdramatischen Produktion der Gegenwart vor allem von H u m p e r d i n c k vertreten wird und die darauf auszugehen scheint, sich im Schatten des Wagnerschen Kunstwerkes ein kleines Hüttchen zu bauen, ein bescheidenes „Glück im Winkel", das die Gipfel meidet und den Vorzug der Sicherheit mit dem absoluten Verzicht auf das Streben nach eigenmächtiger Kraft und Grösse erkauft.

Denn diese Richtung entspringt aus dem Empfinden, dass es einerseits ebenso unmöglich wie überflüssig sei, Wagner auf seinem eigenen Gebiete und in seiner eigenen Manier bloss **nachzuahmen**, dass es anderseits aber auch zu nichts Gutem führen könne, wenn man, um der Gefahr kopierenden Epigonentums zu entgehen, etwa versuchen wollte, Wagner in der Weise fortzubilden, dass man energisch und konsequent auf dem vom Meister eingeschlagenen Wege weiterschritte.

Wie jeder Neuerer gelangte ja auch Wagner schliesslich bei einem Punkte an, wo er sich und seinen Jüngern sagte: „Genau an der Stelle, bis zu der ich gekommen bin, ist die Grenze; jeder Schritt weiter führt zu Unheil und Verderben. Ja, vielleicht bin **ich** sogar schon gelegentlich einmal zu weit gegangen (Tristan). Darum, — wer mich (und sich!) lieb hat, der folge mir **nicht** nach." — Dass so der Bayreuther Meister gegen das Ende seines Lebens hin auch als Künstler und besonders als Musiker in gewissem Sinne „konservativ" wurde, ist psychologisch wohl begründet. Denn diese Wendung ist ja letzten Endes nichts anderes als eine notwendige Folge des einem jeden grossen Manne innewohnenden Strebens, die eigene Lebensarbeit als ein Ganzes, als ein Abgeschlossenes nicht nur, sondern auch als ein **Abschliessendes** und schon darum der Fortbildung Unfähiges anzusehen. Ausserdem waren die Mahnungen zum Masshalten, die Wagner im letzten Jahrzehnt seines Lebens an die jüngeren Kunstgenossen zu richten nicht müde ward, auch sachlich — angesichts der Tollheiten, zu denen die „Entfesselung der Geister" im Lager der neudeutschen Schule vielfach bereits verführt hatte, — nur allzusehr gerechtfertigt. **Dass** aber der Meister gegenüber den Versuchen, musikalisch über das von ihm selbst Erreichte hinaus zu gehen, sich so schroff ablehnend verhielt, hatte die Konsequenz, dass die „abschwächende" Wagner-Nachfolge für die esoterischen Bayreuther Kreise sozusagen die „offizielle", die allein gebilligte und einzig zu billigende Richtung wurde, zumal da sie ja späterhin auch von dem leiblichen Erben Wagners, von seinem eigenen Sohne, eingeschlagen ward.

Siegfried Wagner (geb. 1869, ursprünglich Architekt, dann nach der selbst für nähere Freunde des Hauses Wahnfried höchst überraschend gekommenen Entdeckung seiner musikalischen Begabung Schüler von Humperdinck und Kniese) hatte mit seinem „Bärenhäuter" (München 1899) einen bemerkenswerten Erfolg, der allerdings wohl mehr dem Namen des Komponisten als den Qualitäten seines Werkes zu verdanken war. Immerhin verriet das selbstverfasste Textbuch Talent für das szenisch und theatralisch Wirksame, wenn auch das dilettantische und peinlich unecht volkstümelnde Musizieren wenig Freude machen konnte. Hoffnungen, die man nach dem als Erstlingsarbeit zu beurteilenden „Bärenhäuter" noch hegen durfte, wurden durch die späteren, mit ziemlicher Geschwindigkeit aufeinander folgenden Schöpfungen („Herzog Wildfang" München 1901, „Der Kobold", Hamburg 1904, „Bruder Lustig", Hamburg 1905, „Sternengebot" 1907) rasch genug zerstört. Wenn in dem Sohne des Bayreuther Meisters wirklich eine entwicklungsfähige Begabung lag, so tragen die Schuld an ihrer Verkümmerung in erster Linie die besonderen Verhältnisse, unter denen Siegfried Wagner zu leben und zu arbeiten hat. Sein Verhängnis war, dass er als Sohn seines Vaters schon von vornherein eine ganz exzeptionelle Stellung einnahm. Hätte er doch kein Mensch sein müssen, wenn er nicht in die Täuschung verfallen wäre, die Vorteile und Bevorzugungen, die er einzig und allein dieser Stellung zu danken hatte, dem eigenen Verdienste zuzuschreiben, während anderseits ihm natürlich auch die Anfeindungen nicht erspart blieben, die ein jeder Privilegierte zu erdulden hat. Es erging ihm ähnlich, wie es Fürsten zu ergehen pflegt. Aus seiner nächsten Umgebung hörte er nichts als die girrenden Stimmen der Schmeichler und Heuchler, und was aus der Ferne zu ihm drang, das war entweder wirklich nur der Lärm des Neides und der Bosheit, oder doch etwas, was von ihm mit einer gewissen Notwendigkeit so gedeutet werden musste. Zwischen urteilslosen Narren, die ihn aus ehrlicher Ueberzeugung verhimmelten, Speichelleckern, die ihm aus selbstischen Gründen zu Gefallen redeten, und schwächlichen Leisetretern, die nicht Mannesmut genug besassen, um der Wahrheit die Ehre zu geben, musste der Bedauernswerte dahinleben, ohne dass es ihm vergönnt gewesen wäre, im kräftestählenden Lebenskampfe zu einem kritisch gefestigten Selbstbewusstsein zu gelangen, zu einer klaren Einsicht in den wahren und wirklichen Wert des eigenen Tuns und Schaffens, — dahinleben in einer Welt des Scheins und Selbstbetruges. —

Bei Siegfried Wagner, der in seinem kompositorischen Schaffen ersichtlicherweise von seinem Lehrer Humperdinck ausgeht, finden wir einen Zug, der bei diesem noch garnicht oder doch wenig ausgesprochen zutage tritt: ich meine das absichtliche und aufdringliche Volkstümeln. Gewiss, auch bei Humperdinck ist vieles volkstümlich und zwar volkstümlich im besten Sinne des Wortes. Auch er neigt sich gern herab vom hohen Meisterstuhl: aber er tut das naiv, unwillkürlich, ich möchte sagen, ohne Hintergedanken, weil es ihm ebenso gefällt. Und die Folge davon ist, dass er — wenigstens in seinen besten Werken — nur selten die Grenze überschreitet, wo das Popularisieren zum Trivialisieren führt. Anders Siegfried Wagner, bei dem man es nur allzu deutlich merkt, wie er sich dem volkstümlichen Geschmacke geradezu „anbiedert" und mit einer gewissen gewaltsamen Absichtlichkeit auf so etwas wie eine Synthese der Kunst seines Vaters mit der Albert Lortzings lossteuert. Der echte volkstümliche Künstler zieht lieber das Volk zu sich empor, als dass er sich zu ihm hinablässt. Er redet dem Volk nach dem Herzen, nicht nach dem Munde. Echte Volkstümlichkeit findet sich, wie gesagt, gelegentlich bei Humperdinck. Sie findet sich aber nicht bei Siegfried Wagner und ebensowenig bei den anderen modernen Opernkomponisten, die den popularisierenden Zug mit ihm gemein haben. Nicht bei Hans Sommer (geboren 1837, „Saint Foix" München 1894, „Der Meermann" Weimar 1896, „Rübezahl" Braunschweig 1904, „Riquet mit dem Schopf" 1907), dessen dilettantisierenden Bestrebungen die Zugehörigkeit zum engeren Wagnerianerkreise wie späterhin dann auch die der musikalischen Moderne gegenüber bewiesene Gesinnungstüchtigkeit vorübergehend ein ziemlich unverdientes Relief gab, — nicht Wilhelm Kienzl (geb. 1857), der als typischer Wagnerepigone mit einer „Urvasi" (Dresden 1886) und einem „Heilmar der Narr" (München 1892) begann und mit der dramatisierten Kriminalnovelle „Der Evangelimann" einen bei dem folgenden Werke („„Don Quixote" Berlin 1898) freilich nicht wiederholten starken Bühnenerfolg hatte, — nicht bei Cyrill Kistler (1848—1907), der von „Kunihild" (Sondershausen 1884) bis zum „Röslein im Hag" (Elberfeld 1903) einen ähnlichen Entwicklungsweg bei Kienzl in einer noch niedrigeren Sphäre zurücklegte, — nicht bei Karl Weis, der von der tschechischen Oper ausging und mit seinem in derbster Volksstückmanier gehaltenen „Polnischen Juden" (Prag 1901) auch in Deutschland vorübergehend Aufsehen erregte, — nicht bei L e o B l e c h (geb. 1871), der nach seinem mit Recht beachteten komischen Einakter: „Das war ich" (Dresden 1902) den lockenden, aber in dieser Weise wohl nicht durchführbaren Versuch machte, die Muse Ferdinand Raimunds für die Opernbühne zu gewinnen („Alpenkönig und Menschenfeind", Dresden 1904) — und auch nicht bei K a r l v o n K a s k e l (geb. 1860), der sich in „Der Dusle und das Babeli" (München 1903) den Anforderungen eines anziehenden Textbuches wenig gewachsen zeigte. (Von dem Oestereicher Josef Reiter — geb. 1862; „Der Bundschuh" und „Klopstock in Zürich" — der einer verwandten Richtung anzugehören scheint, ist bei uns noch nichts bekannt geworden.) — —

Was noch keinem komponierenden Wagnerianer beschieden gewesen war, das erlebte Engelbert Humperdinck mit seinem „Hänsel und Gretel" im Jahre 1893: einen wirklich ganz grossen und durchschlagenden Erfolg, einen Erfolg, der nicht auf das Vaterland des Komponisten beschränkt blieb, sondern sich über das ganze musikalische Europa, ja noch weiterhin ausbreitete und den Schöpfer dieser Märchenoper mit einem Schlage zu einer Weltberühmtheit machte. Dieser nicht vorauszusehende und auch von niemand vorausgesehene Sieg ist in vieler Hinsicht so merkwürdig, dass es sich lohnt, die Art, wie er zustande kam, etwas näher ins Auge zu fassen, und vor allem auch zu überlegen, ob er mehr den künstlerischen Qualitäten des Werkes oder mehr den besonderen äusseren Umständen zu verdanken war, unter denen das Werk an die Oeffentlichkeit trat. Diese Umstände — darüber kann ein kurzer Blick auf die damalige „Lage" belehren — waren jedenfalls gerade einem Stücke wie „Hänsel und Gretel" ganz ausnahmsweise günstig..

Je höher die strahlende Sonne der Wagnerschen Kunst alles andere verdunkelnd emporstieg, desto mehr schwand auch ein Faktor aus der deutschen Opernproduktion, den man sonst zu keiner Zeit vermisst hatte: der Einfluss des A u s l a n d e s. Zwar aus dem Repertoire der deutschen Bühnen wurde die ausländische Importware auch durch Wagner nicht verdrängt, ja die stärksten und nachhaltigsten Bühnenerfolge im letzten Viertel des 19. Jahrhunderts waren fast ausschliesslich fremden Werke beschieden (Bizets „Carmen", Verdis „Aida" u. a.). Aber abgesehen davon, dass diese Werke ihrerseits schon deutschen, d. h. Wagnerschen Einfluss verrieten: sie fanden zwar ein begeistertes Publikum, doch kaum irgendwelche Beachtung von seiten der Schaffenden, — man bewunderte sie, aber man ahmte sie nicht nach. Ja, es konnte scheinen, als ob auf dem Gebiete der Opernproduktion die Gefahr der Ausländerei nun, nachdem der Bayreuther Meister den Weg zur echten deutschen Kunst beschritten und auch für Nachfolger freigelegt, endgültig überwunden sei.

Durch die welsche Ueberschwemmung, die mit M a s c a g n i s „Cavalleria" zu Anfang der 90er Jahre über Deutschland hereinbrach, wurde man eines anderen belehrt. Es liegt nicht im Bereich meiner Aufgabe, zu untersuchen, welchen Eigenschaften Mascagni und sein etwas prätentiöser, aber auch weit weniger elementarisch kraftvoll auftretender Gefolgsmann L e o n c a v a l l o ihre stupenden Erfolge zu verdanken hatten und welche Verhältnisse die starke Wirkung gerade d i e s e r Eigenschaften begünstigten. Nur auf das eine sei hingewiesen, dass damals die Enttäuschung áber die Erfolglosigkeit der musikdramataischen Bestrebungen der eigentlichen Wagner-Epigonen, derer, die da meinten, dass irgend etwas damit gedient sei, wenn ein Herr Meier oder Müller die Wagnerschen Partituren noch einmal schreibe, dass die allgemeine Enttäuschung über das gänzliche Fiasko der äusserlichen Wagner-Nachahmung einen Höhepunkt erreicht hatte, der zu gewaltsamer Entladung drängte. Der zündende Funken, dessen es zu dieser Entladung bedurfte, war der Erfolg der „Cavalleria", — und nun trat ein plötzlicher Wandel ein. Die Helden der Vorzeit, die Gestalten der germanischen und indischen Sage verschwanden mit einem Schlage von der deutschen Opernbühne. Erlösungsphilosophie und dergleichen sublime Dinge wurden nicht mehr beliebt. Die Gegenwart, eine derbe, an Moritaten reiche Handlung, exotische Schauplätze, möglichst wenig polizierte Gegenden, wo man, ohne viel gestört zu werden, rauben, morden und notzüchtigen konnte, bekamen den Vorzug. Namentlich die Balkanländer und ihre Bewohner stiegen bei den deutschen Opernkomponisten im Kurs. Das war die Zeit, wo Leo Blech seine „Aglaja" und „Cherubina", Ferdinand Hummel seine „Angla" und „Mara" schrieb, wo man bei der famosen Gothaer Opernkonkurrenz Paul Umlaufts „Evanthia" und Josef Forsters „Rose von Pontevedrä" krönte und alles dramatische Heil vom blank geschliffenen Dolch und der Einaktigkeit erwartete. Eine traurige Zeit, die aus arg ärger machte und das durch keinerlei künstlerische Zucht und Scham in Zaum gehaltene Hetzen nach dem Erfolg um jeden Preis in einer Weise entfesselte, wie es selten zuvor der Fall gewesen.

Man muss sich die damalige Situation lebhaft vergegenwärtigen, um zu verstehen, dass Engelbert Humperdinck (geboren 1854 zu Siegburg im Rheinland, Schüler des Kölner Konservatoriums und der Münchener Musikschule, 1876 Mozart-, 1879 Mendelssohn- und 1881 Meyerbeerstipendiat, 1885—1887 Lehrer am Konservatorium zu Barcelona, später am Hochschen Konservatorium zu Frankfurt, seit 1900 Vorsteher einer Meisterschule und Senatsmitglied der Berliner Akademie der Künste) — dass er mit seinem „H ä n s e l und G r e t e l" (Weimar 1893) nicht nur beim Publikum, sondern auch bei der Mehrzahl der Fachgenossen und ernsten Musikfreunde einen so grossen Erfolg haben konnte. Nur ganz wenige konnten sich dem Zauber dieses Werkes entziehen, und ich kann mich noch sehr gut entsinnen, einen wie peinlichen Eindruck es auf mich machte, als ich das absprechende Urteil zum erstenmale las, das Hugo Wolf gelegentlich über die Humperdincksche Märchenoper fällte. So sehr war noch jener erste entzückende Eindruck in mir lebendig, dass ich solches Absprechen mir sachlich garnicht zu erklären vermochte. Inzwischen ist mir der Klavierauszug von „Hänsel und Gretel" wieder einmal unter die Hände gekommen, nachdem ich das Stück seit 1896 nicht mehr gehört hatte: — und die Ueberraschung war gross. Wie damals das Wolfische Urteil, so konnte ich jetzt meine eigene Begeisterung von ehedem nicht mehr verstehen, so fremd, so tot und blass war mir diese Art von Musik geworden. Diese zugleich billige und überladene Polyphonie, diese stereotype Harmonik, die kaum einen anderen Weg harmonischer Entwicklung als den durch Modulation nach der Obersekund-Tonart zu kennen scheint, dieser Mangel an Stilgefühl, der das rührende Nachtgebet der Kinder roh und gewaltsam zu der grauenhaften Ballett-Pantomime der Traumengel hinaufsteigert, die groteske Geschmacklosigkeit in der dichterischen und musikalischen Gestaltung der Knusperhexe, all das und vieles andere machte einen wahrhaft deprimierenden Eindruck und weckte jenes niederschlagende Gefühl der Scham, das vielleicht nirgends so stark ist, als wenn man etwas, was uns einst begeisterte, mit gereifterem Urteile ablehnen muss.

Es ist bekanntlich seinerzeit heftig darüber gestritten worden, wieviele Melodien von „Hänsel und Gretel" geradezu dem Schatze des deutschen Volksliedes entlehnt seien und wieviele uns nur darum so alt und längst vertraut erklängen, weil der Komponist mit besonderem Glück aus dem ihm innigst vertrauten Geiste des Volksliedes heraus neu erfunden habe. Wie dem auch sei, ob diejenigen Recht haben, die (wie z. B. Hugo Riemann) Humperdincks einziges Verdienst darin erblicken, dass er mit seiner Oper „einer Reihe reizender, besonders in Westfalen allbekannter Kinderlieder eine schmucke Fassung gab," oder die anderen, die (wie z. B. Richard Batka) die Zutaten aus des Komponisten eigenen Einfällen nichts weniger als gering anschlagen, sondern gerade als das ansehen, was den eigentlichen Erfolg der Oper bewirkt habe, — jedenfalls sind d i e Partien der Humperdinckschen Musik die erfreulichsten, wo sich der Komponist in der Sphäre volkstümlicher Schlichtheit und Simplizität bewegt, wogegen die Sache umso übler wird, je weiter er von dem engumschriebenen Kreise seiner Sonderbegabung abweicht und sich an Höheres heranwagt.

So gross die Begeisterung für „Hänsel und Gretel" zurzeit des ersten Erscheinens auch war, darüber sind sich wohl die Weiterblickenden schon damals mehr oder minder klar gewesen, dass diese Oper nichts mehr bedeutete als einen glücklichen Zufallstreffer, eine Perle, die — ich will nicht gerade sagen: von einer b l i n d e n Henne, aber doch von einer gefunden wurde, bei der auf einen zweiten solchen Fund eben nicht mit S i c h e r h e i t zu rechnen war. Die weitere Entwickelung des dramaschen Komponisten Humperdinck, oder richtiger gesagt: das gänzliche Ausbleiben einer Weiterentwicklung bei ihm hat den ärgsten Schwarzsehern mehr als recht gegeben. Wenn die Musik zu Ernst Rosmers Märchenspiel

„Die Königskinder" (1898) noch von manchen als ein Fortschritt gegenüber „Hänsel und Gretel" angesehen werden konnte, wenn dann weiterhin der Komponist verlangen durfte, dass man Nichtigkeiten wie „Die sieben Geislein" (1897) und „Dornröschen" (Frankfurt a. M. 1902) als belanglose *Hors d'œuvres* bei der Gesamtbeurteilung seines Schaffens nicht mit in Rechnung ziehe, so hat die grosse Enttäuschung, die Humperdincks Versuch auf dem Gebiete der komischen Oper trotz mancher reizvoller, ja meisterhafter Einzelheiten bereitete („Die Heirat wider Willen" Berlin 1905), wohl endgültig darüber entschieden — es ist grausam, aber unerlässlich, das so geradehin auszusprechen —, dass vom Komponisten von „Hänsel und Gretel" nach menschlichem Ermessen fürderhin nichts mehr für die Zukunft der deutschen Oper zu erwarten sei.

Der von Adelheid Wette, der Schwester des Komponisten verfasste Text von „Hänsel und Gretel" hatte — wie im Grunde genommen jede Dramatisierung eines Volksmärchens — die aus der Grimmschen Sammlung weltbekannt gewordene Vorlage arg verballhornt, aber er hatte den doppelten Vorzug einer (stellenweise wenigstens) durchaus echt wirkenden Naivität und des gänzlichen Fehlens jeglicher l i t e r a r i s c h e n Ambition. Das war anders bei jenen „Literatenmärchen", die in den nächsten Jahren wie Pilze aus der Erde schossen, einer wenig erquicklichen Gattung, die sich vergeblich abmühte, mit Hilfe aller möglichen artistischen Mittelchen aus grossstädtischer Kaffeehaus-Atmosphäre glaubhaften Waldes- und Märchenduft herauszudestillieren. Ihr gehörten bereits Rosmers hysterisch überspannte „Königskinder" an, ihr leider auch die zuckersüsse Pseudopoesie der beiden Märchenspiele von Otto Julius B i e r b a u m, die Ludwig T h u i l l e in Musik gesetzt hat.

Thuille (1861—1907) war in Bozen geboren, hatte schon in jungen Jahren als musikalisches „Wunderkind" Aufsehen erregt und war nacheinander Schüler von Pembaur in Innsbruck und von Rheinberger in München gewesen. Hier wurde er bereits 1883 Lehrer an der Musikschule, der er bis zu seinem jähen Tode zur höchsten Zierde gereichte, als ein Pädagoge von wunderbarem Geschick, in dem sich eminentes Können mit einzigartiger Lehrbegabung zu einem selten erreichten Ideale vereinigten. Er betrat das Gebiet der Opernkomposition zum erstenmale mit dem bei der Münchner Opernkonkurrenz des Jahres 1897 preisgekrönten „Theuerdank" (Dichtung von Alexander Ritter), von dem indessen nur das flotte Orchestervorspiel als „Romantische Ouverture" über München hinaus bekannt geworden ist. Dass der nach dramatischer Betätigung verlangende Künstler sich dann von Bierbaums „Lobetanz" (Uraufführung Karlsruhe 1898) gewinnen liess, das mag man bedauern, aber man wird es nicht gerade unbegreiflich finden. Denn dass es diesem Stücke an solchen Eigenschaften nicht gebricht, die gerade den Musiker verlocken mussten, das wird man wohl zuzugeben haben. Der „Lobetanz" ist sehr schlechte Poesie, aber als „Canevas" für den Musiker ganz ausgezeichnet. Ja die Ueberlegung, dass Thuille kaum Aussicht gehabt hätte, etwas wesentlich besseres zu finden, mag auch jenes Bedauern mildern: denn einen schlechthin u n e r-s e t z l i c h e n Verlust würde es jedenfalls bedeuten, wenn die Musik zu „Lobetanz" (Karlsruhe 1898) und „Gugeline" (Bremen 1901) deshalb ungeschrieben geblieben wäre, weil die beiden Dichtungen nur im Talmiglanze der Scheinpoesie erstrahlen.

Die Partituren von „Lobetanz" und „Gugeline" enthalten das köstlichste, was die auf das eigentliche musikalische Märchen ausgehende Richtung innerhalb der deutschen Oper der Gegenwart gezeitigt hat. Dieselben Vorzüge, die Humperdincks Hänsel und Gretel-Musik ihren besonderen Wert verliehen, Frische, Einfachheit und Gesundheit in Erfindung wie Ausführung paaren sich hier mit Eigenschaften, die man bei Humperdinck vergeblich suchen würde. Zu Höhen, wie sie Thuille im 3. Akt des „Lobetanz" (Uebergang von der Kerker- zur Schlussszene) oder in der Szene der Titelheldin zu Anfang des 3. Akts der „Gugeline" erreicht, ist Humperdinck nirgends und niemals emporgestiegen. Und wenn auch das in seinem Libretto als Pendant zum „Lobetanz" gedachte zweite Werk allzusehr ein blosser Abklatsch, und zwar ein verblasster Abklatsch des ersteren geblieben ist, um auch nur als Theaterstück genügen zu können, so lebe ich dafür des festen Glaubens, dass „Lobetanz" noch für viele Jahre ein wachsendes Publikum von solchen finden wird, die liebenswürdigen Feinsinn, Geschmack und schlicht gestaltetes gemütvolles Empfinden auch auf der Bühne zu schätzen und zu würdigen wissen. — —

So verschieden die beiden Künstler auch in der Persönlichkeit und in ihrem Schaffen sind, zeitlich-historisch lässt sich der um wenige Jahre jüngere R i c h a r d S t r a u s s (geboren 1864 als Sohn des 1905 in hohem Alter verstorbenen Münchener Hornisten Franz Strauss, Schüler von W. Meyer in München, 1885 durch Bülow als Musikdirektor nach Meiningen berufen, 1886 dritter Kapellmeister des Münchener Hoftheaters, 1889 Hofkapellmeister in Weimar, 1894 wieder in München und 1898 königlicher Kapellmeister in Berlin, Ehrendoktor der philosophischen Fakultät der Universität Heidelberg), — er lässt sich ziemlich zwanglos an Thuille anreihen. Denn abgesehen von der intimen persönlichen Freundschaft, die beide in ihrer Jugend miteinander verband, gingen auch ihre künstlerischen Anfänge vielfach von gemeinsamen Ausgangspunkten aus. Beide waren als Zöglinge der Münchener Musikschule in streng klassischen Traditionen aufgewachsen. Beide lebten lange Jahre hindurch befangen in den Anschauungen derer, die von neuerer Musik eigentlich nur die Brahmsische als vollwertig gelten liessen und auf Wagner, oder gar auf Berlioz und Liszt mit vornehmer Verachtung herabsahen. Und bei beiden wurde der Umschwung ihres musikästhetischen Credo bewirkt durch den vertrauten Umgang mit Alexander Ritter, den Strauss schon 1885 in Meiningen, Thuille erst später in München kennen gelernt hatte. Aber während Thuille — weit davon entfernt, seine Anfänge geradezu zu verleugnen — auf eine harmonische Verschmelzung konservativer und fortschrittlicher musikalischer Tendenzen in seinem späteren Wirken und Schaffen auszugehen schien, entwickelte sich Strauss allmählich zu dem wildradikalen Fortschrittsfanatiker, als welcher er heute gelästert und bewundert wird.

Richard Strauss war schon so etwas wie eine Berühmtheit oder doch wenigstens einer der meistgenannten jüngeren Komponisten, als er mit seinem „Guntram" (Weimar 1894) zum erstenmale die Bühne betrat. Er hatte zuerst mit seiner Symphonie „Aus Italien", dann in fortschreitender Entwicklung mit den Tondichtungen „Don Juan", „Tod und Verklärung" und „Macbeth" einen neuen Weg beschritten, auf dem er rasch von Erfolg zu Erfolg eilte. In diesem Siegeslaufe bedeutete nun „Guntram" den ersten schmerzlichen Rückschlag, eine bittere Enttäuschung für den Komponisten wie für seine Bewunderer. Während es ihm auf symphonischem Gebiete mit bewundernswerter Leichtigkeit gelang, die Form der symphonischen Dichtung, wie sie Liszt geschaffen hatte, zu etwas eigentümlich Neuem fortzubilden, das zwar durch die Orchesterwerke Alexander Ritters schon vorbereitet war, aber in seiner vollendeten Ausgestaltung doch dem jungen Meister allein angehört, — kam er als Opernkomponist über die exaggerierende Wagner-Kopie zunächst nicht wesentlich hinaus. Und während er — trotz manchen Widerstandes und mancher Anfeindung — die K o n z e r t s ä l e im Fluge eroberte, verschlossen sich ihm die B ü h n e n so hartnäckig, dass selbst heute, wo „Salome" dem Theaterpublikum der halben Welt ihre Sensationen vermittelt, noch nirgends der doch gewiss nicht gerade fernliegende Gedanke einer Wiederaufnahme des „Guntram" laut geworden ist.

Dieses Schicksal war gewiss unverdient. Denn so getreulich Strauss in seinem musikdramatischen Erstling den Spuren des Bayreuther Meisters folgt — und zwar nicht nur in der Musik, sondern vor allem auch in der (selbstverfassten) Dichtung mit ihrem etwas gar jünglinghaft anmutenden Versuch der dramatischen Gestaltung einer Welt- und Lebensanschauung, — ganz ohne künstlerische Eigenwerte ist „Guntram" auf keinen Fall. Und vor allem ist er ausgezeichnet durch eine Eigenschaft, die allein schon ein besseres Los verdient hätte: das ganze Werk ist durchflutet von einem so hohen ästhetischen und ethischen Ernste, es ist so ehrlich und redlich gewollt, die aus ihm sprechende Gesinnung ist so edler, idealer Natur, dass in den Augen aller derer, die noch nicht ganz dem Immoralitäts-Snobismus verfallen sind, ein sehr grosser Teil des späteren Straussischen Schaffens, an ihm gemessen, zur lächerlichen Komödie herabsinkt.

Es ist schon einmal die Vermutung laut geworden — ich glaube, Arthur Seidl hat sie zuerst ausgesprochen — dass der Misserfolg des „Guntram" auf die Weiterentwicklung des Komponisten einen verhängnisvollen Einfluss ausgeübt, dass Strauss als Künstler damals — gerade herausgesagt — so etwas wie einen moralischen Knacks abbekommen habe. Jedenfalls drängte sich von dieser Stunde an in Straussens künstlerischer Gesamterscheinung ein Element immer mehr in den Vordergrund, das man mit einigem Recht die „Eulenspiegelnatur" des Künstlers genannt hat. Es schien, als ob er nun des „trockenen Tones" nicht nur, sondern überhaupt des künstlerischen Ernstes einigermassen satt und eine gewisse Lust am Dupieren — manchmal vielleicht sogar bis zur Selbstdupierung gehend — immer mehr Herr seines Schaffens geworden sei. Vor allem lässt sich nicht verkennen, dass das unverhüllte Streben nach dem E r f o l g um jeden Preis und infolge davon die Anpassung an den Geschmack derer, die für einen M a s s e n erfolg entscheidend sind, in den letzten Jahren bei Strauss immer deutlicher zutage getreten ist. Und selbst wer das für sein g e s a m t e s Schaffen etwa nicht gelten lassen wollte, der müsste es doch wohl als unbestreitbar richtig zugeben für d e n Teil, der dem Theater gewidmet war. Nach langer Pause liess Strauss seinem „Guntram" den Einakter „F e u e r s n o t" folgen (Dresden 1901), dem schon ein ganz anderes Schicksal beschieden war als dem „Guntram", wenn er auch bei weitem nicht das gleiche Aufsehen erregte, wie die gleichfalls einaktige „Salome" (Dresden 1905), die — zum erstenmale wieder seit „Hänsel und Gretel" — einem deutschen Opernkomponisten einen Welterfolg einbrachte.

Die „Feuersnot", deren (von E r n s t v o n W o l z o g e n verfasstes) Libretto einen lustigen, etwas obszönen Scherz über Gebühr in die Länge zieht und mit einer geschmacklosen Selbstglorifizierung der beiden Autoren verquickt, war ja wohl ursprünglich nur als eine Art von höherem „U l k" gedacht. Und soweit sie das auch in der Ausführung geblieben ist, soweit sie nichts mehr und nichts Höheres sein will, als ein Spiel übermütiger Laune, finde ich sie auch musikalisch vortrefflich: voll Witz und Temperament, flott hingeschrieben und ausserordentlich unterhaltend. Alles aber, was in den Ausdrucksbereich des Lyrischen hinüberragt (wie z. B. das Liebesduett) oder gar noch höher hinaus will (wie stellenweise der Monolog des Kuonrat), gehört zum gewöhnlichsten und seichtesten, was Strauss jemals geschrieben hat. Da scheint der Künstler sich die Erfahrung, die er mit „Guntram" gemacht, nur allzugut zu Herzen genommen zu haben, und es ist geradezu, als ob er seinem Publikum zurufen wolle: als ich Euch mit dem heiligen Ernste des echten Künstlers entgegentrat, da habt Ihr mich schnöde zurückgewiesen und verlacht; nun nehme ich meine Rache, indem ich Euch zwinge, über das in eine Raserei des Entzückens zu geraten, von dem ich selbst nur allzu gut weiss, dass es durchaus wertlos und nichtig ist. —

Was „Salome" sehr zu ihren Ungunsten von der „Feuersnot" unterscheidet, das ist der leidige Umstand, dass das spätere Werk durchweg und als Ganzes s e r i ö s genommen werden soll, d. h., dass alle die Elemente, die bei der „Feuersnot" das eigentlich Anziehende sind, in Wegfall kommen und (wenigstens als die eigentliche Quintessenz des musikalischen Ausdrucks) nur das zurückbleibt, was schon bei jenem früheren Werke so wenig überzeugend wirkte: die süssliche Sentimentalität plebejischer Lyrismen, das unglaubwürdige Pathos leerer Theatralik, das flüchtig emporflackernde Strohfeuer eines rein äusserlichen „Schmisses", das sich für die glühende Herzensflamme echter Leidenschaft ausgibt, und die stupende Keckheit in dem Bestreben, überall da zu v e r - b l ü f f e n, wo man w i r k e n sollte und es nicht vermag. Freilich: wenn man die „Stimmen der Zeitgenossen" hört, so bedeutet „Salome" nicht nur eine künstlerische, sondern weit darüber hinaus auch so etwas wie eine hohe „sittliche" Tat. Nach ihnen hat Strauss nicht nur, über Wagner hinaus fortschreitend, einen ganz neuen musikdramatischen Stil gefunden — in Wahrheit gibt gerade die „Salome" an mehr als einer Stelle Gelegenheit, sich bass zu wundern, wie t i e f ihr Autor noch, und zwar in recht äusserlicher und oberflächlicher Wagner-Nachahmung stecken geblieben ist —, er soll noch ganz anderes und schwierigeres vollbracht haben, nämlich nichts geringeres als die m o r a l i s c h e R e t t u n g der Wildeschen Salome, ihre E r l ö s u n g.

Und dabei wäre denn doch wohl etwas länger zu verweilen.

Eigentlich hätte man's ja voraussehen können. Denn wenn es der Mutter Herodias beschieden war, als Gralsbotin Kundry zu enden, so ist es gewiss nicht mehr als billig, dass auch die Tochter Salome einen gottseligen Heimgang finde. Und doch kam er überraschend, dieser gloriose Gedanke, als man ihn zuerst leibhaftig, d. h. gedruckt vor Augen sah, als Herr Otto Roese in seinem „Wegweiser" durch die Straussische Oper der staunenden Welt die glänzende Entdeckung mitteilte von der Bekehrung der Salome, ihrer „inneren Wandlung" und Erlösung. — Wie, Richard Strauss, der Ueberwinder Wagners, der Pfadfinder ins Land der Zukunft, auch er hätte im Grunde nur wieder die alte Sache aufgewärmt, auch er hätte nichts anderes geschrieben als ein Drama der „Erlösung"? Man sollte denken, dass die ganze „moderne" Menschheit oder doch zum mindesten ganz Berlin W. wie e i n Mann sich hätte erheben müssen, um lauten Protest einzulegen gegen diese offenbare Verkleinerung, ja Verunglimpfung ihres Meisters, dem man mit der Unterschiebung solcher Erlösungsvelleïtäten gerade d e n Makel anheftete, der in seinen eigenen Augen der allerhässlichste sein muss: den der U n m o d e r n i t ä t.

Aber auch darin erlebte man eine Ueberraschung. Die Erlösungshypothese wurde eifrig aufgegriffen, selbst von einem Manne wie Leopold Schmidt akzeptiert, ja, wer weiss, ob es nicht der Glaube an die Erlösung der Salome war, was in der Reichshauptstadt das Straussische Werk erst „offiziell möglich", d. h. hofbühnenfähig gemacht hat. —

Ob man moralisch, d. h. menschlich betrachtet, an einer büssenden Salome mehr Gefallen finde als an der „in ihrer Sünden Maienblüte" dahingerafften Frevlerin, das ist Geschmackssache. Anders, wenn man einen rein ästhetischen Massstab anlegt und fragt: wie ist Strauss dem Stoffe und dem Geist gerecht geworden, in dem sein „Librettist" Oscar Wilde diesen Stoff gesehen und geformt hat? So gemessen, würde nämlich die musikalische Erlösung der Salome — vorausgesetzt, dass der Komponist absichtlich oder unabsichtlich, bewusst oder unbewusst wirklich diese Rettungstat vollbracht hätte —, sie würde nichts geringeres bedeuten als eine K a p i t u l a t i o n d e s M u s i k e r s v o r d e m S u j e t, das Eingeständnis, dass er dem Salome-Drama Musik nur dadurch abgewinnen konnte, dass er die Pointe umbog, den Sinn, die „Tendenz" der Geschichte umdeutete und ins Gegenteil verkehrte. Eine solche Umdeutung mag sehr gott- und publikumgefällig sein, man mag sie als Verinnerlichung, Vertiefung, Verklärung und Versöhnung preisen: in künstlerischer Hinsicht wäre sie schon darum nicht als eine Bereicherung der literarischen Vorlage anzusehen, weil Strauss mit ihr seine Sache zweifellos sich wesentlich erleichtert und jedenfalls das, was er mit der wörtlichen Rezeption des Wildeschen Textes als künstlerische Aufgabe ausdrücklich übernommen zu haben schien: die „Vertonung" der Wildeschen Salome **nicht** geleistet hätte.*)

Wie steht es nun aber mit der Richtigkeit der Erlösungshypothese? Ist es denkbar, dass Strauss wirklich die Absicht hatte, seine Salome als würdige Herodiastochter heiligende Gralspfade zu führen? — Man braucht wohl keine lange Ueberlegung, um eine solche Absicht für gänzlich ausgeschlossen zu halten. Es ist sicher, dass der Komponist mit keiner Faser seines Hirnes an so etwas gedacht hat. Und trotzdem kommt in jener Hypothese ein sehr richtiges Empfinden zum Ausdruck. Das Gefühl nämlich von der **tiefgehenden Diskrepanz** zwischen dem Stoffe, wie ihn der Dichter gefasst, und der Art und Weise, wie ihn Strauss „vertont" hat. Diese Diskrepanz offenbart sich gegen Ende des Werkes, dort wo Strauss als der auf „Wirkung" ausgehende **Musiker** so etwas wie eine „Schlusscabaletta" brauchte, am deutlichsten. Hier war es mit „Charakteristik" und „Realismus" allein nicht getan, hier bedurfte es „schöner" Musik, oder vielmehr dessen, was bei unserem Theaterpublikum als solche gilt, — und Strauss hätte sicherlich den äusseren Erfolg seiner Oper zum mindesten stark gefährdet, wenn er an dieser Stelle nicht — im Widerspruch mit der Situation und dem Charakter seiner Heldin — auf das verfallen wäre, was man dann in Berlin als die „Erlösung" der Salome entdeckt hat.

Das fällt, wie gesagt, gegen den Schluss hin am meisten in die Ohren, weil da der Widerspruch dessen, was

---

*) Obengenannter Otto Roese findet zwar, dass der Erlösungsgedanke schon bei Wilde durchklinge: nur habe dem Wortdichter der „prägnante Ausdruck" für die Darstellung der inneren Wandlung seiner Heldin gefehlt. Aber das ist, gerade herausgesagt, offenkundiger „Stuss"!

wir auf der Bühne sehen, mit dem, was wir im Orchester hören, am schreiendsten ist. Wenn man genauer aufhorcht, wird man aber finden, dass dieser Zwiespalt durch das ganze Werk hindurch geht. Immer wieder, wenn der Komponist eine Zeitlang sich heiss bemüht hat, orientalisches Milieu, dekadente Neurasthenie, sexuelle Perversität und wie die schönen und modernen Dinge der Salomehandlung alle heissen mögen, getreulich in Musik zu übersetzen, kommt ein Moment, wo er sozusagen absichtlich aus der Rolle fällt. Er hängt dann plötzlich alle Charakteristik an den Nagel und fängt an, ganz einfach Musik zu machen um der Musik willen.

Das wäre nun an und für sich gewiss nichts schlimmes: denn das war immer so und wird hoffentlich auch immer so bleiben, dass ein dramatischer Komponist, sofern er nur eine echte Musikernatur ist, die Sorge um die Wahrheit des dramatischen Ausdrucks niemals so weit treiben kann, um darüber aufs Musikmachen ganz und gar zu vergessen. Schlimm aber ist die Art und Weise, wie Strauss fast an all den Stellen seiner „Salome" musiziert, wo er etwas anderes sein will, als musikalischer Charakteristiker und klanglicher Illustrator. Es tritt da nämlich das Drama nicht bloss in den Hintergrund, sondern es verschwindet gänzlich. Ja, noch mehr: der Komponist hört nicht nur auf, Dramatiker zu sein, sondern er verliert in solchen Augenblicken überhaupt den künstlerischen Ernst und vor allem auch den m u s i k a l i s c h e n Ernst. Von k ü n s t l e r i s c h e n Absichten ist dann schlechterdings gar nichts mehr zu verspüren und man hat das Gefühl, als ob der Komponist nur noch — ich glaube, man würde einem Richard Strauss bitter Unrecht tun, wenn man sagen wollte: an seine Tantièmen —, aber sicherlich doch, als ob er an nichts anderes mehr gedacht habe, als an das allerhöchste Wohlgefallen Sr. Majestät des Publikums. Dass — um einzelnes anzuführen — Dinge wie das: „Ich bin verliebt in deinen Leib" (Klavierauszug S. 49 ff.), die berühmte As-dur-Stelle: „Er ist in einem Nachen" (S. 68 f.) — wie überhaupt alles in der Zeichnung des Jochanaan, was diesen zu einer „dankbaren" Baritonpartie macht und zugleich in eine gewisse innere Verwandtschaft mit Kienzls „Evangelimann" bringt —, dass weiterhin die Schlusssteigerung der Szene zwischen Jochanaan und Salome (S. 71 f.), die Cisdur-Episode im „Tanz" (S. 143 f.) und die parallele Stelle der Schlussszene (S. 143 f.), — dass all das, als Musik beurteilt, nichts mehr ist als (freilich glänzend gemachter) Kitsch, das weiss niemand besser als Richard Strauss selbst.

Obgleich der grosse Publikumserfolg — neben dem, was Sensationslust, „Modernitis" und Snobismus gewirkt haben — mit in erster Linie diesen Partien der Salomemusik zu verdanken ist, wo Strauss zum Allerweltsgeschmack kondeszendiert, wo er trivial und gewöhnlich wird, — so wäre es doch falsch und auch ungerecht, wenn man sich allzulange dabei aufhalten wollte. Wie jedes Werk, hat auch „Salome" Anspruch darauf, nach dem besten, das sie enthält, bewertet zu werden, nach ihren Vorzügen und nicht nach ihren Schwächen.

Auch in der „Salome" ist Strauss am stärksten da, wo er, ohne nach den Ohren des Publikums zu schielen, rücksichtslos seinem artistischen Drange nach möglichst deutlicher und sinnenfälliger klanglicher Illustrierung des szenischen Vorgangs nachgeht, wo er, wenn ich so sagen darf, uns zwingen will, mit dem Gehör zu sehen. Aber klarer als bei irgend einem anderen Straussischen Werke erkennt man hier, dass diese Art zu charakterisieren rein äusserlich ist und durchaus an der Oberfläche haften bleibt. Es handelt sich da, im Grunde genommen, immer nur um eine musikalische Maskerade, um eine klangliche Kostümierung von Menschen, die — nicht immer, aber sehr oft — in ihrem Innern etwas ganz anderes sind, als das, was sie darstellen. Man betrachte die Figur der Salome in dem, wodurch sie als eine pervers empfindende Natur musikalisch gekennzeichnet ist. Auf den ersten Blick frappiert das alles aufs höchste. Aber man braucht nur ein ganz klein wenig diese zunächst so fremdartig anmutende Gestalt zu fixieren, so kommt sie einem allmählich merkwürdig bekannt vor: sie unterscheidet sich in nichts wesentlichem von dem „Weibe", wie wir es etwa aus dem „Heldenleben" oder der „Domestica" kennen. Es ist dieselbe etwas kapriziöse und launischwetterwendische, im Grunde des Herzens aber seelengute Person, — und „Salome" ist an ihr einzig und allein das Kostüm.

Oscar Wilde kam es bei Behandlung des Salomestoffes zustatten, dass er im Punkte des sexuell Abnormen seiner Heldin ganz anders „nachfühlen" konnte als Richard Strauss, den zur Salome offenbar nur ein rein artistisches Interesse und keinerlei innere Seelenverwandtschaft hingezogen hat. So blieb denn — auch abgesehen von den gelegentlichen Musizieranwandlungen — in der musikalischen Charakterisierung der Hauptperson eine unausgeglichene Differenz zwischen dem, was der Dichter forderte, und dem, was der Musiker leisten konnte. In der Tat hat Strauss aus der Salome etwas ganz anderes gemacht, als was sie bei Wilde ist. Wirklich ist eine „innere Wandlung" mit ihr vorgegangen. Aber diese Metamorphose ist einem Umstande zu verdanken, der nicht eine „Erlösung" der Salome bedeutet, sondern ein Versagen ihres Komponisten.

Weit glücklicher als in der Zeichnung der Titelheldin

und des nur sehr teilweise über den Oprnbariton zur Wirklichkeit eines lebendig geschauten Menschen sich erhebenden Jochanaan ist Strauss bei d e n Figuren gewesen, wo die rein äusserlichen Mittel einer bloss die G e - b ä r d e n malenden Charakteristik genügten, um ein überzeugendes Bild zu schaffen. Zu ihnen gehört vor allem die prächtig gelungene Gestalt des Herodes und das Quintett der Juden, bei dem sich nur fragen lässt, ob hier nicht musikalische Ausdrucksmittel zur Erzielung einer Wirkung missbraucht seien, die man ebensogut oder vielleicht noch besser mit nicht musikalischen Mitteln hätte erreichen können — eine Frage, die sich übrigens überall da erhebt, wo Strauss T ö n e verwendet, um den Effekt eines blossen G e r ä u s c h e s hervorzubringen. — —

Was der Komponist der „Salome" auch als musikalischer Charakteristiker geleistet haben möge, als K u n s t w e r k kann man seine Schöpfung unmöglich hoch einschätzen, ja nicht einmal recht ernst nehmen. Dazu ist sie inhaltlich, ich meine: an musikalischem Gehalt zu leer, zu sehr auf äusserliche Sensation und auf die Verblüffung der grossen Masse gestellt. Uneingeschränkte Bewunderung verdient das Werk aber, wenn man es rein a r t i s t i s c h, sozusagen als „K u n s t s t ü c k" ansieht. Es kann nichts technisch Interessanteres geben, als diese Musik, die nahezu alles, was sie ist, ihrer „Aufmachung" verdankt, dafür aber auch in der Kunst, aus nichts etwas zu machen, einen zuvor wohl noch niemals auch nur annähernd erreichten Gipfel darstellt. Und noch in einer anderen Beziehung ist Straussens „Salome" begeisterten Lobes wert: als T h e a t e r s t ü c k. Die Art und Weise, wie der Komponist die Wirkung, den Eindruck und den Erfolg, den er gerade gewollt, unfehlbar sicher erreicht hat, kann gar nicht hoch genug bewundert werden. Hierin vor allem ist „Salome" das Werk eines Meisters, nicht

eines Meisters der Kunst, aber eines M e i s t e r s d e s
E r f o l g s.

Unserer Zeit gab Strauss mit seiner letztvollendeten Bühnenschöpfung ganz gewiss etwas, was ihr durchaus gemäss ist. In gewissem Sinne darf man sagen: der Komponist der „Salome" ist der eigentliche Komponist der G e g e n w a r t, der musikalische Repräsentant einer geistigen Richtung, die sich mit grösserem Recht als irgend eine andere die „m o d e r n e" nennen darf. Ebenso gewiss ist es aber auch auf der anderen Seite, dass gerade die besten und edelsten Geister der Gegenwart die Bekämpfung dieser Richtung als ihre höchste Aufgabe ansehen und dass ein schliesslicher Erfolg ihrer Bemühungen nicht ausbleiben kann: dieser Richtung gehört ganz gewiss zu einem grossen Teile die Gegenwart, aber es gehört ihr nicht die Z u k u n f t, ja es will mir scheinen, als ob die unter der Herrschaft der „modernitischen" Geistesrichtung stehende Gegenwart allbereits im Begriffe sei zur V e r g a n g e n h e i t zu werden. Richard Strauss, den man insofern mit gutem Fug den F ü h r e r der musikalischen „Moderne" genannt hat, als in diesem Sinne „moderner" Geist sich in ihm reiner inkarniert hat, als in irgend einem anderen bedeutenden Musiker der Zeit, er ist im Jahre 1864 geboren: im Todesjahre M e y e r b e e r s, des Mannes, mit dem er in der jüngsten Vergangenheit mehr als einmal in Parallele gestellt worden ist. Straussens weitere Entwicklung muss es lehren, ob diese Vergleiche Recht behalten sollen, ob das Zusammentreffen jener beiden Daten wirklich die symbolische Auslegung erfahren darf, dass der Geist Meyerbeers auf den jüngeren Meister übergegangen, in ihm wieder aufgelebt sei.

Von dessen neuestem Bühnenwerke ist noch nichts bekannt geworden. Doch lässt die Wahl des Stoffes und Librettos — Hugo von Hofmannsthals widerliche Verballhornung der Sophokleischen „Elektra" —, sie lässt vermuten, dass der Komponist auf dem Wege, der ihn zur „Salome" führte, unbeirrt weiter zu schreiten gedenkt. Schliesst sich diese Wahl doch nur allzugut der Reihe an, die Strauss im Gefolge der jeweils neuesten literarischen Sensation von der Vertonung Nietzsches zur gemeinsamen Arbeit mit dem Ueberbrettl-Wolzogen und von da weiterhin zur musikalischen Glorifizierung und „Erlösung" der Wildeschen „Salome" brachte, einer Reihenfolge, in deren Konsequenz es läge, wenn Strauss nach der musikdramatischen Ausbeutung der „Elektra" sich etwa — B e r n a r d S h a w zuwenden würde. —

Gelegentlich der 43. Tonkünstlerversammlung des Allgemeinen Deutschen Musikvereins fanden im Juni 1907 zwei Festvorstellungen der Dresdener Hofoper statt: R i c h a r d   S t r a u s s e n s   „S a l o m e" und M a x   S c h i l l i n g s' „M o l o c h". Der Gegensatz dieser beiden Werke, ein Gegensatz, wie er stärker kaum gedacht werden kann, war interessant und belehrend. Dort ein glänzendes Theaterstück, über dessen künstlerischen Wert man denken kann, wie man will, dem man aber das e i n e nicht wohl abstreiten kann, dass es beim heutigen Publikum seines Erfolges immer und überall sicher sein darf. Hier die gewichtige Arbeit eines ernsten Künstlers, von der niemand ohne Hochachtung, ja Bewunderung reden wird, die aber gerade derjenigen Eigenschaften, die den Bühnenerfolg garantieren, durchaus ermangelt — womit nicht gesagt sein soll, dass unter besonders günstigen Umständen nicht auch eine Moloch-Aufführung herauszubringen wäre, die einen wirklichen Erfolg bei der Masse hätte, sondern nur: dass der allgemeine Erfolg, der bei „Salome" die R e g e l ist, einem Werke wie dem „Moloch" immer nur ganz a u s n a h m s w e i s e einmal erblühen kann. Denn eine in jeder Beziehung erfolgreiche

Aufführung des „Moloch" müsste darüber hinwegtäuschen, dass mit diesem Werke Hohes gewollt und erstrebt, aber in wesentlichen Punkten n i c h t erreicht wurde, während es für die Straussische Oper eben kennzeichnend ist, dass der Künstler auch nicht um einen Schritt weit hinter dem Ziele, das er sich gesteckt, zurückblieb, dass seine Schöpfung sozusagen eine Rechnung darstellt, in der alles glatt aufgeht, in keiner Weise ein „Rest" bleibt. Und trotzdem: man braucht nur dieses Ziel ins Auge zu fassen, mit einander zu vergleichen, was Strauss und was Schillings gewollt hat, so wird man keinen Augenblick darüber im Zweifel sein, wem man die Palme zu reichen habe, — und persönlich vor die Wahl gestellt, wird nicht nur jeder echte Künstler, sondern, fast möchte ich sagen, jeder „anständige Mensch" — sofern er nur überhaupt erst erkannt hat, worum es sich handelt — ohne Zaudern seine Entschliessung treffen: lieber eine N i e d e r l a g e auf dem von Schillings begangenen Wege als ein S i e g auf den Pfaden der „Salome"!

Gewiss heisst es mit Recht, dass in der Kunst das Können alles und das Wollen nichts sei. Aber dennoch gibt es auch bei der Beurteilung des Künstlers so etwas wie einen wohlberechtigten „m o r a l i s c h e n" Standpunkt, — nicht in dem Sinne freilich, dass man die Massstäbe der bürgerlichen Moral an das Kunstwerk anlegte und damit Forderungen an den Künstler stellte, um die dieser sich nicht zu kümmern braucht, weil sie aus einem ihm gänzlich fremden Gebiete hergeholt sind, — sondern in dem Sinne, dass man das Streben des Künstlers a l s e i n k ü n s t l e r i s c h e s nach der Höhe und Schwierigkeit seines Z i e l e s wertet. Wer sich eine Besteigung des Chimborazo vornimmt und 500 Meter unter dem Gipfel zur Umkehr genötigt wird, hat mehr geleistet als wer siegreich einen Gipfel von 2000 Metern bezwingt, und wer vollends einem Ziele zustrebt, das ganz ausserhalb des Bereiches echter und ernster Kunst gelegen ist, der hat gewiss kein Recht, sich seines Sieges zu rühmen gegenüber einem, der deshalb gescheitert ist, weil er es verschmähte, sich seine Sache leicht zu machen, und lieber den steilen Gipfelpfad beschritt, der zu den Höhen des künstlerischen Ideals, als die breite Heerstrasse, die zum sicheren Erfolge führt. Aber nicht nur der Künstler, dem das Höchste nicht g a n z gelingt, steht als solcher weit über dem, der ein niedriggestecktes Ziel fast mühelos erreicht, auch ein solches nicht durchaus vollendetes Kunstwerk, das aus dem Wollen des Edelsten und Schwersten herausgeboren wurde, kann, entwicklungsgeschichtlich betrachtet, eine unendlich viel höhere Bedeutung haben als ein anderes, das in seiner Art vollkommen ist, aber eben in einer Art, der selbst keine sonderliche Bedeutung für die Entwicklung der Gattung zukommt. Um sich von dieser Wahrheit an einem besonders lehrreichen Beispiele zu überzeugen, braucht man sich nur zu erinnern, dass einer unserer grössten Musikdramatiker gerade mit d e m Werke am stärksten auf die Fortentwicklung der Gattung eingewirkt hat, das man wohl ruhig als ein von Haus aus totgeborenes Kind bezeichnen darf: ich meine K a r l M a r i a v o n W e b e r mit seiner „E u r y a n t h e", die einen ragenden Markstein innerhalb der Entwicklungsgeschichte der deutschen Oper bedeutet, obgleich es noch niemals möglich war und auch in Zukunft nicht möglich sein wird, sie zu einem wirklichen und dauernden Bühnenleben zu bringen.

M a x S c h i l l i n g s (geb. 1868 zu Düren im Rheinland, Schüler von K. J. Brambach und dem Geiger O. von Königslöw in Bonn, seit 1887 in München) hatte dem „Moloch", der 1905 in Dresden seine Uraufführung erlebte, bereits zwei andere Bühnenwerke vorangehen las-

sen: „Ingwelde" (Karlsruhe 1894) und „Der Pfeifertag" (Schwerin 1899). Die unvergessliche Uraufführung der „Ingwelde" war eine jener künstlerischen Grosstaten, die dem Karlsruher Wirken Felix Mottls sein besonderes Gepräge gaben, ein packendes Erlebnis für alle, die gerade einem derartigen Werke das gleiche Mass von Empfänglichkeit entgegenbringen konnten wie ich selbst. Diese Musik, die so unverkennbar von Wagner herkam und uns damals doch so durchaus neu anmutete, sie bestach vom ersten Augenblicke an vor allem durch zweierlei: durch ihre ausgesprochene Eigenart und durch jene Einheit von Gehalt und Form, die das eigentliche Wesen des Stils (im eminenten Sinne des Wortes) ausmacht. Die spezifisch Schillingsische Eigenart, an der sich fast jede Note des Komponisten erkennen lässt, ist nun gewiss nicht frei von der Gefahr, gelegentlich zur Manier zu werden, einer Gefahr, der auch andere grosse Meister von bestimmter, aber nicht sehr vielseitiger Eigenart (z. B. Brahms und Bruckner) bisweilen erlegen sind. Aber dass bei Schillings die Eigenart doch nicht so eng begrenzt war, wie man nach der „Ingwelde" hätte vermuten können, das bewies sein zweites Bühnenwerk: „Der Pfeifertag". Denn da zeigte sich plötzlich der Komponist von einer ganz anderen Seite, von einer Seite, die man nicht ohne weiteres bei ihm gesucht hätte. Und auch jetzt, da über das ernste Antlitz des Tragöden das stille Lächeln des Ironikers und Humoristen zog, da er seine Leier auf die heiteren Weisen der Spielmannskomödie stimmte, war er ganz er selbst, bewegte er sich auf dem neuen Schaffensfelde ebenso frei und ungezwungen, ebenso bestimmt und sicher, wie zuvor, wennschon sich das vielleicht nicht verkennen liess, dass auch dem eigenen Gefühle des Künstlers nach die Tragödie doch seine wahre und eigentliche Heimat sei.

Zu seinen beiden ersten Opernschöpfungen hat Schillings Textdichtungen des Grafen Ferdinand Sporck benutzt. Diesen Dichtungen ist sehr viel Schlechtes nachgesagt worden, und in der Tat: was so oft und so oft mit Unrecht behauptet wird, dass das ungenügende Libretto einzig und allein die Schuld daran trage, dass eine wertvolle Musik auf der Bühne nicht so wirke, wie es ihrer Qualität nach eigentlich zu erwarten wäre, in diesem Falle scheint es wirklich einmal mit Grund gesagt zu werden. Wenn Werke, die eine solche Fülle lebens- und wirkungsvoller Musik enthalten wie „Ingwelde" und „Pfeifertag", über den mehr oder minder warmen Achtungs- oder Bewunderungserfolg es eigentlich nirgends wesentlich hinausgebracht haben, so müssen ihnen zweifellos Mängel anhaften, an denen der Komponist nur insofern mitschuldig ist, als er eben diese mangelhaften Textdichtungen gewählt hat. Dass er das aber tat, das wird man zwar bedauern, aber doch wohl nicht ohne weiteres so ganz unbegreiflich finden dürfen. Denn jenen Mängeln stehen unverkennbare Vorzüge gegenüber, Eigenschaften, von denen man versteht, wie sie den dramatisch begabten Musiker reizen und über kritische Bedenken hinwegtäuschen konnten. Die Dichtung des „Pfeifertag" ist gewiss schlecht, wenn man sie auf ihren dramatischen Gehalt ansieht, aber ganz vortrefflich, wenn man nur den zeitgeschichtlichen Rahmen, das ungemein farbenreiche Milieu betrachtet, in das eine leider so alberne Handlung hineingestellt ist. Und wenn man anerkennt, dass die Nach-Wagnersche Opernmusik nur ganz wenige Stellen aufweist, die im allerbesten Sinne des Wortes so echt theatermässig packend wirkten wie der Schluss des 2. Aktes der „Ingwelde", so darf man nicht vergessen, dass es Schillings unmöglich gewesen wäre, diese starke Musik zu finden, wenn ihm sein Textdichter nicht die mit sicherem szenischem Instinkt geschaute Situation geschaffen hätte.

Nach dem „Pfeifertag" hat Schillings die Arbeitsgemeinschaft mit dem Grafen Sporck endgültig aufgegeben. Die Textdichtung des „Moloch" hat Emil Gerhäuser — wohl unter entscheidender Mitwirkung des Komponisten — nach dem Hebbelschen Fragmente gearbeitet: nicht ungeschickt und gewiss ohne in die geradezu die Bühnenfähigkeit gefährdenden Fehler und Schrullen des Grafen Sporck zu verfallen. In der Musik des „Moloch" strebt der Komponist so etwas wie ein zusammenfassendes Resumé seines bisherigen Schaffens an, er gibt sich so, wie wir ihn von der „Ingwelde" und vom „Pfeifertag" her kennen, ohne sich von einer wesentlich oder gar überraschend neuen Seite zu zeigen. Es ist, als ob der Künstler in diesem Werke die Summe dessen habe ziehen wollen, was er bisher erreicht und geleistet, als ob er das Bedürfnis gefühlt habe nach einer Rast und einem Rückblick auf die durchlaufene Bahn, bevor er sich zum Weiterschreiten, zu ferneren Entdeckungsfahrten anschickte. Keine der glänzenden Eigenschaften, durch die sich Schillings' edle und ernste Kunst seit ihren Anfängen ausgezeichnet, wird man im „Moloch" vergebens suchen, ja man wird sogar anerkennen müssen, dass in keinem der früheren Werke (jedes für sich allein betrachtet) die Eigenart des Komponisten sich so allseitig und so reif entwickelt vorfindet. Aber der im angedeuteten Sinne „rekapitulierende" Charakter der Moloch-Musik bewirkt es, dass in ihr manches weniger ursprünglich klingt, als in den beiden ersten Werken, dass man hie und da den Eindruck der „zweiten Hand", des Klischierten hat: man vernimmt dieselben Dinge, die man schon von den ersten Opern her kennt, mit dem Unterschiede, dass man dort das Original und hier die K o p i e zu hören bekommt. Um an einem bestimmten Beispiele zu ersehen, was ich meine, vergleiche man etwa den Schluss des 1. Aktes „Moloch" mit dem Schluss des 2. Aktes „Ingwelde".

Wenn ich aber vorhin den „Moloch" als ein Werk bezeichnete, in dem ein hohes künstlerisches Streben sein Ziel nicht völlig erreicht habe, so dachte ich dabei selbstverständlich nicht an diese kleinen Schönheitsfehler der Musik, sondern an etwas anderes, viel tiefer Liegendes. Wie die Kunst eines jeden bedeutenderen Musikdramatikers unserer Zeit ist auch das Schaffen Max Schillings' in erster Linie aus der Nachfolge Richard Wagners emporgewachsen. Der Bayreuther Meister hatte in voller, reicher Lebensarbeit eine neue Form des musikalischen Dramas aufgestellt und ausgestaltet. Dieses Wagnersche Drama war durchaus ein Produkt der künstlerischen Persönlichkeit seines Schöpfers, die ästhetischen Grundsätze, die es befolgt, sind nichts anderes als der theoretische Niederschlag der Bedürfnisse, die aus der besonderen Art der Wagnerschen Begabung mit Notwendigkeit erflossen. Das „Kunstwerk der Zukunft" sollte „Drama" sein im Sinne der Darstellung einer in äusseren (szenischen) Vorgängen sichtbar zum Ausdruck gelangenden inneren (seelischen) H a n d l u n g. Die Musik hatte sich als Mittel zum Zweck in den Dienst dieses Dramas zu stellen; Dichtung und Mimus waren ihr als gleichberechtigte Mittel zur Verwirklichung der dramatischen Absicht koordiniert. Es wurde also, streng genommen, in diesem Kunstwerk überhaupt nur deshalb musiziert, weil die Musik — als Offenbarerin der seelischen Motive der Handlung — für die volle Realisierung des in Wagner lebendigen Willens zum Drama unerlässlich war. Die Voraussetzung der harmonischen Verschmelzung von Poesie, Mimik und Musik zur Einheit eines in sich geschlossenen Kunstwerks, die das Wesen des Wagnerschen Dramas ausmacht, ist eine möglichst innige Verbindung der künstlerischen Persönlichkeiten, die dabei zusammen und einander in die Hand wirken müssen: des Dichters, Szenikers und Musikers. Bei Wagner waren diese drei verschiedenen künstlerischen Begabungen in einem einzigen Menschen vereinigt: aber diese Personalunion bedeutet einen so seltenen Ausnahmefall, dass auf ihre Wiederkehr nicht so bald wieder zu rechnen sein wird. Das Problem, das sich nun erhebt und das die Wagner-Nachfolge im Musikdrama zu lösen hat, ist dieses: lässt sich das Drama im Sinne Wagners auch dann noch verwirklichen, wenn **Dichter und Musiker zwei verschiedene Personen** sind, oder aber bedarf das künstlerische Ideal des Musikdramas in diesem Falle einer **wesentlichen Modifikation** und worin hat diese zu bestehen? Theoretisch ist unbestreitbar die **Möglichkeit** zuzugeben, dass Wagner recht hat, wenn er meint, in der von ihm geschaffenen Form des dramatischen Kunstwerks werde „ewig neu zu erfinden" sein, es werde also auch die persönliche Trennung des Dichters vom Musiker, die Notwendigkeit, dass sich zwei verschiedene Menschen zu gemeinsamer künstlerischer Arbeit verbinden, der Ermöglichung des streng Wagnerisch aufgefassten Dramas kein unübersteigliches Hindernis in den Weg legen können. Anderseits aber ist es Tatsache, dass diese Verbindung sich **wirklich** noch niemals auch nur in annähernd befriedigender Weise hat herstellen lassen, dass die Wagner-Nachfolge auf dem Gebiete des Musikdramas letzten Endes noch immer an der „Textfrage", d. h. daran gescheitert ist, dass mit einem blossen „Libretto" dem Wagnerianischen Musikdramatiker nicht gedient ist, während der echte dramatische Dichter, eben weil er auch seinerseits eine volle künstlerische Persönlichkeit repräsentiert, noch niemals zu völlig bruchloser Einheit mit dem Musiker hat verschmelzen können. Diese bittere Erfahrung musste Max Schillings mit seinem dramatischen Schaffen machen, und sie blieb auch einem andern, dem grössten unter den musikdramatischen Nachfolgern Wagners nicht erspart. —

Ich habe es schon mehr als einmal ausgesprochen, dass ich **Hans Pfitzner** unter den deutschen Komponisten der Gegenwart einen ganz besonderen Platz anweise: unter all den vielen und starken Talenten, deren unsere Kunst sich rühmen darf, scheint er mir die einzige Begabung zu sein, die alle Kennzeichen des **Genialen** trägt. Was mit dieser Behauptung gesagt sein soll, ist unschwer zu begreifen, trotzdem aber nicht immer und überall richtig verstanden worden. Zunächst soll damit natürlicherweise eine **quantitative** Schätzung gemeint sein: dass ich unter den lebenden Komponisten Pfitzner für die **stärkste** Begabung halte. Aber nicht nur das allein, sondern vor allem auch noch ein weiteres: dass mir die **Art** der produktiven Begabung Pfitzners von der seiner komponierenden Zeitgenossen — die grössten nicht ausgeschlossen — **wesentlich** und **fundamental** verschieden zu sein scheint. Denn ich bin nicht der Ansicht, die man von oberflächlichen Psychologen und Aesthetikern oft vertreten findet, dass das Genie nur graduell vom Talent verschieden sei, dass in der genialen Begabung weiter nichts vorliege als eine Steigerung der Fähigkeiten und Fertigkeiten, durch die das Talent sich auszeichnet. Vielmehr liegt hier meiner Meinung nach ein **Artunterschied** in der Weise vor, dass nicht nur das künstlerische Talent in der denkbar höchsten Ausbildung ohne eine Spur von Genialität vorhanden sein kann, sondern dass sogar auch umgekehrt das Genie in all den Dingen, die — wie Leichtigkeit und Gewandtheit im Technischen, Formensinn, Geschmack usw.

— die eigentliche Sphäre des Talentes ausmachen, oft weit hinter diesem zurücksteht. Ob es talent l o s e Genies gibt, mag dahingestellt bleiben. Aber ganz gewiss hat es musikalische Genies gegeben, die keine s t a r k e n musikalischen Talente waren: ich erinnere nur an Berlioz. Und eben darum will ich nicht sowohl etwas besonders S u p e r l a t i v i s c h e s, sondern etwas besonders K e n n z e i c h n e n d e s sagen, wenn ich Pfitzner das einzig echte und wahrhafte G e n i e unter den schaffenden Tonkünstlern der Gegenwart nenne.

H a n s P f i t z n e r (1869 in Moskau von deutschen Eltern geboren, 1886—1890 Schüler von Iwan Knorr und James Kwast am Hochschen Konservatorium zu Frankfurt, 1892—1893 Lehrer am Konservatorium zu Koblenz, 1894—1896 Theaterkapellmeister in Mainz, 1897—1907 in Berlin, dort Lehrer für Komposition und Dirigieren am Sternschen Konservatorium, vorübergehend — 1903—1906 — auch Kapellmeister am Theater des Westens, seit Herbst 1907 in München, ab 1908 Direktor des Konservatoriums zu Strassburg i. E.),[1] — er hat die beiden Musikdramen, die wir seinem Schaffen verdanken, auf Textdichtungen seines Freundes J a m e s G r u n geschrieben.

Ob der als ein grosser oder kleiner, als ein geschickter oder ungeschickter, als ein mehr oder weniger dramatischer, ein eigenartiger oder der höheren Originalität entbehrender Dichter zu gelten habe, darüber mag man streiten: aber man wird nicht leugnen können, dass er ein w i r k l i c h e r und e c h t e r Dichter ist, nicht bloss ein Verseschmied und Szenenschneider. Und zwar ein Dichter, bei dem das innerste künstlerische Wollen gerade so —

---

[1] Vrgl. P. N. C o s s m a n n, Hans Pfitzner (Münchner Broschüren herausgegeben von Georg Müller, Heft 1, München u. Leipzig 1904) und R. L o u i s, H. Pf. (in „Monographien moderner Musiker", Leipzig 1907, C. F. Kahnt Nachfolger, Bd. II., S. 178—191.

nur von der entgegengesetzten Seite herkommend — auf das m u s i k a l i s c h e D r a m a ausgeht und der daher, um sich zu einem Ganzen zu komplettieren, ebenso sehr des Musikers bedurfte wie dieser — sofern er Musikdramatiker ist — zur Ergänzung seiner eigenen Natur den Dichter nötig hat. Ein Dichter endlich, der dem R o m a n t i k e r Pfitzner innerlich art- und wesensverwandt war in einer Weise, wie es sich wohl schwerlich bei einem zweiten unter den Mitlebenden hätte finden lassen. Sein bestes hat Grun als Dramatiker wohl mit dem ersten der beiden von Pfitzner komponierten Werke geleistet: „D e r a r m e H e i n r i c h" (Mainz 1895). Soweit es überhaupt möglich ist, der lieblichen Erzählung des Hartmann von Aue dramatisches Leben abzugewinnen und sie unter Eliminierung der abstossend, ja ekelhaft berührenden Einzelzüge unserm heutigen Empfinden näherzubringen, hat Grun seine Aufgabe vortrefflich gelöst, und zwar weit besser als Gerhart Hauptmann in seinem Schauspiel, dessen übel „rationalistische" Deutung der wunderbaren Zuneigung des Mädchens zu dem kranken Ritter — nämlich als einer Pubertätspsychose — den ganzen Stoff von vornherein verdirbt. Die Musik Pfitzners überrascht schon beim ersten Anhören — wo sie im übrigen vielleicht noch nicht einem jeden g a n z eingehen wird — vor allem einmal dadurch, dass man so ganz und gar nicht den Eindruck hat, die musikdramatische Erstlingsarbeit eines Vierundzwanzigjährigen vor sich zu haben. Vielmehr ist es eine fertige und in sich geschlossene künstlerische Persönlichkeit, die sich in diesen Tönen offenbart. Der Stoff des ersten Dramas brachte es mit sich, dass diese Persönlichkeit ihren inneren Reichtum hier zwar in gewaltiger Fülle, aber doch nur nach einer bestimmten Richtung hin, in einem gewissen Sinne bloss e i n s e i t i g zur Erscheinung bringen konnte. Ueberschwängliche Ekstatik, gänzliches Aufgehen in dem masslos gesteigerten Mitleiden allertiefsten Schmerzes, unendliche Gefühlsinbrunst, das sind die Empfindungen, die im „Armen Heinrich" in einer Weise vorherrschen, dass man wohl meinen konnte, der Komponist sei so etwas wie ein S p e z i a l i s t in der musikalischen Interpretation gerade dieses bestimmten, verhältnismässig eng umgrenzten Ausdrucksbereiches. Dass dem nicht so sei, erwies sich dem, der es nicht ohnedies aus anderen Kompositionen Pfitzners, etwa aus den vielfach so schlicht volkstümlich gehaltenen L i e d e r n, schon gewusst hatte, — es erwies sich aus dem zweiten Drama: „D i e R o s e v o m L i e b e s g a r t e n" (Elberfeld 1901), dessen Musik zu einem grossen Teil so ganz andere Töne anschlägt.

Auch die Dichtung der „Rose" ist ganz gewiss das Werk eines echten Dichters. Aber man wird zugeben müssen, dass es Grun hier, wo er die Handlung samt ihren Trägern frei zu erfinden hatte, nicht ganz gelungen ist, den dramatischen Personen das warme Herzblut wirklichen Lebens einzuflössen. Sie sind zum Teil Theaterfiguren, grob schematische Vertreter von allgemeinen Ideen, tote Symbole geblieben. Aber das ist nicht zu leugnen, dass der Dichter es verstanden hat, ein Reihe wunderschöner Bühnenbilder zu schaffen, dass seine dichterische Sprache vornehm und edel ist, und dass die Handlung selbst, wenn ihr auch ein weniger stockender Gang zu wünschen wäre, auf ihren Höhepunkten den Zuschauer fesselt, innerlich packt und ergreift; vor allem aber: dass er es vermocht hat, Pfitzner gerade zu d e r Musik zu begeistern, wie sie zur „Rose" geschrieben wurde.

In der Musik zur „Rose" finde ich wie im „Armen Heinrich" darin das erste Merkmal der Genialität, dass sie — in höherem Masse als die Musik irgend eines anderen zeitgenössischen Komponisten — den Eindruck des unwillkürlich Notwendigen macht. Da verspürt man wieder einmal jenen heiligen Zwang, jenes unbedingte Müssen, bei dem es kein Fragen, noch Zweifeln und Zaudern gibt. Wird das wirkungsvoll sein, bin ich hier nicht zuweit gegangen, ist jene Szene nicht zu lang, fehlt es da nicht an den nötigen Kontrasten, — das alles sind Sorgen und Bedenken, die gar kein Gewicht mehr haben, wenn der Genius selbst das künstlerische Individuum zum Werkzeug seines allmächtigen Wollens gemacht hat. „Hier stehe ich, ich kann nicht anders" — das ist seine Devise. Und wer einem solchen gegenüber sagt: „Du fliegst mir zu hoch, bitte, komm doch zu mir herab, denn zu dir hinaufzuklettern, das ist eine gar zu unbequeme Zumutung," der ist nicht klüger als einer, der verlangte, dass die Gipfel der Riesengebirge sich zu ihm herabneigten. Ohne etwas alpinistische Trainierung kommt man eben auch nicht zum Genusse echter H ö h e n k u n s t, — und wer die damit verbundene Mühe und Anstrengung scheut, muss auch auf den Genuss verzichten. Aber lächerlich ist es, dem Montblanc seine 4800 m zum Vorwurf zu machen!

Bei der „Rose vom Liebesgarten" zeigt sich nun die innere Notwendigkeit der Pfitznerschen Musik gerade auch darin, dass sie dem „Musikalisch-Hässlichen" nirgends und niemals um seiner selbst willen nachgeht. Wo es dem Zwecke der Charakterisierung gilt, schreckt Pfitzner vor keiner Kühnheit zurück, und im zweiten Akt malt er das nächtige Reich des Wunderers mit musikalischen Linien und Farben von einer vor ihm unerhörten grausigen Groteskheit. Aber man halte daneben etwa die Musik des Vorspiels. Wie leuchtet sie in den sonnigsten, heitersten Lichtern, wie ist sie schlicht und volkstümlich einfach in ihrer Melodik, harmlos und kindlich naiv in ihrer lenzesfrohen Feststimmung. Und dann wieder die überwältigenden Naturbilder des ersten Aktes oder die mildverklärte, nach Not und Schmerz ruhvoll befriedete Seligkeit des Nachspiels! Immer ein anderes und überall gleich nur die fraglose Sicherheit, mit der der musikalische Ausdruck für die jeweilige Stimmung getroffen ist.

Dann, welch blühende, überquellend reiche Melodik! Welche Fülle unmittelbarer musikalischer Eingebung! Um nur eines herauszugreifen: die Waldesstimmung zu Anfang des ersten Aktes. Wie hebt sie sich ab von all den zahlreichen musikalischen Naturbildern, die uns gerade die Hochblüte der instrumentalen Programmusik in den letzten Jahren gebracht hat. Dort mehr oder minder gut gelungene Ateliermusik, hier leuchtendes Pleinair. Wieder einmal jener „erlebte" Pantheismus, bei dem sich das Individuum nicht bloss nur so in die Natur „einfühlt" und ihren toten Formen seinen eigenen Inhalt „leiht", sondern wo es sich ganz unmittelbar e i n s w e i s s mit dem Innern der Weltseele, wo beide Ströme, der der Natur und der des Menschenlebens, in e i n gewaltig brausendes Meer zusammenfluten und all die tausend Stimmen des Alls zur Sprache werden, um uns tönend ihr in Worten unsagbares Geheimnis zu künden. Wieder einmal ein Schritt weiter auf dem Wege der allmählichen Eroberung des vollen Naturlebens für den musikalischen Ausdruck, auf dem Wege, der von Beethovens „Pastorale" über Berlioz' „Scène aux champs" zum zweiten Akte des „Siegfried" geführt hat. —

So wohlwollend man nun die Textdichtungen Gruns beurteilen und so hoch man die Pfitznersche Musik bewundern möge: jenes Problem, an dem sich die musikdramatischen Nachfolger Wagners von Anfang an abmühten, es ist auch durch die beiden Musikdramen Pfitzners n i c h t gelöst worden. Ob das Musikdrama in der strengen

Auffassung des Bayreuther Meisters auch dann möglich sei, wenn Dichter und Musiker zwei verschiedene Personen sind, bleibt nach wie vor eine offene Frage. Ich glaube, dass noch niemals ein Künstlerpaar der Beantwortung in b e j a h e n d e m Sinne näher gekommen ist als James Grun und Hans Pfitzner, da sie ihre beiden gemeinsamen Dramen schufen; aber eben der Umstand, dass es sich auch bei ihnen nur um eine Annäherung an das Ziel und nicht um seine völlige Erreichung handelt, dürfte die Meinung derer bestätigen, die überzeugt sind, dass das Wagnersche Drama zu seiner Verwirklichung die in einer Person vereinigte Doppelbegabung des dramatischen Dichters und Musikers zur unerlässlichen Voraussetzung hat und dass also — bei der Seltenheit dieser Doppelbegabung — ein Weiterschreiten auf dem von Wagner begangenen Wege sich p r a k t i s c h nur so ermöglichen lasse, dass man an dem musikdramatischen Ideale des Bayreuthers eine w e s e n t l i c h e M o d i f i k a t i o n vornimmt.

Worin diese Modifikation zu bestehen habe, kann nicht zweifelhaft sein, wenn man sich überlegt, worum es sich handelt: es kann nichts anderes in Frage kommen, als dass der Schwerpunkt im musikalischen Drama sich wieder mehr nach der r e i n m u s i k a l i s c h e n S e i t e hin verschiebe, dass das Musikdrama in formaler Hinsicht wieder mehr „Oper" werde. Eine solche „Reaktion" zu Gunsten der Musik ist ja im gewissen Sinne schon durch Wagner selbst vorbereitet worden, insofern nämlich die Musik im „Parsifal" ganz gewiss nicht in gleichem Masse bloss Mittel zum Zweck der Verwirklichung einer dramatischen Absicht ist wie etwa im „Tristan" und insofern — mit dieser Entwicklung parallel laufend — auch Wagners t h e o r e t i s c h e Auslassungen über das Wesen seiner Kunst von „Oper und

Drama" bis zum „Beethoven" und dem Aufsatze: „Ueber die Benennung ‚Musikdrama'" nichts weniger als stationär geblieben sind. Aber mehr als das und mehr sogar noch als die Erscheinung Hans Pfitzners, dessen innerstes künstlerisches Wollen — ihm selbst vielleicht nur halbbewusst — sicherlich auf etwas ganz anderes losstrebt als auf das „Musikdrama", so wie es die orthodoxe Bayreuther Aesthetik versteht —, mehr als all das scheint mir ein Opernwerk der allerjüngsten Vergangenheit deutlich zu verraten, wohin die Entwicklung der Gattung für die nächste Zukunft wohl ihre Richtung nehmen wird. Dieses Werk ist Friedrich Kloses „I l s e b i l l".

Friedrich Klose (geboren 1862 zu Karlsruhe, Schüler von Vincenz Lachner, Adolf Ruthardt und Anton Bruckner, seit 1907 Lehrer an der Münchener Akademie der Tonkunst) nennt seine (1903 in Karlsruhe unter Mottl zuerst aufgeführte) Oper, zu der ihm Hugo Hoffmann den Text geschrieben hat, eine „d r a m a t i s c h e S y m p h o n i e". Ich finde diese Benennung nicht sehr glücklich, insofern sie von anderen (wie z. B. von Berlioz bei seiner Romeo- und Julia-Symphonie) schon für eine ganz andere Art von musikalischen Kunstwerken Verwendung gefunden hat. Aber sie ist in höchstem Masse bezeichnend für das künstlerische Ideal, das Klose vorschwebte und das er in formal-stilistischer Hinsicht mit nahezu restlosem Gelingen verwirklicht hat. Er wollte eine S y m p h o n i e schreiben, d. h. also ein Werk der T o n k u n s t, das durch parallel verlaufende szenische Vorgänge gleichsam als eine Art von theatralisch dargestelltem „Programm" ergänzt und erläutert wird. In vielen Einzelheiten seiner musikalischen Ausdruckssprache verrät Klose in weit höherem Masse als Pfitzner den noch nicht durchweg zu voller Selbständigkeit durchgedrungenen Schüler Wagners und als im eminenten

Sinne des Wortes eigenschöpferische musikalische Potenz steht der Komponist der „Rose vom Liebesgarten" ohne Zweifel ganz beträchtlich höher. Aber an klarem Bewusstsein dessen, was nottut, an scharfem Kunstverstand und hellem Blick für den einzig möglichen Ausweg aus dem die musikdramatische Wagner-Nachfolge bedrängenden Dilemma hat der Schöpfer der „Ilsebill" alle auf dem gleichen Gebiete mitstrebenden Zeitgenossen weit übertroffen. Und das gibt dem Spiele: „Vom Fischer und seiner Frau" gerade auch für unsere Betrachtung eine ganz besonders hohe Bedeutung. Es ist nicht nur seines starken künstlerischen Gehaltes, sondern vor allem seiner F o r m wegen von Wichtigkeit, als ein stilistischer Fingerzeig und Wegweiser in die Z u k u n f t der Oper.

Die Notwendigkeit einer Reaktion gegenüber der einseitig dramatischen Auffassung des Wesens der Oper hatte man wohl früher schon öfter betont und auch hie und da versucht, ihr praktisch nachzugeben. Aber man hatte dabei den Fehler begangen zu meinen, dass diese Reaktion hinter Wagner zurück- oder doch wenigstens an ihm vorbeiführen müsse. Das war natürlich ein schwerer Irrtum. Denn wenn irgend etwas als zweifellos gewiss zu gelten hat, so ist es die Tatsache, dass der Weg zur Oper der Zukunft nur durch Wagner hindurchführen kann und dass keiner, der auf diesem Gebiete sich betätigt, für die Weiterentwicklung der Gattung etwas zu leisten vermag, wenn er nicht den vollen Einfluss der Bayreuther Kunst dadurch in sich selbst überwunden hat, dass er erst einmal in dieser Kunst vollständig unterging und dann Schritt vor Schritt zur Selbständigkeit sich durchkämpfte. Die Nachahmung Wagners ist gewiss eine Klippe, an der so manches Opernschifflein zum Scheitern kam. Aber dass damit nichts gedient ist, dass man der Beeinflussung durch den grössten musikalischen Dramatiker aller Zeiten einfach aus dem Wege geht, dass man sich sozusagen scheu um ihn herumdrückt, das haben alle die bewiesen, die da glaubten, es sei möglich, nach Wagner Opern noch so zu komponieren, wie wenn dieses überragende Genie niemals gelebt und gewirkt hätte. Ich brauche nur an Leute wie Franz v. H o l s t e i n, Karl R e i n e c k e, Josef R h e i n b e r g e r, Bernhard S c h o l z, Max Z e n g e r, in gewissem Sinne auch an Ignaz B r ü l l, der mit seinem „Goldenen Kreuz" (1875) wenigstens einen starken Theatererfolg gehabt hat, ja selbst an den durch seinen „Bärenhäuter" für eine kurze Zeit etwas mehr in den Gesichtskreis einer weiteren Oeffentlichkeit gerückten A r n o l d M e n d e l s s o h n zu erinnern, um zu zeigen, wie schlecht der Versuch sich dem Wagnerschen Einflusse ganz zu entziehen, selbst begabten Künstlern bekommen ist. V i e l e s von dem, was an Nach-Wagnerscher Opernmusik im Schatten des Bayreuther Kunstwerkes aufwuchs, ist verkümmert. Aber von dem, was diesen Schatten geflissentlich mied, ist ausnahmslos a l l e s und j e d e s verdorrt. Denn Wagner hatte zu seiner Zeit den Weg gewiesen, der gegangen werden m u s s t e, abseits dessen es eine gangbare Strasse überhaupt n i c h t g a b.

Wenn man die Geschichte der Oper verfolgt, so wird man finden, dass ein vollkommen gleichschwebender Ausgleich zwischen den beiden entgegengesetzten Tendenzen, die bei der Entwicklung dieser Gattung von jeher am Werke gewesen sind und von denen die eine den Dichter dem Musiker, die andere umgekehrt den Musiker dem Dichter unterwerfen möchte, noch nie ganz erreicht worden ist, dass aber niemals zuvor eine Form des musikalischen Dramas sich dem Ideale dieses völligen Gleichgewichts von Poesie und Tonkunst so sehr genähert hat wie das Kunstwerk Richard Wagners. Seine wunderbare dichterische und musikalische Doppelbegabung ermöglichte ihm etwas, was vor ihm noch keinem gelang und was voraussichtlich auch nach ihm keinem mehr gelingen wird. Was er an wertvollen Errungenschaften, was er vor allem an Bereicherungen der musikalischen Ausdruckssprache gewonnen hat, das wird unserer Kunst für ewig unverloren bleiben. Aber wenn wir über ihn hinauskommen wollen, müssen wir uns nicht nur von der äusserlichen Kopierung seiner Art und Weise emanzipieren, sondern wir müssen uns auch prinzipiell ein **anderes Opernideal** zu gewinnen suchen, ein Ideal, das dem Musiker erlaubt, ohne allzugrossen Schaden des „**Dichters**" — im eminenten, von Wagner gemeinten Sinne des Wortes — zu entraten. Dies kann aber kaum anders geschehen als so, dass ein „Theaterstück" angestrebt wird, das insofern gar kein „Drama" sein will, als bei ihm die Hauptsache nicht die aus seelischen Vorgängen in äusseres Geschehen umgesetzte **Handlung** ist, sondern die **szenische Situation** — eine Schwerpunktverrückung, die zur notwendigen Folge hat, dass nun auch der Musiker gegenüber dem Dichter das Uebergewicht erlangt und das Opernbuch wieder als blosses „**Libretto**" möglich wird, — freilich auf einer ganz anderen, unendlich viel höheren Stufe als der, die etwa das Libretto der alten italienischen Oper einnahm.

ns.

III.

SYMPHONIE UND SYMPHONISCHE DICHTUNG

Von den grossen Meistern, deren Wirken der ungefähr um die Mitte des vorigen Jahrhunderts anhebenden Fortschrittsbewegung innerhalb der deutschen Musik ihren besonderen Charakter und ihre besondere Richtung verliehen hat, ist F r a n z L i s z t als Komponist am spätesten zu allgemeiner Anerkennung durchgedrungen. Hektor B e r l i o z musste man von Anfang an als einen zwar extravaganten und bizarren, aber genialen Wildling schon deshalb mehr oder minder gelten lassen, weil sein Ruf in Deutschland sich aus einer Zeit herschrieb, da die scharfe Trennung des gesamten musikalischen Publikums in zwei vollständig geschiedene feindliche Lager sich noch nicht vollzogen hatte; und späterhin, als dieses unheilvolle Schisma eingetreten war, erlaubte es sogar die ablehnende Haltung, die der französische Meister selbst der Zukunftsmusik gegenüber einnahm, seinen Namen und seine Autorität im Kampfe wider die lebensvoll emporspriessende neue Kunst zu missbrauchen. Richard W a g n e r anderseits kam, abgesehen von der herrischen Eroberernatur seiner Persönlichkeit und seiner Kunst, vor allem d a s zustatten, dass er sich mit seinen Werken zunächst nicht an die Musiker und auch nicht an die eigentlichen Musikfreunde zu wenden hatte, sondern an das T h e a t e r p u b l i k u m, bei dem man trotz allem

Ueblen, das man ihm von jeher, und nicht mit Unrecht, nachgesagt hatte, den **einen** grossen Vorzug gegenüber dem Konzertpublikum doch wenigstens anerkennen muss, dass es weit unmittelbarer und unvoreingenommener urteilt, dass es sich viel mehr und viel ausschliesslicher von seinem eigenen Geschmack (oder Ungeschmack) leiten lässt und viel weniger beeinflusst ist von der Meinung der offiziell und professionell Urteilenden, der Kritiker und Fachleute. Der Bayreuther Meister hat sich die musikalische Welt mit Hilfe der „Unmusikalischen" so rasch erobert, und wer weiss, um wieviel länger der allgemeine Sieg seiner Kunst sich verzögert hätte, wenn er nicht den Vorteil gehabt hätte, an eine breitere Allgemeinheit sich wenden zu können, bei der der Mangel an höherer musikalischer K u l t u r überreichlich aufgewogen wird durch die grössere Empfänglichkeit und Genussfähigkeit einer relativ noch ursprünglichen und weniger verbildeten N a - t u r.

Liszt hatte es weniger gut als seine beiden grossen Kunst- und Strebensgenossen. Er stand nicht wie Berlioz mit einem Fusse im gegnerischen Lager, sondern ganz auf Seiten der fortschrittlichen Richtung. Wie sein gesamtes Schaffen und Wirken keinen Zweifel darüber aufkommen lassen konnte, dass er nur im rücksichtslos unbekümmerten Beschreiten n e u e r Bahnen das Heil für eine gedeihliche Weiterentwicklung der Tonkunst erblicke, so fehlte ihm jede Spur des konservativen, am gewohnten und liebgewordenen Alten hängenden Zuges, den wir selbst bei Wagner nicht vermissen. Und diese durchaus revolutionäre Natur war darauf angewiesen, ihren Werken im K o n z e r t s a a l Geltung zu verschaffen, an einem Ort, in einer Umgebung und vor einem Publikum, zu dem sie von Haus aus nicht passten und wo selbst die Propaganda ihrer glühendsten Bewunderer zunächst nur missverständlich wirken konnte. Rechnet man dazu noch die in Liszts Charakter begründete vornehm zurückhaltende Scheu, für sich und die eigene Sache selbst zu kämpfen, und den fatalen Umstand, dass gerade unter seinen treuesten und ergebensten Anhängern begeisterte Liebe und unanfechtbare Gesinnungstüchtigkeit sehr häufig, ausgesprochene Begabung auf dem entscheidenden Gebiete der Direktionskunst aber um so seltener war, so wird man es nur allzubegreiflich finden, dass es mit der Anerkennung des Komponisten Liszt nicht schneller gehen konnte.

Immerhin kann man heute, wo die Kunst des Meisters wenigstens soweit als durchgedrungen gelten darf, dass es nur noch sehr wenige in alteingewurzeltem Vorurteil Befangene zuwege bringen, überhaupt den schöpferischen Beruf ihm abzustreiten, — heute kann man wohl schon fragen, welcher Art denn die Stellung sei, die Liszt als schaffender Künstler sich in der Musikgeschichte erobert habe, wo und in welcher Höhe der Platz sich befinde, den man ihm so lange streitig machte.

Da fällt es denn nicht im geringsten schwer, zunächst einmal bereitwillig einzuräumen, dass, wie von seiten der Gegner in der Ablehnung und Geringschätzung, so auch von den Anhängern im Allesbewundern und Allesverhimmeln gelegentlich weit über das Ziel hinausgeschossen worden ist. Kein Künstler der Welt hat lauter bedeutende, für die Ewigkeit bestimmte Schöpfungen hinterlassen. In dem Werke eines jeden befindet sich neben dem Dauernden und Bleibenden Vergängliches, vom Tage für den Tag Geborenes, ja auch gänzlich Misslungenes und Verfehltes. Bei dem einen Genius ist die Menge dessen, mit dem auch er menschlicher Unvollkommenheit seinen Tribut entrichten musste, kleiner, bei dem anderen grösser.

Es unterliegt nun keinem Zweifel, dass gerade bei Liszt die Zahl der weniger wertvollen Kompositionen ganz besonders gross ist. Mit der Anerkennung dieser Tatsache haben wir über die Bedeutung der gesamten Komponistenpersönlichkeit natürlicherweise noch gar nichts ausgemacht. Denn nichts wäre verfehlter als anzunehmen, dass der Künstler, der auffallend viel Minderwertiges geschrieben, deshalb nun auch der minderwertige Künstler sei gegenüber einem, dessen Produktionen sich durchwegs mehr auf gleichbleibender Durchschnittshöhe halten. Ich brauche nur an G o e t h e zu erinnern, um einleuchtend zu machen, wie wenig das der Fall ist. Ohne allzusehr zu übertreiben, kann man vielleicht sagen, dass es kaum einen zweiten ganz grossen Dichter der Weltliteratur gibt, der so viele unbedeutende, ja geradezu schlechte Gedichte geschrieben hat wie der Göttliche, von dem der allerdings sehr wenig weiss, der ihn nur als Dichter kennt. Aber wie kein Vernünftiger auch nur einen Augenblick in Versuchung kommen wird, die Bewunderung der dichterischen Grösse Goethes sich dadurch verkümmern zu lassen, dass bei ihm so gar viel Spreu unter dem Weizen sich befindet, ebensowenig tut es der schöpferischen Bedeutung Liszts irgendwelchen Eintrag, dass er bei dem, was er schrieb, nicht immer und überall die Nachwelt vor Augen hatte, sondern nur allzuoft sich daran genügen liess, der momentanen Forderung der Tagesgelegenheit mehr oder minder gut entsprochen zu haben. Handelt es sich doch bei der Abschätzung künstlerischer Grösse nicht um ein Rechenexempel, wo das Gesamtfazit aus der Subtraktion der Minuswerte auf der einen von den Pluswerten auf der anderen Seite sich zu ergeben hätte. Vielmehr ist ein jedes wahrhaft echte und grosse Kunstwerk an und für sich allein ein Unendliches, das in seinem Wert und seiner Bedeutung durch nichts gemindert werden kann, auch nicht durch die Menschlichkeiten seines eigenen Schöpfers.

Noch in einem anderen Punkte gleicht Liszt seinem grossen Weimarer Vorgänger. Auch bei ihm gingen Leben, Wirken und Schaffen durchaus in das Weite und Breite, ja es geriet wohl manchmal in Gefahr, sich im Unbegrenzten zu verlieren, „im Sande" zu verlaufen. Unähnlich einem Richard Wagner, der in so hohem Masse die Gabe schärfster Konzentration besass, durch nichts von der einen und einzigen Aufgabe seines Lebens sich ablenken liess, für den es Distraktionen überhaupt nicht gab, konnte Liszt weit weniger leicht „bei der Stange" bleiben: es war ihm versagt, mit festen, niemals abirrenden Schritten dem unverrückt im Auge behaltenen Ziele entgegenzustreben. Bald durch dies, bald durch jenes liess er sich abhalten und auf Seitenpfade locken; oft stand der Weltmann dem Künstler im Wege, dann wieder war das selbstlose Wirken als Lehrer, Förderer und Freund dem Arbeiten im Dienste der eigenen Sache hinderlich; auf musikalischem Gebiete selbst konnte er den Virtuosen niemals so ganz ablegen, wie es erwünscht, ja notwendig gewesen wäre, nachdem er sich einmal dazu entschlossen hatte, um die Palme des selbstschaffenden Künstlers zu ringen, und der nimmerermattende Fleiss, der ihm so gut wie jedem anderen grossen Manne eigen war, blieb nicht immer davor bewahrt, an Kleines und Kleinliches, ja geradezu Unwürdiges sich zu verzetteln.

Niemand hat diese in Liszts Charakter- und Geistesanlage tief begründete Gefahr schärfer erkannt und energischer bekämpft als des Meisters edle und aufopfernde Freundin, die Fürstin Wittgenstein. Dass die Wege der beiden schliesslich auseinandergehen und wohl mit infolge davon gerade die letzten fünfzehn Jahre im Leben des Künstlers — zumal mit dem unmittelbar vorangehenden Dezennium verglichen — so erträgnisarm bleiben mussten, das war eines jener ewig beklagenswerten Verhängnisse, durch das wir Unersetzliches, z. B. — um nur eines zu nennen — die Vollendung des Stanislaus-Oratoriums verloren haben. Wie diese unleugbare Schwäche nun aber eng zusammenhängt mit der weltumspannenden Universität des Lisztschen Genius, so sind auch ihre Folgen nicht durchaus und nicht ausschliesslich von Uebel gewesen. Sein Wirken hätte nicht so vielseitig sein und auf die entferntesten Gebiete sich erstrecken können, wenn es nicht in dieser Weise in die Breite gegangen wäre, an unbefangener Weite und Freiheit hätte sein geistiger Blick unfehlbar verlieren müssen, wenn er sich mehr beschränkt und begrenzt hätte, und vor allem hätte er nicht das, was er gewesen ist, f ü r a n d e r e sein können, wenn er mehr f ü r s i c h s e l b s t und in der Härte und Ausschliesslichkeit eines nur die eigene Sache kennenden Egoismus etwa einem Wagner ähnlich gewesen wäre.

Allein für die volle Entwicklung des Komponisten Liszt ist diese Eigentümlichkeit ein niemals ganz überwundenes Hindernis gewesen und Zeit seines Lebens geblieben. Denn sie hat doch wohl in erster Linie den fragmentarischen Charakter verschuldet, der dem Lisztschen Schaffen, wenn man es in seiner Ganzheit betrachtet, füglich nicht abgesprochen werden kann. Die Produktion dieses reich begnadeten Künstlers ist, wie mir scheinen will, in höherem Masse „Stückwerk" geblieben, als es durch die Unvollkommenheit aller menschlichen Natur nun einmal mit unabwendbarer Notwendigkeit bedingt ist, — und zwar weniger in dem Sinne, wie uns das Fragmentarische im poetischen Schaffen Goethes begegnet, der gerade seine grössten und gewichtigsten Werke unvollendet oder doch nur äusserlich abgeschlossen hinterlassen hat, als insofern bei der überwiegenden Mehrzahl der Lisztschen Werke die Ausführung und Ausarbeitung hinter der Konzeption und Anlage merklich zurücksteht. Es gibt kaum eine Lisztsche Original-Komposition, die in der Idee und in dem spezifisch Schöpferischen der Erfindung nicht den Stempel höchster Genialität an sich trüge. Aber es gibt auch nur sehr wenige, bei denen diese Idee vollkommen und in schlackenloser Reinheit „Erscheinung" geworden, die nicht irgendwie sozusagen in der „Skizze" stecken geblieben wären und ein volles Ausnützen und Ausbeuten ihrer gewaltigen Eingebungen vermissen liessen. Man hat es ja schon öfter gesagt, dass auch Liszts Partituren meist noch der Charakter höchst genialer, aber flüchtiger Klavier-Improvisationen anhafte, und so gewaltig die Macht des Genius ist, die sich in ihnen offenbart, objektiv als Kunstwerke betrachtet und gewertet, müssen sie durch diesen ihren Impromptu-Charakter verlieren.

Weder meiner verehrten Freundin Lina Ramann noch mir selbst kann ich den Vorwurf ersparen, dass wir bei unseren Liszt gewidmeten biographischen Arbeiten im berechtigten Eifer der Propaganda und Apologie — wie sie bis vor kurzem noch so sehr nötig waren — zu einer richtig einschätzenden Würdigung des Lisztschen Schaffens noch nicht zu gelangen vermochten. Wir sind allzusehr und zum Schaden unseres Meisters Panegyriker geblieben, ohne zu bedenken, dass es um einen Gegenstand sichtbar zu machen, des Lichtes u n d des Schattens bedarf. Schatten ohne Licht verdunkelt, Licht ohne Schatten blendet, und in beiden Fällen verschwimmt und verschwindet die plastische Gestalt, dort in der Finsternis, hier im Lichte. Auch bei Liszt wird man die Erfahrung machen, dass man ein deutliches Bild seiner schöpferischen Grösse erst dann erhält, wenn man ihn so erblickt, wie er wirklich war; wenn wir ihn betrachten zwar mit den Augen liebevoller Begeisterung, die gerade er in so hohem Masse verdient, aber ohne uns den Schwächen und Mängeln zu verschliessen, die bei ihm so wenig fehlen, wie bei irgend einem anderen Sterblichen, und sei er der grösste. Durch diese Art der Betrachtung wird er uns nicht kleiner erscheinen, im Gegenteil seine wahre, in der Tat riesenhafte Grösse können wir erst dann abschätzen, wenn wir die scharf umrissene und insofern auch begrenzte Gestalt an die Stelle des eingebildeten Vollkommenheitsphantoms setzen, das schon deshalb nicht lebendig wirken kann, weil es nicht menschlich ist. Eine solche abschliessende, vom Zuviel der Begeisterung wie vom Zuwenig des Unverständnisses in gleicher Weise unbeirrte Würdigung des Komponisten Liszt, zu der mir die gegenwärtige Zeit berufen zu sein scheint und die als ausserhalb unseres eigentlichen Themas liegend hier natürlich nur in ihren äussersten Umrisslinien angedeutet werden kann, hätte gleich von vornherein scharf zu scheiden zwischen dem, was Liszt mit seinen Kompositionen als Anreger und Bahnbrecher geleistet, und dem, was ihm einen Platz unter den in und mit ihren eigenen Werken Unsterblichen sichert. Es gibt eine gewisse Art von grossen Männern, die insofern ganz der „Geschichte" angehören, als sie vorübergehend einen immensen Einfluss auf ihre Zeitgenossen ausübten, damit aber auch ihre Rolle ausgespielt hatten und hinfort nur noch indirekt, d. h. eben in den von ihnen ursprünglich ausgegangenen Folgewirkungen weiter lebten. Eine solche Erscheinung ist in der deutschen Literaturgeschichte K l o p s t o c k. Seine historische Bedeutung ist gar nicht zu überschätzen, seine Ewigkeitsbedeutung ist nahezu gleich Null.

Ihm gleicht Liszt nun insofern, als das, was er in seiner Zeit und für seine Zeit gewirkt hat, mit wenigen

Worten auch nicht einmal annäherungsweise gewürdigt werden kann. Es ist gar nicht auszudenken, was alles von Richtungsimpulsen, Neuerungen, Erfindungen und Entdeckungen von den allgemeinsten künstlerischen Ideen bis herab zum Detail der harmonischen und instrumentalen Technik seiner Iniative zu verdanken ist. Er war einer der weitestschauenden und weitestwirkenden Zielweiser, von denen die Musikgeschichte zu berichten weiss; die ganze spezifisch moderne Musik steht auf seinen Schultern, und zwar keineswegs in Deutschland allein; ein jeder schaffende Musiker der Gegenwart, der geistig und musikalisch wirklich in der Gegenwart lebt, hat bewusst oder unbewusst, direkt oder indirekt die vielseitigste Beeinflussung durch ihn erfahren, und bei weitem ist noch nicht all das aufgegangen oder gar gereift, was er von keim- und wachstumsfähiger Saat ausgestreut hat.

Aber so weit geht diese Aehnlichkeit mit Männern wie Klopstock nicht, dass Liszts Bedeutung mit dieser anregenden, Impuls und Richtung gebenden Rolle, die er spielte, auch nur im entferntesten erschöpft wäre. Er hat nicht nur auf andere gewirkt, sondern unbestreitbar Werke hinterlassen, die erfreuen, begeistern und erheben werden, solange es für künstlerische Eindrücke empfängliche Menschenherzen geben wird. Immerhin ist es aber gerade bei ihm mehr als bei manchem andern grossen Meister notwendig, die historischen Elemente von den dauernden und ewigen Bestandteilen seines Schaffens zu sondern. Denn nichts wäre verkehrter, als eine falschverstandene Pietät so weit zu treiben, dass man das Ewige in Liszts Lebenswerk dadurch in ein falsches Licht rückte und so recht eigentlich verkleinerte, dass man sein Zeitliches und Vergängliches jenem Dauernden gleichsetzte.

Wenn man vom Komponisten Liszt redet, so denkt

man gewöhnlich zunächst an den Symphoniker, an den Schöpfer der symphonischen Dichtung. Und in der Tat: wenn wir den Meister als wirksamen Faktor innerhalb der Entwicklungsgeschichte der Tonkunst betrachten, so kommt kein anderer Zweig seiner schöpferischen Tätigkeit nur im entferntesten dem gleich, was er für die orchestrale Instrumentalmusik geleistet hat. Berlioz war in jeder Beziehung eine extravagante Ausnahmeerscheinung, die kaum irgend jemand zur Nachfolge reizen konnte. Dass die poetisierende Richtung in der Musik, die sogenannte Programmmusik, in der Weise zur Vorherrschaft gelangen konnte, wie es heute tatsächlich der Fall ist, verdankt man nahezu ausschliesslich dem Wirken Liszts. Die innere Berechtigung wird dieser Richtung heute kein Urteilsfähiger mehr abstreiten wollen. Aber ebensowenig kann es einem Zweifel unterliegen, dass sie, wie jede Richtung von einer scharf und radikal ausgesprochenen Tendenz, eine Einseitigkeit bedeutet, die eine Reaktion hervorrufen muss und zum Teil auch schon hervorgerufen h a t. Wenn sich der Zeitgeschmack nun, wie es nicht ausbleiben kann, in der Folge einmal energisch von der Programmmusik abgewendet haben wird, in welchem Lichte werden uns dann wohl die Orchesterwerke Liszts erscheinen? Für einen, der in der begeisternden Bewunderung dieser Werke aufgewachsen ist, dürfte es kaum möglich sein, heute schon diese Frage zu beantworten. Aber ganz sicher scheint es mir zu sein, dass gewisse Mängel, und zwar namentlich jene oben berührte, bei Liszt so häufige Diskrepanz zwischen Idee und Ausführung uns dann schärfer zum Bewusstsein kommen werden, als es gegenwärtig bei den meisten noch der Fall ist. Aber keine Zeit kann ich mir vorstellen, in der so mächtige Eingebungen, wie etwa der Schluss der Faustsymphonie und vieles ihm gleichwertige, nicht mehr wirken und packen würden. Ja, es gibt Eigenheiten des Lisztschen Orchesterstils — z. B. das stark stilisierte Al-fresko seiner Instrumentation —, die wohl überhaupt erst in der Zukunft zu voller Geltung und Würdigung werden gelangen können. —

In dem schönen, grossen Briefe, den Richard Wagner am 12. Juli 1856 an seinen Freund Liszt richtete, hat er sich das eigentliche Wesen von dessen symphonischen Werken dadurch klar zu machen gesucht, dass er sie als den Versuch einer M o n u m e n t a l i s i e r u n g der persönlichen Kunst des K l a v i e r s p i e l e r s auffasste. Um das, was als an die leibliche Person gebunden mit seinem Tode notwendigerweise für immer verschwinden musste, wenigstens in etwas für die Mitwelt zu retten, habe Liszt unwillkürlich — gleichsam aus einem künstlerischen Selbsterhaltungstriebe heraus — darauf verfallen müssen, sein Klavierspiel „durch das Orchester zu ersetzen, d. h. durch Kompositionen, die vermöge der unerschöpflichen Hilfsmittel des Vortrags im Orchester die Lisztsche Individualität wiederzugeben imstande waren, ohne dass es in Zukunft seiner individuellen Person dabei bedurfte".[1] Den eminent persönlichen Charakter der Lisztschen Symphonik hat Wagner mit dieser gedanklichen Konstruktion sehr scharf bezeichnet und klar formuliert. Ihm gilt Liszt nicht als ein Komponist in demselben Sinne wie die anderen grossen Meister, deren Werke sich wenigstens bis zu einem gewissen Grade von der Person ihres Schöpfers loslösen lassen, insofern nämlich ihre o b j e k t i v e Eigenart so stark ist, dass sie mehr zu offenbaren scheinen als ihr Urheber selbst zu sagen hatte, nämlich nicht nur Persönliches, sondern auch Ueberpersönliches, Dinge, bei denen es uns vorkommt, als ob der Genius der

---

*) Briefwechsel zwischen Wagner und Liszt II, 129.

Tonkunst selber zu uns rede und die Individualität des Komponisten nur als Medium oder gar nur als Sprachrohr für s e i n e Mitteilung benutze. Anders bei Liszt, dessen symphonische Werke nach Wagners Auffassung keine andere Bedeutung hätten, als die Bekanntschaft mit der d a r s t e l l e n d e n Persönlichkeit des Pianisten Liszt auch den Spätergeborenen zu vermitteln, die ihn selbst nicht mehr hören konnten.

Es mag dahingestellt bleiben, ob Wagner mit dieser seiner Anschauung dem schöpferischen Vermögen seines Freundes, soweit es sich auf symphonischem Gebiete offenbarte, ganz gerecht geworden ist. Jedenfalls hat er aber darin recht, dass in den Lisztschen Orchesterwerken die Person des Komponisten noch in einem ganz anderen, viel umfassenderen und vor allem auch viel ausschliesslicheren Sinne s i c h s e l b s t und n u r sich selbst gibt, als das bei anderen produzierenden Künstlern der Fall zu sein pflegt. Und dieser Umstand, dass die Bedeutung der symphonischen Musik des Weimarer Meisters sich in gewissem Sinne tatsächlich mit ihrem blossen P e r s ö n-l i c h k e i t s w e r t e erschöpft, hat auch die Art und Weise beeinflusst, wie Liszt auf diejenigen einwirkte, die sich als Schüler und Jünger ihm anschlossen. Diese Einwirkung war nämlich ganz ungeheuer stark: einmal in Bezug auf das Allgemeine der musikalischen Richtung überhaupt — insofern nämlich Liszt es war, der die Herrschaft der Programmusik in der Symphonik der neudeutschen Schule begründete — und weiterhin auch in Bezug auf alle möglichen Einzelheiten der musikalischen Ausdruckssprache, indem man Neuerungen in Harmonik, Orchestration usw. aufgriff, die Liszt zuerst eingeführt hatte. Aber die ganze Lisztsche Symphonik als solche, ich meine all das, was in seiner Gesamtheit den Lisztschen Orchesterstil ausmacht, ist kaum jemals nachgeahmt worden, zum mindesten nicht in der gleichen Weise wie etwa das Wagnersche Drama Nachahmer gefunden hat. Dass Wagner ein Kunstwerk geschaffen habe, dessen Form für einen jeden benutzbar sei, der sich überhaupt musikdramatisch betätigen wolle, das war ein Glaube, von dem man sehr wohl begreift, wie er sich in der Ueberzeugung der Wagnerianer festsetzen konnte. Aber bei der symphonischen Dichtung Liszts lagen ja gerade die vielfachen f o r m a l e n M ä n g e l so klar und offenkundig zutage, dass sich auch die begeistertsten Lisztjünger sagen mussten: das ist eine Musik, aus der ich zwar mancherlei Anregung für mein eigenes Schaffen gewinnen kann, die aber ganz gewiss nicht zur Nachahmung oder auch nur zur Nachfolge verlockt. Sie ist etwas, das seine Rechtfertigung nur in der Persönlichkeit ihres Schöpfers findet und daher auch als Form, ja sogar als Gattung nur für ihn allein möglich war.

Und doch lag gerade auf f o r m a l e m G e b i e t e der ungemein fruchtbare und keimfähige Gedanke, der den eigentlichen e n t w i c k l u n g s g e s c h i c h t l i c h e n W e r t der symphonischen Dichtung Liszts ausmacht. Ich meine das eigentliche Prinzip der Lisztschen Symphonik, das ein unmittelbares Ergebnis seiner besonderen Auffassung vom Wesen der poetisierenden Instrumentalmusik ist. Der Meister war innig davon durchdrungen, dass die Instrumentalmusik an einem Entwicklungspunkte angelangt sei, wo sie sich — um weiter zu kommen, ja selbst nur um ihre fernere Existenzberechtigung erweisen zu können — notwendigerweise an a u s s e r m u s i k a l i s c h e n I d e e n, an poetischen und allgemeingeistigen Gedanken inspirieren müsse. Er war überzeugter Programmusiker: — aber auch — und das ist selbst von den Propagatoren und Apologeten seiner Kunst nicht immer genügend scharf hervorgehoben worden — ebenso ausgesprochener Gegner jeder Art von bloss illustrierender und r e i n deskriptiver Musik. Insonderheit hatte er sich hinsichtlich der Art und Weise, wie die programmatische Idee die musikalische Form des symphonischen Kunstwerks zu beeinflussen habe, ein System entwickelt, das von dem Verfahren früherer Programmusiker, und namentlich auch von dem seines grossen Vorgängers Berlioz, wesentlich abwich. Diesen sehen wir in der Hauptsache an dem Schema der überlieferten Symphonieform festhalten und nur gelegentlich von dem durch dieses Schema vorgeschriebenen Entwickelungsgange der musikalischen Gedanken abweichen, wenn er durch sein Bestreben, einer dichterischen Vorlage möglichst wortgetreu zu folgen, dazu gezwungen wird. Solche Abweichungen tragen bei ihm natürlicherweise dann immer den Charakter von F o r m l o s i g k e i t e n, die zwar poetisch motiviert, musikalisch aber in keiner Weise gerechtfertigt erscheinen. Anders bei Liszt. In dessen symphonischer Dichtung ist die poetische Idee geradezu das f o r m g e b e n d e P r i n z i p, die zeugende Kraft, aus der die musikalische Form gewonnen wird. Und zwar nicht etwa so, wie man wohl meinen könnte, dass der Komponist die Formen eines nichtmusikalischen Kunstwerkes auf das musikalische Gebiet überträgt, sondern so, dass aussermusikalische Vorstellungen ihn a n r e g e n zur Auffindung einer r e i n m u s i k a l i s c h e n Form, d. h. einer Form, die all den Anforderungen genügt, die man an die Form eines rein musikalischen Kunstwerkes zu stellen berechtigt ist. Ob dieser Versuch, das poetische Programm als Rechtfertigung und Erklärung neuer musikalischer Formbildungen zu benützen, nun gerade bei Liszt als mehr oder minder gelungen oder — wie Karl Krebs in seinen „Dittersdorfiana" meint — als durchweg missglückt anzusehen sei, kann hier ausseracht bleiben. Jedenfalls darf das eine als feststehend gelten, dass Liszt solche neue, zwar poetisch inspirierte, aber in Wesen und Ausführung rein musikalisch gemeinte Formbildungen angestrebt hat, und dass sich von vornherein die **Möglichkeit** einer vollen Verwirklichung dieses Strebens nicht bestreiten lässt.

Alexander Ritter*) war der erste und von den Mitgliedern der älteren Weimarer Schule der einzige, der klar begriff, was die symphonische Dichtung Liszts als **musikalische Kunstform** bedeutete. Er sah ein, dass man Liszt auf keinem Gebiete weniger nachfolgen könne, als auf dem seiner Symphonik, dass sich aber dessenungeachtet in den Orchesterwerken des Meisters ein formbildendes Prinzip kundgebe, das sehr wohl der Aufnahme und Fortbildung durch andere fähig sei. Und so wurde Ritter der Künstler, der zuerst mit seinem Schaffen bewies, dass die Form der symphonischen Dichtung als solche keineswegs an die kompositorische Persönlichkeit ihres Urhebers gebunden sei, dass Liszt mit ihr vielmehr eine Kunstgattung geschaffen habe, in der auch fernerhin zu erfinden und zu gestalten sei. Das Wesen dieser Form aber ist ihre **Plastizität**, ihre unbeschränkte Bildsamkeit. Sie ist das gerade Gegenteil eines **Schemas**, nichts steht an ihr fest als das, dass sie in jedem Falle den an eine rein musikalische Form zu stellenden Anforderungen genügen muss. Im übrigen ist sie eine Form, die eben dadurch, dass die poetische Idee das formschöpferische Vermögen des Musikers befruchtet bei jedem Anlass neu und jedesmal auch in anderer Gestalt ersteht.

Von den übrigen „Weimaranern" haben sich beson-

---

*) Vergl. S. 81 ff; ausserdem S. v. Hausegger, Alexander Ritter (Bd. 26/27 der Monographiensammlung „Die Musik").

ders noch Raff, Bronsart und Draeseke *) auf symphonischem Gebiete betätigt. Joachim R a f f hielt bei seinen elf Symphonien in formeller Hinsicht an der klassizistischen Ueberlieferung fest, während er inhaltlich vielfach ein gewisses, mehr oder minder verschämtes Hinneigen zur Programmusik bekundete, und zwar gerade auch in seinen bekanntesten Orchesterwerken, den Symphonien: „Im Walde", op. 153 (komponiert 1869), und „Lenore", op. 177 (nach der Bürgerschen Ballade). Aehnliches gilt von Hans v. B r o n s a r t (Symphonien: „In den Alpen"— mit Chor — und: „Schicksalsgewalten"), während Felix D r a e s e k e s bekannteste Orchesterschöpfung, die *Symphonia tragica*, op. 40, zu einer Zeit entstand, da der Komponist längst nicht mehr der Lisztschen Schule zugezählt werden konnte. Im Gegensatz zu Draeseke, der im Laufe seiner späteren Entwickelung sich immer mehr von der anfänglichen Begeisterung für die neudeutsche Richtung abwandte, ist Alexander Ritter seinem Meister Liszt auch künstlerisch zeitlebens treu ergeben geblieben. Und auch in diesem Falle bewährte sich die alte Erfahrung, dass die Konsequenz im Festhalten der einmal ergriffenen künstlerischen Richtung das einzige ist, was auch dem Schaffen solcher Talente eine gewisse Bedeutung zu geben vermag, die nicht auf einen e r s t e n Platz in der Rangordnung der produktiven Geister Anspruch erheben dürfen. Weder Draeseke noch Ritter gehören zu den „Grossen" im Reiche der Kunst, und es dürfte vielleicht nicht einmal leicht zu entscheiden sein, welchem von den beiden eigentlich die potentere musikalische Natur zuzusprechen sei. Aber was Ritter vor Draeseke auszeichnet, das ist, dass er durch und durch ein „Ganzer" war, während der Komponist der *Symphonia*

---

*) Vergl. S. 62 f.

tragica in allem und jedem über den „Halben" nicht hinausgekommen ist.

Wir besitzen von Ritter 5 in den Jahren 1890/1895 entstandene symphonische Dichtungen: „Erotische Legende", „Karfreitag und Fronleichnam", „Olafs Hochzeitsreigen", „*Sursum corda*" und „Kaiser Rudolfs Ritt zum Grabe". Nur die drei letzteren sind weiteren Kreisen bekannt geworden, vor allem „Olafs Hochzeitsreigen" und „Kaiser Rudolf", der von manchen Beurteilern, und zwar gerade von solchen, die der künstlerischen Persönlichkeit Ritters besonders nahe stehen, für sein bestes symphonisches Werk gehalten wird, — ein Urteil, dem ich für meine Person nicht beistimmen kann, insofern ich den „Olaf" bei weitem vorziehe.

So wenig wie in seinen Opern verrät Ritter in seinen Orchesterwerken ein wirklich kräftiges eigenschöpferisches Vermögen. Wie er als Musikdramatiker durchaus Nachahmer Wagners ist, ebenso entschieden ist er als Symphoniker Lisztepigone. Aber eben das zeichnet ihn als solchen aus, dass er — abgesehen von der sehr grossen Abhängigkeit in den musikalischen Ausdrucksmitteln, im musikalischen Sprachschatz, wenn ich so sagen darf, — die Form der symphonischen Dichtung Liszts nicht blind imitiert, sondern, wie gesagt, das **leitende Prinzip** der Lisztschen Formgebung mit klarem Blick erfasst, selbständig anwendet und weiter ausgestaltet. Ob man gegenwärtig noch mit Ritters symphonischen Dichtungen grosse Wirkungen im Konzertsaal wird erzielen können, mag wohl sehr von der Art des Publikums abhängen, mit dem man zu tun hat. Aber unabhängig von der Frage nach der Lebensfähigkeit dieser orchestralen Schöpfungen darf gesagt werden, dass dem Symphoniker Ritter sein Platz in der Entwicklungsgeschichte der Nach-Beethovenschen Instrumentalmusik schon heute gesichert ist. Denn

Ritters Werke bedeuten, entwickelungsgeschichtlich betrachtet, nichts geringeres als das notwendige Binde- und Uebergangsglied zwischen der symphonischen Dichtung Liszts und der „Tondichtung" Richard Straussens. — —

Wohl noch niemals zuvor ist in einer auch nur annähernd ähnlichen Weise ein so scharf ausgesprochener Gegensatz zwischen zwei gleichzeitigen und innerhalb desselben musikalischen Kulturgebietes wirkenden Meistern zutage getreten, als er in der zweiten Hälfte des 19. Jahrhunderts zwischen Franz Liszt und Johannes Brahms bestand. Denn das ist ja kein Zweifel, dass der Schöpfer des „Deutschen Requiems" an dem grossen Weimarer seinen eigentlichen Gegenpol hatte und nicht an dem Bayreuther, von dem ihn — abgesehen von den äusseren Umständen, die sie beide an die Spitze einander feindlicher Heerscharen stellte — zwar gewiss auch innerlich nicht weniges und nicht unwesentliches trennte, der aber doch keineswegs durch eine so unüberbrückbare Kluft von ihm geschieden war wie Liszt. Man könnte wohl unschwer eine durchgehende Antiparallele zwischen Liszt und Brahms ausführen, zeigen, wie fast jedem charakteristischen Zuge im Bilde der künstlerischen und menschlichen Persönlichkeit des einen bei dem andern jeweils genau der gegenteilige Zug entspricht, so dass das eine Bild geradezu als das ästhetische und psychologische Negativ des andern wirkt. Doch würde uns an dieser Stelle eine solche bis ins einzelne hinein durchgeführte Gegenüberstellung zuweit führen. Nur auf zwei ganz besonders hervorstechende Züge sei in unserem Zusammenhange und in Würdigung des Einflusses, den Liszt und Brahms als Symphoniker auf die Musik der Gegenwart ausgeübt haben und fortdauernd weiter ausüben, besonders hingewiesen.

Als ein besonders kennzeichnendes Merkmal der künstlerischen Persönlichkeit Franz Liszts wurde schon genannt: seine **fortschrittliche Gesinnung** und sein **fortschrittlicher Glaube**. Dass die Kunst, wenn sie lebendig bleiben solle, sich fortschreitend höher entwickeln **müsse**, und dass sie dieser Forderung nach Höherentwickelung auch entsprechen **könne**, weil sie nämlich den Zenith ihrer Laufbahn noch lange nicht erreicht habe, das waren die zwei felsenfesten Ueberzeugungen, die Liszts ganzes künstlerisches Sein und Schaffen durchdrangen. Im Gegensatz dazu zeigt sich uns in Brahms ein Musiker, der die höchsten Gipfel seiner Kunst nicht **vor** sich in der Zunkunft, sondern **hinter** sich in der Vergangenheit erblickt, einen Musiker, der — ohne an der Zukunft der Musik geradezu zu verzweifeln: denn wie hätte er sonst guten Gewissens selbst sich schaffend in ihr betätigen können? — doch des Glaubens lebt, dass das Grösste und Wertvollste, was in dieser Kunst zu leisten war, von den Meistern der Vergangenheit bereits geleistet worden sei, dass uns Spätergeborenen auf dem Felde des musikalischen Schaffens nicht sowohl die eigentliche **Ernte** als vielmehr nur eine mehr oder minder reiche **Nachlese** vorbehalten bleibe. Unähnlich dem kühn und siegesgewiss nach vorwärts blickenden Liszt ist Brahms' Auge nach **rückwärts** gerichtet. Und diese retrospektive Richtung seines ganzen musikalischen Denkens und Empfindens ist es wohl auch, die mit in erster Linie dazu beigetragen hat, jenen Schleier tiefer **Schwermut** über das ganze Schaffen der Meisters auszubreiten, einer Schwermut, die Nietzsche ja bekanntlich als „Melancholie des Unvermögens" hat deuten wollen. Aber ich meine, es ist nicht der Zweifel an dem eigenschöpferischen Vermögen der künstlerischen Person, was sich in dieser Trauer ausspricht, sondern das Bewusstsein der schöpferischen Individualität, mit ihrem Schaffensdrange in eine im Grunde unschöpferische und unkünstlerische Z e i t hineingeboren zu sein. Es ist das Empfinden des künstlerischen Abstiegs, das Herbstgefühl, das: „Herr, bleibe bei uns, denn es will Abend werden", was in der Melancholie der Brahmsischen Tonsprache laut wird.

So ist Brahms „Klassizist", nicht weil er glaubt, dass die klassische Kunst der Vergangenheit durch Nachahmung erreicht oder gar übertroffen werden könne, sondern weil er kein anderes künstlerisches Ideal kennt als dasjenige, das die Klassiker bereits in einer Weise verwirklicht haben, die jeden Gedanken daran, es ihnen gleichzutun, ja nur ihnen nahe zu kommen, von vornherein ausschliesst. Seine Nachfolge der klassischen Meister gleicht der „Nachfolge Christi" des Gläubigen, der weiss, dass er sein übermenschlich hohes Vorbild niemals erreichen kann, und doch nicht davon lassen mag, ihm unermüdlich nachzustreben, weil es ein irgendwie Erstrebenswertes für ihn ausserdem nicht gibt. Alle Wege, die von dem klassischen Ideale a b führen, indem sie über die Klassiker hinaus zu etwas anderem und wesentlich neuem w e i t e r führen, erscheinen Brahms als Irrwege, mit instinktiver Feinfühligkeit wittert er da Keime des Verfalls und der Degeneration, wo die Anhänger des musikalischen Fortschritts nur Steigerung und Bereicherung sahen, und der untrügliche Blick für das schlechthin Vollkommene, d. h. eben das Klassische in der Kunst, entzündet in ihm jene verzehrende Liebe, die sich nicht scheut, auch das eigene Schaffen in den verkleinernden Schatten der grossen Vergangenheit zu stellen, indem sie es vorzieht, im erborgten Lichte des Trabanten zu erstrahlen statt im Glanze eines Eigenfeuers, dessen schwelende Flammen das köstlichste Erbgut der Vergangenheit gefährden. Und diese übergrosse Liebe zu der als klassisch erkannten Kunst der Vorzeit ist es auch, was Brahms, der doch wahrlich selbst etwas zu sagen hatte und auch über eine ihm eigentümliche musikalische Sprache gebot, dazu verführt, sich so manches Mal mit dem billigen Lorbeer des blossen I m i t ators zu begnügen. So tief hat er sich in die Vergangenheit versenkt, so vollkommen in den Stil der über alles verehrten klassischen Meister eingelebt, dass ihm sein eigenes Schaffen bisweilen gerade zur K o p i e d e r K l a s s i k e r herabsinkt, dass er, ohne an Maske oder Komödie zu denken, unwillkürlich auch die musikalische Ausdrucksweise eines seiner Vorbilder bis ins Einzelnste hinein adoptiert und sich so gebärdet, als ob er nicht Brahms, sondern Beethoven oder Händel selbst wäre.

Es ist bekannt, dass die Anschauungen R i c h a r d W a g n e r s über die Möglichkeit einer Höherentwicklung der r e i n e n Musik sich von denen, die dem Schaffen Brahmsens zu entnehmen sind, nicht allzu sehr unterschieden. Auch er glaubte, dass in den Werken der deutschen Klassiker die absolute Musik einen Gipfelpunkt erreicht habe, den sie als solche unmöglich überbieten könne. Wäre er b l o s s Musiker gewesen, so hätte ihm kaum etwas anderes übrig bleiben können als ein unumwundenes Bekenntnis zum Klassizismus, wie ihn Brahms vertrat. Der Umstand, dass er auch Dichter war, ja dass er von Haus aus auf ein a u s s e r m u s i k a l i s c h e s Ziel lostrebte, zu dessen Verwirklichung er der Musik als eines blossen Mittels zum Zweck fast nur akzessorisch bedurfte, das sicherte ihm einen Ausweg, der Brahms verschlossen bleiben musste. Für ihn gab es noch eine Steigerung über Beethoven hinaus, obwohl auch nach seiner Ueberzeugung die Musik an sich ihr letztes Wort durch den Mund dieses Uebergewaltigen verkündet hatte: nämlich darin, dass die Musik aus ihrer Isolierung als Sonderkunst heraustrat und sich mit den Schwesterkünsten zum Worttondrama verband. Im Gegensatz dazu vermeinte Liszt auch der I n s t r u m e n t a l m u s i k noch eine steigernde Entwicklung sichern zu können, wenn er, dem Vorgange Berlioz' nachfolgend, jene Ansätze zur Programmmusik konsequent weiter ausbildete, die schon bei Beethoven, bei ihm aber eben immer nur als blosse A n - s ä t z e zu finden sind.

Dass so ein Liszt h o f f e n konnte, wo die deutschen Meister Wagner und Brahms gleicherweise verzweifelten, hat nun zweifellos seinen Grund mit darin, dass diese zwei — so verschieden sie auch sonst gewesen sein mögen — durchaus und in jeder Beziehung der gleichen m u - s i k a l i s c h e n K u l t u r, nämlich eben der der d e u t - s c h e n M u s i k angehören. Und eben das ist der zweite grosse Gegensatz zwischen Liszt und Brahms, dass dieser in seinen Vorzügen wie in seinen Schwächen als eine so ausgesprochen d e u t s c h e Natur dasteht wie vielleicht kein zweiter unter unseren grossen Meistern — Bach n i c h t ausgenommen! —, während Liszt nicht nur als ein F r e m d e r in das Gebiet der deutschen Tonkunst eingedrungen, sondern in einem gewissen sehr bedeutenden Sinne auch zeitlebens ein F r e m d l i n g in ihr geblieben ist. Oefters wurde schon darauf aufmerksam gemacht, dass es unmöglich ist, der Eigenart der Lisztschen Symphonik gerecht zu werden, wenn man ihn als einen d e u t s c h e n Meister wie Mozart oder Beethoven ansieht. Beethoven u n d Liszt, das war eines jener fälschenden „und", vor denen Nietzsche so eindringlich gewarnt hat, eine jener gewaltsamen Zusammenkoppelungen, wie sie im Uebereifer des Propagandakampfes auch dem ehrlichen und einsichtigen Streiter wohl mal unterlaufen, die aber zugleich mit der Streitaxt begraben werden sollten. Der Weg der direkt von Beethoven herkommenden Symphonik geht einerseits über Schumann zu Brahms, anderseits über Schubert zu Bruckner, wogegen Liszt überhaupt nicht auf Beethoven, sondern auf Berlioz fusst, dessen Schaffen gewiss durch Beethoven in ausschlaggebender Weise beeinflusst wurde, aber eben s o, wie es niemals mit dem Schaffen eines deutschen Musikers, d. h. eines Musikers mit deutschem Musikempfinden und deutscher Musikkultur hätte geschehen können.

Wenn derjenige, der im letzten Drittel des neunzehnten Jahrhunderts als enragierter Anhänger der „neudeutschen" Richtung musikalisch aufwuchs, mit einer gewissen Notwendigkeit zu einer Unterschätzung der Bedeutung Brahmsens verführt wurde, wenn nicht nur die Vorurteile und Voreingenommenheiten des Parteidogmas, sondern faktisch unübersteigliche Hindernisse sich ihm in den Weg stellten, sobald er Brahms gerecht zu werden versuchte, so war es ganz besonders die B r a h m s i s c h e S y m p h o n i k, zu der ein solcher fast unmöglich in ein rechtes Verhältnis verstehender Würdigung zu gelangen vermochte. Schon das äussere Gewand der Brahmsischen Instrumentalmusik, ihre Orchestrierung, die gewiss eine Fülle aparter und intimer Klangreize birgt, aber so gar nichts hat von dem berückenden und sinnbetörenden Zauber des Wagnerschen Orchesters, musste ein Verständnis erschweren. Und in der gleichen Richtung wirkte alles andere, was gerade die Tonsprache des Symphonikers Brahms besonders kennzeichnet, so dass ich selber z. B. mir zwar das Zeugnis geben darf, jederzeit mich redlichst bemüht zu haben, um auch dem Symphoniker Brahms etwas abzugewinnen, aber auch bekennen muss, mit diesen immer wieder erneuten Versuchen eines hartnäckigen: „Ich lasse dich nicht, du segnetest mich denn" bei Brahmsens Lyrik und Kammermusik am frühesten, bei seiner Symphonik am spätesten zum Ziele gelangt zu sein. Nachdem Brahms in seiner ersten Symphonie den Versuch einer unmittelbaren Nachfolge Beethovens gemacht hatte, wandte er sich in der Folge immer entschiedener einer Richtung zu, als deren Urheber R o b e r t S c h u m a n n zu gelten hat, einer Richtung, die auf das ausgeht, was man, im Gegensatz zur Monumental-Symphonie Beethovens, die G e n r e-S y m p h o n i e nennen könnte. In der Formgebung möglichste Konzentration und Knappheit, im Inhalt und seiner Mitteilung eine zarte Intimität, die das Wesen der Symphonie dem der Kammermusik annähert, Preisgabe jenes im höchsten Sinne des Wortes volkstümlichen, ja demokratischen Zuges, der die Beethovensche Symphonie in so einzigartiger Weise auszeichnet, und an seiner Stelle Pflege eines vornehmen Geschmacksaristokratismus, der dem Kenner schmeichelt und das: *Odi profanum vulgus* deutlich lesbar an der Stirne trägt. Dieser Rahmen einer spezifisch a r t i s t i s c h e n Kunst schliesst nun bei Brahms den Ausdruck eines Empfindungslebens in sich, der zunächst so spröde anmutet, dass man zu dem Verdacht kommen konnte, überhaupt nur eine rein verstandesmässig kombinierte, jeglichen selbsterlebten Gefühlsgehaltes bare Formalmusik vor sich zu haben. Man weiss, wie in dieser Beziehung z. B. ein Hugo Wolf über Brahms geurteilt, ein Mann, der in seinem Urteil unabhängig genug war, um auch der Parteiparole zum Trotz den tiefen Gefühlsgehalt der Brahmsischen Musik anzuerkennen, wenn er sich nur selbst von ihm hätte überzeugen können.

Im Gegensatz zur Musik der neudeutschen Schule, die in ihren beiden Hauptvertretern Liszt und Wagner ein unverkennbar f e m i n i n e s Gepräge hat, ist Brahms ein durchaus m ä n n l i c h e r Charakter, und die beiden anderen Kennzeichen, die ihn nicht minder scharf von den

Neuromantikern unterscheiden, das echt Norddeutsche und echt Protestantische seines Wesens, sie fliessen ebendaher und determinieren nur jenen Grundzug einer scharf, ja einseitig ausgeprägten Männlichkeit nach einer ganz bestimmten Richtung. Nun hat aber die Kunst dieses extrem männlichen Geistes ein fremdes Element in sich aufgenommen und sich so innig assimiliert, dass es ein Stück seiner selbst geworden ist. Dieses fremde Element ist die S c h u m a n n s c h e Musik, deren Erbe anzutreten Brahms durch Neigung und Schicksal berufen war, und die in ihrem Wesen ebenso ausgesprochen weiblichen Charakter trägt wie Brahmsens eigener Genius männlichen. So entstand eine Mischung heterogener, obschon nicht unverträglicher Bestandteile, die der Brahmsischen Tonsprache eine merkwürdige Doppelheit mitteilt, die anfänglich befremden, ja abstossen kann, aber ganz ungemein reizvoll wirkt, wenn man sie erst einmal in ihrer gefühlsmässigen Echtheit und Ursprünglichkeit erkannt hat.

Einerseits gibt es kaum einen zweiten Musiker, der so stark wie Brahms jene Scheu bekundet hat, von der Hebbel sagt, dass sie die Schamhaftigkeit des M a n n e s sei: ich meine die Scheu, das Innerste seiner S e e l e zu entblössen. Nichts fürchtet er so sehr wie die Gefahr, seine Gefühle dadurch zu prostituieren, dass er sie ganz laut werden lässt. Und das geht bei ihm so weit, dass man manchmal versucht ist sich ernstlich zu fragen, ob denn das in der Tat eine echte und rechte K ü n s t l e r natur sei, die ein Empfinden fast lieber dadurch verrät, dass sie es verbirgt, als dass sie es ausspräche. Andersetis aber gibt sich dieses Empfinden dann, wenn es einmal laut wird, in Tönen von einer ganz ausserordentlichen Weichheit und Zartheit kund, ja es kann gelegentlich einmal ausströmen in einer geradezu überschwenglichen Gefühlsseligkeit. Da ist es denn, als ob dieser männlich-starke

Brahms nicht eigentlich selbst spräche, sondern zum Sprachrohr geworden sei für die mädchenhafte Seele des Schumannschen Genius, der sich vor der rauhen Berührung mit der feindlichen Aussenwelt hinter das schützende Bollwerk der harten Brahmsischen Männlichkeit geflüchtet habe.

Dieser reiche, selten aber frei dahinfliessende, sondern immer und immer wieder zurückgehaltene und aufgestaute Gefühlsgehalt ist wie überall so namentlich auch in den Symphonien das, was einen die Brahmsische Musik recht eigentlich l i e b e n lehrt, und den vielleicht am meisten, der am längsten dazu gebraucht hat, diese scheu sich verhüllende Seele der Brahmsischen Tonwelt zu entdecken. Aber was man an Brahms zuerst und zunächst b e w u n d e r t, und zwar auch dann schon bewundert, wenn man noch kein i n n e r e s Verhältnis zu ihm gewonnen hat, das sind gewisse ä u s s e r e Vorzüge, Vorzüge rein artistisch-musikalischer, um nicht zu sagen musikantischer Art, die seine symphonischen Werke in höherem Masse vielleicht wie die irgend eines anderen Nach-Beethovenschen Symphonikers als die eines M e i s t e r s charakterisieren. Das ist einmal die souveräne Satztechnik, die ihm die Ausbildung seines eigenartigen p o l y p h o n e n S t i l s erlaubte, der vor keiner Künstelei zurückschreckt, sich aber auch in keiner verliert und, wo er einmal spielerisch wird — eine Gefahr, der noch kein Meister des Kontrapunktes g a n z entgangen ist — eher in die Abgründe des Grüblerischen als in die Untiefen des oberflächlich Glatten und billig Konventionellen abirrt. Das ist weiterhin seine erstaunliche F o r m b e h e r r s c h u n g, die — zumal sie bei ihm nicht etwa wie bei einem Mozart oder Mendelssohn a n g e b o r e n e s, sondern ein in harter künstlerischer Zucht und Arbeit e r w o r b e n e s Vermögen war — immer wieder staunende Bewunderung erregt.

Von jeher hat die Jugend dazu geneigt, den Wert der künstlerischen Form zu unterschätzen. Und solche Zeiten, deren vorwärtsdrängende Tendenz allen künstlerischen Bestrebungen etwas von der wilden Ungebundenheit des Sturms und Drangs mitteilt, können diese natürliche Neigung nur noch verstärken. So kam es, dass die auch für den überzeugtesten Inhaltsästhetiker unumstössliche Wahrheit von der ausschlaggebenden Bedeutung der Form, — die nun doch einmal das ist, was eigentlich das Kunstwerk zu einem Kunstwerk macht —, dass diese Ueberzeugung bei allen denen, die in der zweiten Hälfte des 19. Jahrhunderts als Anhänger der „neuen Richtung" aufwuchsen, nicht immer so lebendig blieb, wie es wünschenswert gewesen wäre. Solchem Ikonoklasmus der künstlerischen Form gegenüber hätte nun die Formenstrenge Brahmsens als heilsames Gegengewicht in die Wagschale fallen können, wenn deren Lehren von denen beherzigt worden wären, die ihrer am meisten bedurften. Aber gerade das geschah nicht, oder doch nicht in ausreichendem Masse. Die ganze musikalische Welt war in zwei feindliche Lager geteilt, und während die fortschrittlich Gesinnten sich vor dem „Formalisten" Brahms bekreuzigten, statt von seiner Kunst zu profitieren, scharten sich anderseits eben nur die um das Banner des Klassizismus, für die diese Richtung nicht Förderung, sondern eine Gefahr bedeutete. Die strenge Zucht, die der über die Stränge schlagende Wildling der Neuromantik oft so bitter not gehabt hätte, ward in der Regel nicht ihm zuteil, sondern dem von Haus aus „Zahmen", für den im Gegenteil ein Feuertropfen aus dem überkochenden Hexenkessel der „Moderne" heilsamer gewesen wäre, so wie das allzu fromme Pferd die Sporen braucht und nicht die Zügel.

In der Tat hat denn auch die Nachfolge Brahmsens

gerade auf dem Gebiete der Symphonik alles in allem minder erfreuliche Blüten gezeitigt als diejenige Richtung, die sich an die Meister der Programmusik anschloss. Eine starke Betonung des Formalen empfahl sich vor allem denen, die vor einer Betonung des Inhaltlichen schon deshalb zurückschrecken, weil sie nichts zu sagen haben, und jene Ruhe und Gelassenheit in der Gesamthaltung, die bei Brahms aus dem zu friedlichem Gleichgewicht gelangten Kampfe gewaltiger Lebenskräfte resultiert, sie war ein willkommener Deckmantel für jene trockenen und nüchternen Gesellen, die niemals zum Ueberschäumen kommen, weil der Temperaturgrad ihrer Seele ständig unter dem Gefrierpunkt verbleibt. So wurde Brahms der Abgott derer, die einem dürren Akademismus huldigten, einer Afterkunst, die nicht nur jeglicher Fühlung mit den lebendigen Kräften ihrer Zeit, sondern überhaupt jedes wirklichen Lebens entbehrte, und er konnte das um so eher werden, als er ja selbst — unbeschadet aller schuldigen Liebe und Bewunderung für das wahrhaft Grosse der Brahmsischen Kunst kann das gesagt werden — nicht solcher Züge entbehrt, die als „akademisch" im schlimmen Sinne des Wortes zu gelten haben.

In seinen ersten Anfängen ist Brahms ganz allgemein als ein Glied der Schumannschen Schule angesehen worden. Die Zeitgenossen — man denke etwa an die wegwerfenden Urteile eines Robert Franz! — sahen ihn auch künstlerisch in der unmittelbaren Nähe von Leuten wie Woldemar Bargiel (1828-1897), dem Stiefbruder der Frau Clara, oder Albert Dietrich (geb. 1829), dem getreuen Jünger aus Schumanns Düsseldorfer Zeit. Und der Gegensatz zu der neudeutschen Richtung hat ihn dann auch wenigstens in Parteizusammengehörigkeit mit einem Julius Otto Grimm (1827-1903) und Bernhard Scholz (geb. 1835) gebracht,

lauter Leuten, die in ihrer Art gewiss nicht nur gute
Menschen, sondern auch gute Musikanten waren, die aber
der unbefangenen Würdigung Brahmsischer Kunst insofern vielfach im Wege standen, als einer, und zumal einer,
der von einer ganz anderen Richtung her sich Brahmsen
näherte, nur allzu leicht der Versuchung erliegen konnte,
in dem Meister nichts anderes zu erblicken, als nur den
Primus inter pares dieser in gewisser Hinsicht hochschätz-
baren Gesellschaft, deren Mitgliedern eben nur das eine
vollständig fehlt, was für den Komponisten freilich die
Hauptsache ist: schöpferisches Vermögen von ausgesprochener Eigenart. Was Brahms von ihnen allen unterscheidet, das ist, dass er im eminenten Sinne des Wortes
eine P e r s ö n i c h k e i t war. Und doch hat auch er
zunächst nicht so sehr mit dieser seiner Persönlichkeit
vorbildlich gewirkt denn als Vertreter einer künstlerischen Richtung und als Haupt einer künstlerischen Partei.

Dass die Bargiel, Dietrich, Scholz und Grimm unter
anderem auch Symphonien komponiert haben, das ist bereits heute schon ebenso vergessen, wie kaum jemand
mehr etwas davon weiss, dass es drei Symphonien von
K a r l R e i n e c k e (geb. 1824) gibt, der — als echter
„Leipziger" — gleichermassen von Mendelssohn wie von
Schumann herkommt und doch auch wieder gelegentlich
verrät, dass er das Zeitalter Brahmsens, ja Wagners nicht
nur bloss äusserlich miterlebt hat.

Die Ueberzeugung, dass die musikalische Richtung,
die man die „Leipziger" nennen kann, ich meine die Richtung, die sich, im Anschluss an Mendelssohn und Schumann, in der Form streng klassizistisch, im Inhalt ge-
mässigt-romantisch gab, in einzig legitimer Weise das
Erbe Beethovens angetreten habe, diese Ueberzeugung
beherrschte bis zum letzten Viertel des 19. Jahrhunderts
noch kaum ernstlich erschüttert alle diejenigen, die als

eigentliche offizielle Autoritäten innerhalb des deutschen Musiklebens galten, namentlich auch alles, was — und zumal an den staatlichen Musiklehranstalten — zur künstlerischen Bildung und Erziehung der heranwachsenden Jugend bestimmt war. Die Anhänger dieser Richtung, die sich um so straffer zu einer festgeschlossenen Partei organisiert hatten, je mehr ihnen die Abwehr der immer kühner ihr Haupt erhebenden „Zukunftsmusik" als eine dringliche Aufgabe erschien, erblickten nun in Brahms ihren berufenen Meister und Führer. Wie alle grossen Künstler, war auch Brahms eine viel zu eigenartige, isolierte und nur sich selber gleiche Natur, als dass er zum Parteihaupt wirklich getaugt hätte. Aber anderseits war es begreiflich, dass man ihn zu etwas machte, was er selbst wohl geduldet, aber kaum eigentlich angestrebt hat. Man b r a u c h t e einen bedeutenden zeitgenössischen Vertreter des Klassizismus als persönliche Spitze der Partei, und als solcher konnte kein anderer als Brahms ernstlich in Frage kommen, nicht nur aus äusseren Gründen: weil er aus dem intimsten Jüngerkreise Schumanns hervorgegangen, ja von diesem selbst in prophetischen Worten als der Mann der Zukunft verkündigt worden war, sondern vor allem deshalb, weil gerade die Brahmsische Kunst zu beweisen schien, was der retrospektiv gerichtete Klassizismus brauchte: dass es nämlich auch für den, dessen künstlerische Ideale durchaus in der V e r g a n g e n h e i t liegen, möglich sei, etwas zugleich wahrhaft Grosses und wahrhaft Neues noch in der G e g e n w a r t zu schaffen.

Unter den für die Komposition begabten jungen Musikern, die im letzten Drittel des 19. Jahrhunderts an deutschen Konservatorien studierten, lassen sich zwei Klassen unterscheiden. Die einen machten ihren Studiengang, wenn ich so sagen darf, als musikalische Musterknaben:

sie nahmen all das, was man sie lehrte, willig und begierig auf, verlangten nach nichts anderem und liessen sich auch in ihrem künstlerischen Geschmack und in ihren künstlerischen Anschauungen durchaus von dem Urteil derjenigen bestimmen, denen ihre musikalische Erziehung anvertraut war. Anders jene „Wildlinge", die schon früh in den Bannkreis Richard Wagners und der Neuromantiker geraten waren: für sie bedeutete das Konservatoriumsstudium ein fortwährendes Verleugnen ihrer heiligsten Ueberzeugungen, sie mussten sich einem Zwange fügen, dessen Berechtigung sie nicht einsahen, und gerieten in Gefahr — weil ihnen schon das rechte Zutrauen zu ihren Lehrern fehlte — auch die Erlernung dessen zu versäumen, was ihnen diese wirklich hätten lehren können, nämlich die äussere, handwerkerliche T e c h n i k der Komposition.

Für den braven Konservatoristen war von den bedeutenden musikalischen Zeitgenossen nur Johannes Brahms erlaubt. Ihn durfte er kennen, studieren und nachahmen; alles andere war verpönt. Wenn wir daher den Spuren einer Einwirkung der Brahmsischen Symphonik auf die Produktion der Gegenwart nachgehen, so stossen wir zunächst einmal auf die Gattung, die als „K o n s e r v a t o r i u m s-S y m p h o n i e" zu kennzeichnen ist. In ihrer reinsten Form begegnet sie uns in Prüfungskonzerten von Musikschulen. Aber nicht nur dort allein, wie sie denn überhaupt nicht gerade notwendigerweise von einem Konservatoristen oder einem Konservatoriumsprofessor geschrieben zu sein braucht. Nur dass sie immer sehr akademisch, sehr zahm und glatt, im Inhalt mehr oder minder harmlos, in Form und Mache aber durchaus tadellos ist. Sie kann unter Umständen — wenn nämlich der Komponist ein Talent ist — ganz erfreulich wirken, ja, es gibt ein Werk, das so ziemlich alle Merkmale der Konservatoriums-Symphonie aufweist und dabei doch als eine der liebenswürdigsten Schöpfungen aus dem Kreise der Schumann-Epigonen zu werten ist: ich meine die jugendfrische F-dur-Symphonie Hermann Götzens, des Komponisten der „Widerspenstigen" (vgl. S. 71 ff.). Und auch Richard Strauss, der später so ganz andere Wege einschlagen sollte, hatte ja bekanntlich seine akademisch-klassizistische Jugendperiode, in der er eine F-moll-Symphonie schrieb, die dem Typus der Konservatoriumssymphonie noch ziemlich nahe steht.

Aber gerade der Umstand, dass solche Leute wie Strauss — auch Ludwig Thuille gehörte zu ihnen — in der Folge so energisch von ihrer ursprünglichen Richtung sich abwandten und in das gegnerische Lager übergingen, verstärkt den Eindruck, den man auch sonst von der Brahmsische Einflüsse verratenden Symphonik unserer Zeit gewinnt, den Eindruck, dass auf dem von Brahms beschrittenen Wege nicht weiter zu kommen sei, als ob dieser Meister einen endgültigen Abschluss bedeute in der Art, dass sein Schaffen als Ausgang und Vorbild für eine lebensvoll sich fortentwickelnde symphonische Kunst eigentlich nicht in Betracht komme. Männer wie der Brahms persönlich befreundete Heinrich von Herzogenberg (1843-1900; Symphonien in C-moll und B-dur, 1885-1890) und der so gar nicht „prinzlich", sondern als durch und durch gebildeter Musiker komponierende Heinrich (XXIV.) Fürst von Reuss (geb. 1855) sind als ernst und hochstrebende Künstler gewiss keine unsympathische Erscheinungen, aber ebenso unbestreitbar ist es, dass ihre Kunst auf einem „toten Gleis" der musikalischen Entwicklung steht. Immerhin ist in dieser Art von durchaus epigonenhafter, aber doch wenigstens warm nach gefühlter Musik mehr Kraft und Leben als in dem ganz trockenen Akademismus, wie ihn etwa Paul Gernsheim (geb. 1839; Symphonien in G-moll, Es-dur, C-moll, B-dur) repräsentiert, oder auch in jener unorganischen Verquickung von akademisch-klassizistischem Inhalt mit modernen Ausdrucksmitteln, die einen Georg Schumann (geb. 1866) als Instrumentalkomponisten so unleidlich macht („Preis-Symphonie" in H-moll, Variationenwerke u. a.).

Dieser Anschein, als ob von der Instrumentalmusik Brahmsens kaum ein wirklich lebendiger Impuls für die nach vorwärts gerichteten musikalischen Bestrebungen unserer Zeit ausgehen könne, blieb bestehen bis zu dem Auftreten eines Künstlers, der, an Kühnheit und Rücksichtslosigkeit im Betreten völlig neuer Wege hinter keinem der Modernsten zurückstehend, doch von dem Einfluss der neudeutschen Revolutionäre, von Berlioz, Liszt und Wagner, so gut wie völlig unberührt geblieben war*) und mit seinem ganzen Schaffen offen ersichtlich auf Brahms fusste. Max Reger — von den heute lebenden bedeutenden Musikern schon deshalb die weitaus interessanteste Erscheinung, weil sie dem weder für noch wider voreingenommenen Beurteiler die meisten Rätsel zu raten gibt —, er gehört gewiss insofern nicht minder wie etwa Richard Strauss der durch die musikalische Neuromantik revolutionierten Zeit an, als er zu dem Brahmsischen Akademismus, jenem Kult der künstlerischen Sophrosyne, die nichts mehr verabscheut als das Wilde und Masslose, das Ueberschäumende und Chaotische, in einem ausgesprochenen Gegensatze steht. Auch sein künstlerisches Ideal ist durchaus „dionysischer", in keiner Weise „apollinischer"

---

*) Damit soll nicht gesagt sein, dass uns nicht auch bei Reger gelegentlich recht greifbare Wagner-Reminiszenzen aufstossen. Aber derartiges ist so vorübergehend und sporadisch, dass es für die Gesamtbeurteilung ausser Betracht bleiben kann.

MAX REGER

Art, und auch er ist in seiner Weise ein Mann radikalen musikalischen Fortschritts, einer, der künstlerisches Neuland sucht und trotz seines Festhaltens an den überlieferten Formen und trotz seines vielfachen Zurückgreifens auf die alten Meister es sich wohl verbitten darf, dass er — wie es ja wohl schon geschehen ist — den „Reaktionären" zugezählt werde. Aber das Merkwürdige, anscheinend sogar Widerspruchsvolle in der Kunst Regers ist eben das, dass diese seine Kunst erwachsen ist aus der Nachfolge eines Meisters, dessen eigene Kunst in wesentlichen Stücken eine so ganz anders geartete, ja entgegengesetzte Grundtendenz hat, dass er — schroff ausgedrückt — die von Brahms überkommenen Anregungen zu etwas „missbraucht", was der eigentlichen R i c h t u n g der Brahmsischen Kunst nicht nur zuwiderläuft, sondern sie geradezu d e m e n t i e r t. Und indem er das tut, offenbart er zugleich das, was die Brahmsische Musik — im Widerspruch mit dem ästhetischen Glaubensbekenntnis des Meisters selbst — an wahrhaft „modernen", in die Zukunft weisenden Keimen enthalten hatte, und leitet damit den bis dahin abseits verlaufenen Strom dieser Musik in das gemeinsame Bett der an ihre fortschreitende Entwicklung und an ihre Zukunft glaubenden, spezifisch „modernen" Musik.

Zwischen F r a n z L i s z t, der von den grossen Symphonikern des 19. Jahrhunderts am weitesten „links" steht, und J o h a n n e s B r a h m s, dem ebenso entschiedenen Führer des „rechten Flügels", steht mitteninne — also recht eigentlich: im Zentrum — eine, entwicklungsgeschichtlich betrachtet, ganz merkwürdige Erscheinung: A n t o n B r u c k n e r (1824-1896). Während Liszt und Brahms in ihrer Stellungnahme zum Problem der Nach-Beethovenschen Symphonie voll b e w u s s t e Künstler waren, von denen der eine zwar niemals mit so etwas wie einem künstlerischen Schaffensprogramm an die Oeffentlichkeit trat, aber doch nicht den geringsten Zweifel darüber liess, dass er auch in Rücksicht auf die ästhetischen Grundfragen genau w u s s t e, was er tat und was er wollte, — im Gegensatz dazu steht Bruckner mitten in dem so durch und durch reflektierten künstlerischen Treiben des 19. Jahrhunderts als eine welt- und lebensfremde Erscheinung da, wahrhaft naiv, völlig wie ein Kind, mit seinem Schaffen nicht nur wurzelnd im Unbewussten — wie jedes echte Genie —, sondern ganz im Unbewussten aufgehend und sich abschliessend, von nichts anderem beraten als von seinem schöpferischen Instinkte, dem dunklen Drange, der — auch bei ihm „des rechten Wegs wohl bewusst" — ihn eine Bahn führte, die in dieser Weise wohl für jeden anderen ungangbar gewesen wäre, gerade diesen Mann aber zu der höchsten seinem Genius erreichbaren Höhe der Entwicklung hinanleiten musste.

Für Bruckner gab es zwei künstlerische Sonnen, deren blendender Strahl sein Auge mächtig getroffen, deren übergewaltige Anziehungskräfte ihn widerstandslos in ihren Bann gezwungen hatten: Beethoven und Wagner. Von jenem übernahm er das ästhetische Ideal der monumentalen, äusserlich in ihren Ausmassen wie innerlich in ihrem Ausdrucksgehalt bis an die Grenze des Monströsen gesteigerten Instrumentalsymphonie, von diesem vor allem die musikalische Sprache und das orchestrale Kolorit mit all den Neuerungen und Bereicherungen, die der Bayreuther Meister der Instrumentalmusik seiner Zeit gewonnen hatte. So sehen wir einen Künstler vor uns, der, an der Oberfläche betrachtet, sich zunächst als ein vielfach sehr unselbständiger Epigone, ja Nachahmer Wagners gibt, dabei aber — im Gegensatz zu der Wagnerschen Theorie von Beethovens „Neunter" als der „letzten Symphonie" — an dem freilich masslos erweiterten Schema der klassischen Symphonie festhält und sich mit den Ideen und Tendenzen der Programmsymphoniker kaum mehr berührt als etwa Brahms. Im Widerspruch mit dem Dogma der Schule verbinden sich in ihm zwei Elemente, die man von vornherein für unvereinbar halten könnte, zu einer organischen Einheit, nämlich ein musikalischer I n h a l t, der zu seiner Aussprache all der Ausdrucksmittel bedarf, die die moderne Musik im Dienste des musikalischen D r a m a s sich erobert hat, und eine F o r m, die darauf verzichtet, den musikalischen Inhalt irgendwie zu etwas Aussermusikalischem in Beziehung zu setzen, und jedes prinzipielle Hinausgehen über das Verhältnis zwischen Form und Inhalt, wie es in der Beethovenschen Symphonie statthat, instinktiv abweist.

Was Bruckner mit dieser Vereinigung anstrebte, war — ihm selbst vollkommen unbewusst — nichts geringeres als die konkrete Synthese der beiden grossen Gegensätze, in denen die Nach-Beethovensche Symphonik auseinanderklaffte: die höhere Einheit, die dem Streben, das zur modernen Programmusik geführt hat, in gleicher Weise genug tun könnte, wie der Tendenz, die in der klassizistischen Symphonie Brahmsens zum Ausdruck kam. Dieses Unterfangen war so kühn, dass man es kaum einem Nichtvermögen des Meisters zuschreiben darf, wenn es nicht vollkommen gelang. Stilistisch angesehen, ist die Brucknersche Symphonie wohl in vielfacher Hinsicht ein Torso geblieben, höchst bedeutend, packend und ergreifend als das persönliche Dokument einer überreichen, hochbegnadeten Künstlerseele, aber in mancher Hinsicht „defektiv", wenn man den objektiven Massstab des durchaus „vollendeten" Kunstwerks an sie anlegt. Wo es dem Wiener Meister aber einmal gelang, einen Symphoniesatz zur vollen formalen Geschlossenheit abzurunden — und es ist ihm das mehr als einmal gelungen! —, da hat er wie kein anderer das Höchste erreicht, was die Symphonie nach Beethoven überhaupt erreichen k o n n t e.

Von den grossen Symphonikern des 19. Jahrhunderts: Liszt, Brahms, Bruckner, hat dieser letztere — entsprechend der späten Beachtung und noch späteren Würdigung, die sein Schaffen gefunden hat — auch viel später begonnen, auf die zeitgenössische Produktion mit seinem Vorbilde einzuwirken. Heute noch spürt man recht wenig vom Brucknerschen Einflusse bei den modernen Komponisten, und es ist eigentlich von den schaffenden Tonkünstlern der Gegenwart, deren Namen in aller Munde sind, nur ein einziger zu nennen, dessen symphonische Art ohne Bruckner kaum denkbar wäre: G u s t a v M a h l e r, der zwar als Mensch wie als Künstler nicht die entfernteste innere Verwandtschaft mit seinem Lehrer und Meister aufweist, äusserlich aber dafür in um so unverkennbarerer Weise von der Brucknerschen Symphonie seinen Ausgang nahm. Es laufen also die drei Ströme, in denen wir die Entwicklung der Nach-Beethovenschen Symphonie verfolgen können, gerade auf die drei Männer hinaus, die die meistgenannten Instrumentalkomponisten unserer Tage sind: die über Berlioz und Liszt gehende programmmusikalische Richtung auf R i c h a r d S t r a u s s, die gerade entgegengesetzt über Schumann zu Brahms weiterführende auf M a x R e g e r, die in gewissem Sinne zwischen beiden Gegensätzen vermittelnde über Bruckner auf G u s t a v M a h l e r.

Von ihnen ist Richard Strauss heute eine zwar sehr verschieden gewertete, aber in ihrer Bedeutung allgemein anerkannte und weit über den engeren Kreis der eigentlichen Musikfreunde hinaus bekannte und genannte Grösse von Weltruf. Ihm ist der bedeutend jüngere und auch so sehr viel problematischere Reger als Zelebrität verhältnismässig rasch nachgerückt, so dass er jetzt schon als derjenige gelten kann, der von der allgemeinen Meinung Strauss unmittelbar an die Seite gesetzt wird, als der zweite anerkannt grosse Musiker unserer Zeit, — eine Meinung, die man natürlicherweise als Tatsache konstatieren kann, ohne sich mit ihr zu identifizieren. Mahler dagegen, an Jahren der älteste von den dreien, ist noch am wenigsten durchgedrungen. Seine sieben Symphonien haben noch nicht vermocht, die Welt von dem schöpferischen Berufe zu überzeugen, der Strauss und Reger auch von ihren entschiedensten Gegnern — soweit sie ehrlich und urteilsfähig sind — nicht abgesprochen wird. —

Heute noch empfinde ich es als einen ganz besonders glücklichen Zufall, dass das erste Werk, das ich von Richard Strauss kennen lernte, gerade „Don Juan" war, das Werk, das neben „Till Eulenspiegel" doch wohl überhaupt als seine stärkste Leistung auf symphonischem Gebiete zu gelten hat. Inzwischen ist mein Urteil auch dieser Schöpfung gegenüber nicht bei dem stehen geblieben, was ich damals empfand, als ich sie vor nunmehr bald achtzehn Jahren von den Wiener Philharmonikern unter Hans Richter hörte und in einen Taumel überströmenden Entzückens geriet. Aber eine ausgesprochene Vorliebe für dieses Stück habe ich immer behalten, und zur Stunde noch gehört es mir zu den wenigen Straussischen Orchesterwerken, die ich nicht nur mit Interesse, sondern auch mit Vergnügen immer wieder von neuem höre. Vollends wird man jenen Enthusiasmus des Zwanzigjährigen begreifen, der von Wagner und Liszt herkam und nun auf einmal einer Musik gegenüberstand, die die eigenartigen Qualitäten der Tonsprache dieser beiden Meister in sich zu vereinigen schien, noch gesteigert durch ein ganz persönliches Ingredienz, dessen dreiste Keckheit gerade auf den Jüngling faszinierend wirken musste, — um so mehr, als er bemerkte, wie eben dieses „Freche" des Straussischen Musizierens schon damals Entsetzen bei philiströseren Gemütern erregte.

Ein Jahr später hörte ich an der gleichen Stelle „Tod und Verklärung", und erlebte eine Enttäuschung, eine Enttäuschung, die ich mir zunächst selbst kaum einzugestehen wagte, darum aber doch nicht minder stark empfand. Der grossen Menge derer, die „Tod und Verklärung" für den Gipfelpunkt des Straussischen Schaffens jener Periode halten, wird diese Enttäuschung schwer begreiflich erscheinen, und sie ist auch in der Tat nicht selbstverständlich. Denn ganz gewiss ist „Tod und Verklärung" das reifere Werk und namentlich auch an formaler Geschlossenheit dem „Don Juan" weit überlegen. Aber, was noch heute meine Ueberzeugung ist, habe ich wohl schon damals gefühlt: die Kraft der musikalischen Erfindung ist in dem früheren Werke ungleich stärker als in dem späteren, und es ist vor allem auch viel persönlicher, gibt viel mehr vom eigensten und eigentlichsten Richard Strauss als das symphonische Sterbegedicht, in dem nach Idee und Ausführung der Einfluss Alexander Ritters so klar erkennbar zutage tritt wie in keinem anderen Straussischen Werke (wenn man von der ursprünglichen Anlage und Intention des „Guntram" absieht).

Auch späterhin ist mir der Symphoniker Strauss da immer am nächsten gekommen, wo seine — trotz aller (übrigens nicht ganz unverschuldeten) Verkennung — prächtige und liebenswerte m e n s c h l i c h e Persönlichkeit sich rein in seinen Tönen aussprach, wo er sich als das gab, was er in Wahrheit ist, und nicht durch halb oder ganz missverstandene Zeitströmungen sich in Höhen verlocken liess, wo ihm der Atem ausgehen m u s s t e. So hat das, was im allerbesten Sinne des Wortes „*gamin*" an Strauss ist, einen ganz köstlichen Niederschlag gefunden in „Till Eulenspiegel", von dem ich wohl begreife, dass er von sehr ernsten Beurteilern allen andern Orchesterschöpfungen des Meisters vorgezogen wird. Und wenn der Zug zum Barocken, der Strauss — wie übrigens allen Musikern unserer Zeit fast ohne Ausnahme — anhaftet, ihm in der *Symphonia domestica* nicht den üblen Streich gespielt hätte, dass er der innerlichen, seelischen Bedeutsamkeit des Familienlebens künstlerisch dadurch gerecht zu werden suchte, dass er die musikalischen Ausdrucksmittel numerisch und dynamisch in einer Weise steigerte, die mit der Natur des Vorwurfs bis zur Lächerlichkeit kontrastiert, — dann würde sich dieses Werk in meiner Vorliebe dem „Eulenspiegel" unmittelbar anschliessen, ja es könnte sogar — da es um so vieles e r n s t e r ist — ihm sogar vorangehen. Denn, wer nun fähig ist, sich über solche hahnebüchenen Geschmacklosigkeiten wie die eheliche Prügelfuge und ähnliches von vornherein hinwegzusetzen und sie hinzunehmen als etwas, worüber weiter kein Wort zu verlieren ist, der wird gerade in dieser Partitur Dinge finden, die zu dem schönsten gehören, was Strauss geschrieben hat, Dinge, die — ganz im Gegensatz zu dem in der Regel nur allzusehr an der Oberfläche haftenden Straussischen Empfindungsausdruck — sich vor allem auch durch einen eminent persönlichen und tiefen G e f ü h l s g e h a l t auszeichnen. Wer sich berufen fühlt, ein Urteil über Richard Straussens Charakter abzugeben, täte jedenfalls gut, auch solche Zeugnisse zu beachten, wie sie diese Musik darbietet: sie sind zum mindesten ebenso berücksichtigenswert, wie all der unkontrollierbare Klatsch über das smarte Gebaren des Geschäftsmannes Strauss, mit dem man ja nicht immer und überall einverstanden zu sein braucht, in dem aber auch ganz gewiss nicht — wie man behauptet hat — der innerste Grundzug des Straussischen Wollens zum Ausdruck gelangt.

Unsympathisch — bei aller Bewunderung dessen, was der unbefangene Beurteiler bei einem Richard Strauss immer bewundern muss — sind mir dagegen von vornherein: „Also sprach Zarathustra" und „Heldenleben". Beim ersteren Werke wurde der Künstler durch die Zeitmode verleitet, sich an einem Geiste zu inspirieren, mit dem er nicht nur nichts gemein, sondern für den er auch nicht das geringste g e f ü h l s m ä s s i g e Verständnis hatte (— womit natürlich nicht gesagt sein soll, dass ein so gebildeter und gescheiter Mensch wie Strauss Nietzsche im Sinne des verstandesmässigen Begreifens nicht „kapiert" hätte). Straussens musikalische Nietzsche-Interpretation ist als solche ein komisches Missverständnis und das, was sie an absoluten musikalischen Werten enthält, scheint mir nicht genügend, um diesen Mangel einer durchgehenden Diskrepanz zwischen dichterisch-philosophischem Vorbild und musikalischem Nachbild aufzuwiegen. Und ähnlich abstossend wie diese Diskrepanz wirkt im „Heldenleben" auf mich der Versuch, die eigene Person, die manche treffliche Eigenschaften, aber gewiss nichts „Heldenhaftes" an sich hat und auch zeitlebens niemals eigentlich hat kämpfen müssen, zur Höhe des Heroischen emporzuheben, wozu dann noch als „erschwerend" hinzukommt, dass dieses Heroische so durchaus äusserlich, nämlich bloss kriegerisch, um nicht zu sagen „militärisch", gefasst ist, und dass der Künstler da, wo er eine gefühlsmässige Vertiefung anstrebt, nämlich in der Liebesepisode und der „Resignation" des Schlusses über eine seichte, ja triviale Sentimentalität nicht hinauskommt.

Eine gewisse Zwitterstellung nimmt in meiner Wertschätzung „D o n Q u i x o t e" ein. In vielem kommt er dem „Eulenspiegel" nahe, und man kann gewiss nicht sagen, dass dem Komponisten das, worauf es hierbei wesentlich ankam, nämlich das Gefühl für den tragischen Humor der unsterblichen Gestalt des Cervantes gefehlt habe. Dazu war es ein ungemein glücklicher Einfall, die Variationenform, programmatisch motiviert, bei dieser Tondichtung anzuwenden (übrigens ganz entsprechend der „Rondoform" des „Eulenspiegel"). Was aber verhindert hat, dass aus „Don Quixote" ein ebenso vollkommenes Meisterwerk wurde, wie es in seiner Art der „Eulenspiegel" ist, das war doch offenbar der leidige Umstand, dass das Bestreben nach möglichst weitgehender Realistik in der klanglichen Schilderung der dichterischen Ereignisse die Instrumentierung des Don Quixote doch an mehr als einer Stelle im missglückten Experiment hat stecken lassen. Und damit komme ich auf den Punkt, der schliesslich für die Fortentwicklung des Symphonikers Strauss überhaupt zum Verhängnis werden musste. Kein Musiker hat es bisher auch nur entfernt soweit wie Strauss gebracht in der Kunst, den Hörer sozusagen mit den Ohren sehen zu lassen. Darin beruht seine eigentliche und persönliche Stärke, dass er den ideal-pathetischen Gestus der Tonsprache Liszts ausgebildet hat zu einer bis ins einzelne gehenden Gebärdensprache, die sich allen Ernstes unterfängt, die Vorgänge eines äusseren Geschehens nicht nur tonlich zu interpretieren (durch Offenbarung der in ihnen latenten Musik), sondern auch bis zur Wiedererkennbarkeit für das innere Auge zu zeichnen.

Dieses Unterfangen konnte unmöglich gelingen. Es führte Strauss einen Weg, auf dem vieles zu finden war, was die Ausdrucksmittel der Musik bereicherte, der sich schliesslich aber doch als eine Sackgasse erwies. Denn der „deiktische" Musiker, der seinen höchsten Artistenehrgeiz darin findet, den Dichter oder Maler als Schilderer objektiven Geschehens nicht etwa zu ergänzen, sondern mit ihm zu konkurrieren, muss notwendigerweise an einen Punkt kommen, wo er einsieht, dass es selbst der raffiniertest ausgebildeten Tonsprache nicht gelingen kann, auf diesem Wege ihren Gegenstand unmissverständlich wiederzugeben, dass sie vielmehr voll verständlich nur dann zu wirken vermag, wenn die von ihr illustrierten Vorgänge gleichzeitig auch a l s s o l c h e und nicht bloss im tönenden Abbild dem Zuhörer bis ins einzelnste hinein gegenwärtig sind. Das führt dann zu der Forderung, dass entweder der Hörer den Verlauf des Tonstückes mit Hilfe eines detaillierten „Programms" in seinem ganzen Verlaufe kontrolliere — eine Zumutung, deren Erfüllung den eigentlichen Kunstgenuss ohne weiteres aufheben würde —, oder aber dass diese Vorgänge dem Hörer zugleich auch als s i c h t b a r e vorgeführt werden, dass der Eindruck des Auges den des Ohrs, der Mimus die Musik begleite und erläutere.

So entsprang es einer inneren Notwendigkeit, dass sich Richard Strauss in den letzen Jahren von der Symphonik ab- und der Bühne zugewandt hat. Solche — und es gibt deren nicht wenige —, die für alles, was Strauss tut, die denkbar niedrigsten Beweggründe glauben annehmen zu müssen, könnten sich vielleicht zu der Annahme versucht fühlen, dass der Künstler mit seinem ganzen symphonischen Schaffen überhaupt nur den Zweck verfolgt habe, sich im Konzertsaal einen Namen zu machen, der ihm dann den soviel reichere Beute in Aussicht stellenden Sieg auf der Bühne sichern oder doch erleichtern sollte. Anständiger und auch sachlich gerechtfertigter wäre es, wenn man etwa meinen wollte, dass Strauss als Symphoniker sich das Werkzeug geschaffen und die Waffen geschmiedet habe, mit denen er nun um die Theaterherrschaft zu kämpfen sich anschickt, dass er an seiner symphonischen Produktion die Kräfte erproben und stählen wollte, die ihn auf der Bühne sollten triumphieren lassen. Doch,

RICHARD STRAUSS, ELEKTRA

so hoch man die Bedeutung von Straussens Uebergang zum Theater einschätzen möge: auch diese Auffassung der Straussischen Symphonik als einer Art von Propädeuse für die Straussische Dramatik wird einem Schaffen nicht im entferntesten gerecht, dem wir solche Werke wie „Don Juan", „Tod und Verklärung" und „Till Eulenspiegel" verdanken. Immerhin ist das e i n e gewiss, dass heute, an dem Punkte, wo Strauss im Verfolg der ihm eigentümlichen Richtung schliesslich angelangt ist, eher Aussicht besteht, dass er ein harmonisches, auch den in Dingen des Geschmacks peinlicher empfindenden Zuhörer voll befriedigendes Kunstwerk für die B ü h n e, als dass er es für den K o n z e r t s a a l schreibe.

Der allzu ausschliesslich auf äusserliche Sensationswirkung gestellten „Salome" konnte der ernste Musikfreund nicht werden. Aber es sind Anzeichen dafür vorhanden, dass „Elektra" in vieler Beziehung ganz anders ausgefallen ist, als ihre unmittelbare Vorgängerin. Wenn das tatsächlich der Fall wäre, wenn eine so eminente Begabung wie Strauss — das Höchste wohl, was ohne eigentliche Genialität in der Sphäre des Talents überhaupt möglich ist — den Weg zu ernstem künstlerischem Streben zurückfände, so würde das einen in seinem Werte kaum annähernd abzuschätzenden Gewinn für die deutsche Musik bedeuten.

Strauss unterscheidet sich unter anderem auch darin von den meisten seiner komponierenden Zeitgenossen, dass seine künstlerische Entwicklung weit weniger in gerader Linie verlaufen ist, dass die Bahn, die er durchmessen, reich ist an plötzlichen und unvermuteten Wendungen. Der Künstler, der als strammer Klassizist und einseitiger Brahmsverehrer unter der Aegide des damals der Neuromantik gänzlich entfremdeten Hans von Bülow begann, der dann durch den Einfluss Alexander Ritters zu einem ebenso einseitigen Anhänger der von der „Gegenpartei" vertretenen Kunstanschauung gemacht wurde — und die beiden entgegengesetzten Richtungen standen damals wirklich noch als zwei streng geschiedene feindliche Parteien einander gegenüber —, der weiterhin dazu fortschritt, in seinen symphonischen Tondichtungen die „illustrierende" Programmusik bis in ihre äussersten Konsequenzen hinein zu verfolgen, d. h. bis dahin, wo sie sich selbst *ad absurdum* führt, um, an diesem Punkt angelangt, aus dem Konzertsaal auf die Bühne überzutreten, wo er bis dahin erst einmal — ohne Erfolg — sich versucht hatte, — dieser vielgewandte und wandlungsfähige Künstler, der eben erst aus der *Juventus* in das mittlere Lebensalter übergetreten ist, kann seiner Zeit noch viele Ueberraschungen bereiten, und es ist gar nicht abzusehen, wohin ihn sein Genius schliesslich noch führen wird. —

Ganz anders als mit Strauss ist es mir mit M a x R e g e r ergangen. Der (geboren 1873 in der Oberpfalz als Sohn eines Lehrers, Schüler Hugo Riemanns in Sondershausen und Wiesbaden) war 1898 nach München gekommen. Bevor ich seine persönliche Bekanntschaft machte, hatte ich von seinen Kompositionen nur weniges gesehen oder gehört. Und ich glaube — so paradox es zunächst auch klingen mag —, dass die persönliche Bekanntschaft meinem Verhältnis zu dem K o m p o n i s t e n Reger nicht eben förderlich gewesen ist, dass es mir leichter geworden wäre, das Bedeutende an Regers Schöpfungen, das mir keinen Augenblick entgangen ist, auch ganz ungestört und unbefangen zu g e n i e s s e n, wenn ich mit dem Menschen Reger niemals in Berührung gekommen wäre. Nicht etwa persönlicher Differenzen und Konflikte wegen. Denn soweit von solchen überhaupt die Rede sein kann, waren sie nicht derart, dass sie mich irgendwie tiefer berührt hätten, und wenn das auch der Fall gewesen wäre, hätte derartiges doch höchstens die Veranlassung für mich sein können, meine Anstrengungen zum vollen Verstehen und Würdigen des Komponisten zu verdoppeln. Vielmehr scheint es mir, als ob bei Reger zwischen dem Menschen und dem Künstler überhaupt kein engerer Zusammenhang bestehe, oder dass doch dieser Zusammenhang bei ihm weniger offen zutage trete als bei irgend einem anderen Musiker der neueren Zeit. Es gibt Künstler, deren menschliche Persönlichkeit der beste, überhaupt denkbare Kommentar ihrer Werke ist. Als Muster eines solchen haftet mir Anton Bruckner in unauslöschlicher Erinnerung. Alles, was die Brucknersche Symphonie Problematisches und Zweifelhaftes hat, wurde einem wie in plötzlicher Offenbarung aufgeklärt, wenn man erst einmal in näherem Umgang diesen herrlichen Menschen kennen gelernt hatte, der an gesellschaftlicher und intellektueller Bildung ein ungeschliffener Bauer war und doch selbst im Umgang mit den geistig Höchststehenden die innere Ueberlegenheit der genialen Natur für das Auge des tiefer Blickenden stets erkennen liess. Im denkbar schärfsten Gegensatz hierzu ist Reger das extreme Beispiel eines „objektiven" Musikers, eines solchen, bei dem die Kenntnis des Menschen nicht nur nichts beiträgt zum Verständnis der Werke, sondern eher umgekehrt das, was man vom Menschen weiss, auch den Komponisten verdächtig macht und einen etwa vorhandenen Zweifel an dem Wert und der Bedeutung seines Schaffens eher mehrt als mindert.

Zu dem stimmt es denn auch, dass das, was mir überhaupt von Reger aufgegangen ist, sich mir zumeist erst erschlossen hat, nachdem der Künstler nach Leipzig übergesiedelt war. Die Begründung seines Komponistenrufes fällt in die Münchner Jahre. Hier hat er sich innerhalb kurzer Zeit, unterstützt vor allem auch durch die quantitative

Fruchtbarkeit seines Schaffens, zu dem Platz emporgearbeitet, an dem er heute steht: unmittelbar neben Richard Strauss, als der zweite bedeutende Musiker, dessen Eigentümlichkeit es ist, die G e g e n w a r t als typischer Repräsentant zu vertreten, in ausgesprochenem Gegensatz zu jenem, aber doch gerade in dem mit ihm verbunden, worin sie beide Kinder ihrer Zeit sind, als Jünger einer (im kunstgeschichtlichen Sinne) ausgesprochen b a r o c k e n Stilrichtung. Man kann sehr zweifelhaft sein, ob Strauss und Reger unter den Komponisten der Gegenwart die stärksten schöpferischen Naturen sind. Aber man darf nicht bestreiten wollen, dass diese beiden im allgemeinen Bewusstsein der Zeit als die ersten Musiker der Gegenwart g e l t e n. Und diese Tatsache hat sich auch darin ausgesprochen, dass beiden — Strauss von Heidelberg, Reger von Jena — die Würde des philosophischen Ehrendoktors zuerkannt wurde, eine Ehrung, die in diesem Falle (was man von den Ehrendoktorierungen unserer Universitäten nicht immer sagen kann) tatsächlich verdient war, insofern sie eine allgemeine Wertschätzung offiziell bestätigte und sanktionierte.

Mehr als auf irgend einem andern Gebiete verrät Reger auf dem seines symphonischen Schaffens das, was gerade von seinen eifrigsten Bewunderern (und vielleicht nicht immer ganz ohne Absicht) verkannt wurde: dass er nämlich direkten Weges von B r a h m s herkommt. Wie dieser Meister selbst hat sich auch sein Jünger erst spät dem Orchester zugewendet, zu einer Zeit, als er durch seine Orgelkompositionen, seine Kammermusikwerke, seine Klaviermusik und seine Lieder schon längst berühmt geworden war. Und wie bei Brahms hat man auch bei Reger das Gefühl, als ob es nicht sowohl ein innerer Drang gewesen sei, was sie schliesslich dem Orchester zuführte, als vielmehr die verstandesmässige Ueberzeugung, dass einer, der dem höchsten Gipfel des Parnass zustrebe, es schlechterdings nicht umgehen könne, auch auf symphonischem Gebiete sich zu betätigen. Wir besitzen von Reger, der mit der Anzahl seiner Werke schon weit über 100 hinausgeschritten ist, nicht mehr als 4 Orchesterschöpfungen: die Sinfonietta, die Serenade, die Variationen über ein Thema von Hiller und eine Ouverture. Auch abgesehen von der geringen oder doch spät erwachten Liebe zum Orchester, die sich darin ausspricht, mutet gerade in Regers Symphonik auch noch manches andere Brahmsisch an: so die gewisse „Verschämtheit", die sich in der Gattungsbezeichnung des ersten Orchesterwerkes ausspricht (das, zum mindesten seiner Ausdehnung nach, sehr wohl als „ausgewachsene" Symphonie hätte gelten können), das Zurückgreifen auf die Serenadenform, die Orchestervariationen nach einem fremden Thema, und dann vor allem auch viele Eigentümlichkeiten der Regerschen Tonsprache selbst, die im Orchester (wie zum Teil auch in der Kammermusik) die stärkste Abhängigkeit von Brahms aufweist, eine stärkere jedenfalls als auf der Orgel, wo in der Hauptsache doch wohl Bach als der geistige Ahnherr Regers anzuerkennen ist, oder auch im Liede, wo er im Verlaufe seiner Entwicklung immer „moderner" geworden ist.

Wenn man aber mit mir darin übereinstimmen wollte, dass von den drei ersten Orchesterschöpfungen des Leipziger Meisters (— die Ouverture ist mir noch nicht bekannt geworden —) den Hiller-Variationen unbedingt der Preis gebühre, so würde das die Auffassung derer bestätigen, die da meinen, dass die eigentliche Stärke seiner schöpferischen Phantasie nicht im Erfinderischen, sondern im Kombinatorischen zu suchen sei. Damit ist natürlicherweise nicht gesagt, dass Regers Musik als ausgeklügelte und errechnete „Verstandesmusik" zu gelten habe, wohl aber das: dass man sein schöpferisches Vermögen insofern nicht als primär sondern als sekundär ansehen müsse, als es im Neuschaffen weniger gross sei als im Nach- und Umschaffen. Wozu dann weiterhin noch stimmen würde, dass Reger auch auf dem Instrument, von dem er ursprünglich ausging, auf der Orgel dann am stärksten wirkt, wenn er über thematisches Material von fremder Erfindung zu verfügen hat (wie im Choralvorspiel) und dass er (auch darin mit Brahms verwandt) ein Meister der Kopie ist: der Bach-Kopie in manchen Choralvorspielen, der Kopie des archaischen *a cappella*-Stils in verschiedenen volksliedartigen Gesängen u. a. m. Aber eines unterscheidet Reger von Brahms aufs allerbestimmteste, das, worin der jüngere Musiker eben spezifisch „modern" ist. Brahms war eine ausgesprochene und bewusst apollinische Natur, ein Meister im Masshalten, in der Beschränkung und Begrenzung. Reger ist ebenso entschieden Dionysier, — und zwar nicht nur insofern, als Dionysos identisch mit Bacchus ist. Seine Welt ist ein Chaos im Vergleich mit dem Kosmos der Brahmsischen Kunst, was er verschenkt, ein wild gährender Most, von dem man heute noch nicht wissen kann, ob er sich je einmal abklären werde zum ruhigen und reifen Firn, ja, von dem nicht einmal ohne weiteres feststeht, ob ihm solche Abklärung überhaupt zu wünschen sei.

Ob dieses Chaos der Regerschen Tonwelt ein solches ist, das „Sterne zu gebären" vermag, das ist die Frage. Dass es nicht ohne weiteres klar ist, ob es sich da um eine Schwäche handelt, die nicht Ordnung zu schaffen vermag, oder um eine Ueberfülle des Innern, um einen nicht zu bändigenden Strom, der, alle Dämme überflutend, jeder ordnenden Kraft, und sei sie die grösste, spotten würde, darin beruht das Problematische in der Erscheinung dieses merkwürdigen Künstlers. Kein Zweifel: ein Mann wie Max Reger k a n n eine Gefahr für unsere Musik bedeuten. Freilich nicht in dem Sinne, wie derartige extreme und radikale Naturen von „Konfusions-Hofräten" und ihresgleichen gewöhnlich als eine Gefahr für die Kunst hingestellt werden: als ob sie mit ihrem Schaffen selbst die Musik auf Abwege brächten und verdürben. Denn zugegeben selbst, dass es überhaupt einem einzelnen möglich sei, die Kunst auf Abwege zu bringen, so wäre eben doch in Wahrheit kaum mehr etwas zu verderben an einer Kunst, die sich aus solcher Verführung nicht wieder auf den rechten Weg zurückfände, — und zwar bereichert zum mindesten um d e n Gewinn, den eine schlimme Erfahrung immer bringt. Aber d i e Gefahr ist nicht zu verkennen und nicht zu unterschätzen, dass eine Kunst, wie die Regers, nicht nur auf das grosse Publikum, sondern auch auf die engeren Kreise der Kenner und Fachleute dadurch verwirrend wirke, dass man sich — unter dem Einfluss einer Auto- (oder auch Fremd-) suggestion — künstlich für sie begeistere, ohne faktisch begeistert zu s e i n, dass sie zur weiteren Verbreitung der snobistischen Kunstheuchelei beitrage, an der unsere Zeit ohnedies so stark erkrankt ist. Denn allzuleicht unterliegt auch der Vorsichtigere der Versuchung, aus dem richtigen Satze: Alle wahrhaft bedeutende Kunst ist, wenn sie neu auftritt, schwer verständlich, — die falsche Umkehrung zu folgern: Alle Kunst, die bei ihrem ersten Auftreten schwer verständlich wirkt, muss bedeutend sein.

Ich für meinen Teil stehe heute zu Reger so: es ist nicht sehr viel, aber immerhin doch manches, was mir bei Reger einen ganz ausserordentlich starken Eindruck gemacht hat. Daran erfreue ich mich, so oft es mir begegnet, und dieses Wenige bestimmt mich auch, dass ich allem, was ich von Reger höre oder sehe, die grösste Aufmerksamkeit und das grösste Interesse entgegenbringe, und auf alle Fälle den stets bereiten guten Willen, mich begeistern zu lassen, wann und wo es nur immer geht. Ich würde unehrlich sein, wenn ich diese Begeisterung da erheucheln wollte, wo ich sie nicht habe; aber ebensowenig würde es mir anstehen, wenn ich mich darum, weil die Versuche, zu Reger in ein wirklich vertrautes Verhältnis zu kommen, bis jetzt nicht immer glücken wollten, davon abhalten liesse, sie immer wieder zu erneuern. —

Während Strauss zwar einen bedeutenden, vielleicht sogar den bedeutendsten Teil seines Schaffens der Symphonik gewidmet, aber immerhin doch auch auf anderen Gebieten sich in quantitativ und qualitativ bedeutsamer Weise schaffend betätigt hat, während innerhalb der Regerschen Produktion die Orchesterwerke gar nur eine nebensächliche Rolle spielen, ist G u s t a v M a h l e r*) als der einzige unter den Lebenden ausschliesslich S y m p h o n i k e r (oder nahezu ausschliesslich: denn die wenigen Lieder mit Klavier- und Orchesterbegleitung, die er ausser seinen Symphonien schrieb, fallen kaum ins Gewicht). Diese Ausschliesslichkeit in der symphonischen Betätigung, und auch der Umstand, dass kein anderer Komponist unserer Zeit durch die eigene Interpretation den Eindruck seiner Werke so wirkungsvoll hat unterstützen können wie dieses faszinierende Dirigentenphänomen, — diese beiden Dinge haben es wohl bewirkt, dass dem symphonischen Schaffen des Wiener Hofoperndirektors allgemein eine Teilnahme entgegengebracht wurde, die dieses Schaf-

---

*) Geboren 7. Juli 1860 in der Nähe von Iglau (an der böhmisch-mährischen Grenze), Schüler Bruckners am Wiener Konservatorium, nach Absolvierung mehrerer kleiner Anfangsstellungen 1885 Kapellmeister in Prag, dann vorübergehend in Leipzig, 1888 Operndirektor in Pest, 1891—1897 erster Kapellmeister am Hamburger Stadttheater, dann Direktor der Wiener Hofoper bis 1907.

fen allein kaum hätte finden können. Denn um diese Symphonien, von denen bis jetzt s i e b e n an die Oeffentlichkeit gelangt sind, auch nur im vollen Sinne des Wortes e r n s t zu nehmen, dazu gehört eine Unsicherheit in der elementarsten Funktion des künstlerischen Urteilens, in der Unterscheidung des Echten vom Unechten, die nur bei gänzlicher Kunstblindheit oder einer völligen Verderbtheit der „witternden Instinkte" denkbar ist. Max Reger i s t ein Problem, und ebenso verstehe ich es, dass man sich bei Richard Strauss über manches im unklaren sein kann: es ist e r l a u b t, über diese beiden zweierlei Meinung zu sein. Nicht so bei Gustav Mahler. Da ist alles klar, offenkundig, eindeutig. Wer sich hier täuscht, begibt sich fürderhin jeglichen Anspruches auf ernsthafte Beachtung seines Urteils, oder aber er muss eingestehen, dass er mit seiner ästhetischen Wertung auf einem ganz fremden Boden steht, dass zwischen ihm und uns, d. h. den Angehörigen okzidentalischer Kultur und okzidentalischer Rasse eine durch nichts zu überbrückende Kluft besteht.

Ich habe mit dieser letzten Andeutung einen Zusammenhang berührt, innerhalb dessen Mahler allerdings zwar nicht selbst ein Problem ist, wohl aber an einem Problem teil hat. Es ist das Problem von der Stellung des J u d e n innerhalb unserer abendländischen Kultur- und Geistesgemeinschaft. Obwohl der ernstgesinnte Teil der Juden selbst das Problematische dieser Stellung heute schon klar erkannt hat und selbst vor einer offenen Diskussion dieses Problems nicht mehr zurückschreckt, ist es immer noch heikel, davon zu reden. Denn man riskiert, von Unverstand oder Böswilligkeit ohne weitere Umstände des Antisemitismus geziehen zu werden, wenn man unbefangen genug ist zu erkennen und anzuerkennen, dass ein deutscher Jude doch noch ein klein wenig etwas anderes ist als nur einfach ein „deutscher Staatsbürger mosaischer Konfession". Aber auf die Gefahr hin, dass man mich einer Partei zuzähle, deren Anschauungen und Tendenzen ich als töricht und roh empfinde, muss ich es frei heraus sagen: das, was so grässlich a b s t o s s e n d an der Mahlerschen Musik auf mich wirkt, das ist ihr ausgesprochen j ü d i s c h e r Grundcharakter. Und zwar, um ganz genau zu sein, nicht dieser allein. Denn das Jüdische als solches könnte wohl exotisch, fremd und fremdartig, aber zunächst noch nicht abstossend wirken. Wenn Mahlers Musik jüdisch s p r e c h e n würde, wäre sie mir vielleicht unverständlich. Aber sie ist mir widerlich, weil sie j ü d e l t. Das heisst: sie spricht musikalisches Deutsch, wenn ich so sagen darf, aber mit dem Akzent, mit dem Tonfall und vor allem auch mit der G e s t e des östlichen, des allzu östlichen Juden. Der Symphoniker Mahler bedient sich der Sprache Beethovens und Bruckners, Berlioz' und Wagners, Schuberts und der Wiener Volksmusik, — und man muss es ihm lassen, dass er sich die Grammatik und Stilistik dieser Sprachen leidlich angeeignet hat. Aber dass er für die mit feineren Ohren Begabten mit jedem Satze, den er spricht, eine ähnliche Wirkung macht, wie wir sie erleben, wenn etwa ein Komiker des Budapester Orpheums ein Schillersches Gedicht rezitiert, und dass er selbst davon gar keine Ahnung hat, wie grotesk er sich in der Maske des deutschen Meisters ausnimmt, darauf beruht der innere Widerspruch, der den Mahlerschen Werken jenen Charakter des peinlich U n e c h t e n aufprägt: ohne dass er selbst es merkt — denn an der subjektiven Ehrlichkeit der Mahlerschen Musik habe ich keinen Augenblick gezweifelt — spielt er eine Rolle, deren glaubhafte Durchführung ihm von vornherein, sozusagen schon „konstitutionell", unmöglich ist.

Es ist nun möglich, dass dieses objektiv Unechte der

Mahlerschen Symphonik von weniger instinktsicheren Beurteilern nicht, oder doch minder stark empfunden werde. S i e können Mahler ernst nehmen. Aber von diesem Ernstnehmen bis zum Hochschätzen oder gar Bewundern ist immer noch ein weiter Schritt, und ich begreife nicht, wie man der Mahlerschen Musik, selbst wenn man sie ernst nimmt, irgendwelchen höheren W e r t zuerkennen kann. Denn auch dem, den sie nicht gerade beleidigt, kann sie doch unmöglich etwas s a g e n, und man braucht von der künstlerischen Persönlichkeit Mahlers noch keineswegs abgestossen zu sein, um die völlige Leerheit und Nichtigkeit einer Kunst einzusehen, in der der Krampf eines ohnmächtigen Schein-Titanentums sich auflöst in das platte Behagen an gemeiner Nähmädel-Sentimentalität, und wo die kindliche, um nicht zu sagen: kindische, Freude an billigen Instrumentationswitzen, die noch nicht einmal immer gut klingen, sich den Anschein geben möchte, als ob ein zweiter Berlioz erstanden sei (dem es doch, nebenbei gesagt, um etwas ganz anderes zu tun war!). Dass diese absolute Ohnmacht des schöpferischen Willens bei Mahler, diese Impotenz eines „Mögens" ohne jegliches „V e r mögen" jemals verkannt wurde, hätte unmöglich geschehen können, wenn die Mahlersche Tonsprache nicht über gewisse Hilfsmittel verfügte, die zum Täuschen geeignet sind. Die äussere und äusserliche Wirkung, der „Effekt" kann unter Umständen bei ihm so stark sein, das technische Interesse des Fachmannes kann durch sein in mancher Hinsicht virtuoses Können so lebhaft gefesselt, das Unterhaltungsbedürfnis dessen, der durch Musik bloss amüsiert sein will, so gut befriedigt werden, dass man denen, die sich etwa durch die zweite Symphonie (in C-Moll) kaptivieren liessen, mildernde Umstände zubilligen mag. Allerdings hätte ihr irregeführtes Urteil durch Erfahrungen, wie sie an anderen, z. B. der siebten in E-

Moll, zu machen waren, dann wohl wieder zur Besinnung gebracht werden können und sollen.

Wenn ich von dem Symphoniker Mahler gesagt habe, dass er von Bruckner herkomme und seine Symphonie ohne das Vorbild Bruckners nicht denkbar sei, so ist es nach all dem eben Gesagten klar, dass mir nichts ferner lag als etwa eine i n n e r e W e s e n s v e r w a n d t - s c h a f t der Kunst Mahlers mit der Bruckners zu behaupten. Von einer solchen kann keine Rede sein, und die Auffassung Mahlers als desjenigen, der Bruckner „erfüllt" und vollendet habe, ist vielleicht der Gipfel der Unsinnigkeiten, die heutigen Tages über musikalische Dinge so reichlich verbreitet werden. Vielmehr steht Mahler zu Bruckner nicht anders als wie Meyerbeer zu Berlioz nach dem Urteil Richard Wagners (Oper und Drama I, 5). Er hat das von seinem Lehrer hinterlassene künstlerische Erbe exploitiert, indem er dessen musikalische A u s - d r u c k s mittel als äusserliche E f f e k t mittel sich aneignete. Obwohl so weder die beiden Persönlichkeiten irgend etwas miteinander gemein haben, noch auch ihr Schaffen, von innen angesehen, wirkliche und wesentliche Vergleichspunkte bietet, wird die geschichtliche Betrachtung doch einmal genötigt sein, Mahler unmittelbar neben Bruckner zu stellen. Denn, um es zu wiederholen: die F o r m der Symphonie, wie sie Mahler für seine besondern Zwecke entwickelt hat, wäre undenkbar gewesen, wenn er nicht (neben dem Berlioz') den entscheidenden Einfluss Bruckners erfahren hätte,— und zwar machte sich dieser formale und äusserlich reminiszierende Einfluss Bruckners um so stärker geltend, je mehr der Komponist im Laufe der Zeit seine von Anfang an problematische Stellung zur Programmusik änderte und von der illustrierenden Musik allmählich zu einer Richtung überging, die — so sehr sie auch von aussermusikalischen Bildern und

Vorstellungen faktisch inspiriert sein mag — doch eine programmatische Ausdeutung des musikalischen Inhalts prinzipiell ablehnt. —

Aus dem grossen Kreis der Brucknerschüler hat sich ausser Mahler nur noch ein einziger auf dem Gebiete der Symphonie hervorgetan: Friedrich Klose (s. S. 125). Seiner dramatischen Symphonie „Ilsebill", die nur ihrer zwar nicht unmotivierten, aber doch irreführenden Titelbezeichnung nach hierher gehört, wurde schon gedacht. Früher als sie (1896) entstand ein Werk, das nach dem gewöhnlichen Sprachgebrauch eine Symphonie ist, vom Komponisten aber (des durchaus „programmusikalischen" Inhalts wegen) „symphonische Dichtung" genannt wird: „Das Leben ein Traum".*) Mit Mahler hat der Symphoniker Klose eines gemeinsam: dass er nämlich zu den ganz wenigen deutschen Komponisten gehört, die durch Berlioz unmittelbar (nicht nur *via* Wagner und Liszt) beeinflusst wurden, und zwar derart, dass das Vorbild in ihren Werken deutlich erkennbar nachzuweisen ist. Im übrigen lassen sich kaum grössere Gegensätze denken, als sie in diesen beiden zutage treten. Aeusserlich angesehen, ist Mahler in höherem Masse als sein jüngerer Studiengenosse ein Vertreter der Brucknerschen Schule. Denn weder von Bruckner-Reminiszenzen, wie sie bei Mahler nicht selten sind, noch auch von einer Einwirkung des formalen Typs der Brucknerschen Symphonie lässt sich in Kloses symphonischem Werke etwas verspüren. Aber, wie schon angeführt: das, was Mahler mit Bruckner verbindet, ist eben bloss äusserlich. Dagegen hat Klose das Wesentliche mit seinem Lehrer und Meister gemein, dass er einer von denen ist, deren Kunst wohl eine Mei-

---

*) Vergl. R. Louis: Friedrich Klose und seine symphonische Dichtung „Das Leben ein Traum" (Münchner Broschüren, herausgegeben von Georg Müller, Heft 3), München und Leipzig 1905.

nungsverschiedenheit über ihre Grösse und Bedeutung, aber ganz und gar keinen Zweifel über ihre E c h t h e i t erlaubt. Und darin steht gerade Klose unter den zeitgenössischen Komponisten nahezu einzig da, dass er nirgends und in nichts anders erscheinen will, als er ist. Keiner ist weiter entfernt von jeglicher Art von Pose und Affektation. Klose ist weder die stärkste noch auch die eigenartigste schöpferische Begabung der Gegenwart, wohl aber unter denen, die als bedeutend anerkannt werden dürfen, die s c h l i c h t e s t e. Für das, was er sagen will, wählt er immer den einfachsten und natürlichsten Ausdruck, und wenn der Gedanke oder die Stimmung, die er in Tönen wiedergeben will, gerade einmal derart sind, dass sie auch schon andere vor ihm zum Ausdruck gebracht haben, so zieht er es vor, sich ruhig an diese seine Vorgänger anzulehnen, statt durch eine forcierte Originalitätssucht zur Fälschung des auszudrückenden Inhalts sich verleiten zu lassen. Das gibt Kloses Tonsprache den Charakter jener anständigen S a c h l i c h k e i t, durch die sie sich so vorteilhaft auszeichnet, und die sich freilich nur der leisten kann, der weiss, dass er etwas Eigenes zu sagen hat, und dass er auch da, wo er nicht gerade noch nie Dagewesenes sieht und gestaltet, durch die Art und Weise, w i e er es sieht und gestaltet, seinen künstlerischen Gebilden den Stempel persönlicher Eigenart aufzudrücken vermag. —

Von allen, die in unsrer Zeit auf symphonischem Gebiete um die Siegespalme gestritten haben, ist R i c h a r d S t r a u s s weitaus am erfolgreichsten gewesen. Kein Wunder also, dass er auch unter den jetzt Lebenden der erste, wenn nicht der einzige ist, bei dem man schon von einem nachweisbaren Einflusse seines Schaffens auf die jüngeren Generationen reden kann. Bevor ich mich jedoch der Strauss-Nachfolge in unserer modernen Symphonik zuwende, sind noch einige Namen zu nennen, deren Träger, teils älter, teils gleichaltrig oder selbst jünger als Strauss, insofern in dessen Nähe gehören, als auch sie, von der symphonischen Dichtung Liszts ausgehend, als überzeugte Anhänger der Programmusik auftreten, ohne dass aber die „Tondichtung" Richard Strauss' bereits auf sie eingewirkt hätte. Da begegnet uns zunächst einmal Paul Geisler (geb. 1856, lebt in Posen), der nach der Aufführung seiner symphonischen Dichtung „Der Rattenfänger von Hameln" bei der Magdeburger Tonkünstlerversammlung des Allgemeinen Deutschen Musikvereins (1880) in zukunftsmusikalischen Kreisen eine Zeitlang für eine werdende Grösse galt, dann aber bald in Vergessenheit geriet. Weiterhin ist an Hugo Wolf (s. S. 73) zu erinnern, dessen „Penthesilea" freilich kaum sonderliche Beachtung hätte finden können, wenn sie nicht die verfehlte Schöpfung eines Genies gewesen wäre, und an Felix Weingartner, der späterhin dann als einer der ersten unter den Jüngeren sich entschieden von der Programmusik abwandte. Nicht zu seinem Vorteil: denn gerade er ist ein Beleg dafür, dass ein nicht ausgesprochen eigenschöpferisch veranlagter Komponist heutigen Tages auf alle Fälle besser fährt, wenn er Anregung und Inhalt für sein musikalisches Schaffen sich von aussermusikalischem Gebiete herholt. Weingartners symphonische Dichtungen: „Die Gefilde der Seligen" und „König Lear" lassen zwar gewiss keinen Zweifel darüber, dass diesem hochbegabten Künstler, dem wesentlichen nach beurteilt, auch als Komponist nur reproduktive Fähigkeiten eignen. Aber wieviel sympathischer, frischer und natürlicher betätigt sich dieses nachschaffende Vermögen in den beiden symphonischen Dichtungen, wie sind sie vor allem auch so viel kräftiger in der Erfindung als die späteren Symphonien, von denen die zweite in Es-Dur in ihrem prätentiösen, pseudoheroischen Auftreten noch viel übler wirkt als ihre so viel schlichtere Vorgängerin in G. — Max Schillings' (s. S. 112) hat das symphonische Gebiet nur einmal flüchtig betreten mit seinen beiden zusammengehörigen symphonischen Phantasien „Meergruss" und „Seemorgen", deren etwas sprödes Orchestergewand — mit eine Folge der Ueberladung des Satzes mit halb kontrapunktierenden, halb bloss figurativ begleitenden Nebenstimmen — ihrer Verbreitung und Würdigung einigermassen im Wege gestanden ist. Mit grösserer Beharrlichkeit und auch mit grösserem Erfolge hat sich ein anderer Münchner dem Dienste der symphonischen Muse gewidmet: Siegmund von Hausegger (s. S. 84). Mit der „Dionysischen Phantasie", die er 1899 seinem „Zinnober" folgen liess, setzte er jugendlich überschäumend, aber vielversprechend ein. Der dreisätzige „Barbarossa" (1902) zeigte dann eine erfreuliche Abklärung. Hausegger hatte als deutschnationaler Oesterreicher die Gefühle der Not und Verzweiflung, des Harrens und Bangens, sehnsüchtiger Träumerei und stillen Hoffens, er hatte alle die Empfindungen eines in seinen heiligsten Rechten gekränkten und in seinem nationalen Besitzstande. gefährdeten Volkes mit eigenen Herzen erlebt, und das gab seinen Tönen die innere Wärme und Ueberzeugungskraft, auf denen ihre starke Wirkung beruht. Der mittlere Satz des „Barbarossa" („Im Zauberberg") ist das Beste, was dem Komponisten an Instrumentalmusik gelungen, und eines der schönsten Stücke der neueren Symphonik überhaupt. Hauseggers letztes symphonisches Werk: „Wieland der Schmied" (1904) habe ich dagegen leider dem „Barbarossa" gegenüber als einen Rückschritt empfinden müssen, verursacht vielleicht dadurch, dass der Komponist gerade damals, als er mit so starkem Nachdruck die reproduktive Kunst des Dirigenten pflegte, der zum eigenen Schaffen erforderlichen Ruhe und Sammlung entbehrte. Namentlich steht „Wieland der Schmied" auch in dem hinter dem „Barbarossa" zurück, was mir das eigentlich Entscheidende an jedem Werke der Programmusik zu sein scheint: in der Art und Weise, wie die dichterische Idee die musikalische Form gestaltet. Gerade hierin ist „Barbarossa" mit seiner geschickten Anlehnung an das Schema der viersätzigen Symphonie mustergültig, während das Nacheinander der einzelnen Teile des „Wieland" schliesslich doch auf den unmöglichen Versuch einer „Erzählung in Tönen" hinausläuft. —

Schon bei Richard Strauss konnte man in einzelnen Werken die Erfahrung machen, dass das Bestreben, einerseits in seinen Tönen sich selbst zu geben, anderseits aber auch den heroischen Grundzug zu wahren, der der höheren deutschen Musik seit Beethoven innewohnt, den Komponisten dazu verleitete, sich als etwas zu geben, was er nicht ist, in der Maske des Helden aufzutreten, die ihm nicht ansteht, und eine Rolle zu spielen, die man ihm nicht glaubt. Dahin gehört das „Heldenleben" und (in den ernstgemeinten Partien, die das Schicksal Kuonrats mit dem Richard Wagners parallelisieren) die „Feuersnot". Richard Strauss ist keine Heldennatur, aber gewiss doch ein „ganzer Kerl" in jeder Beziehung, und so kann sich denn die Autoapotheose dieses Mannes, der jedenfalls ein bedeutender Künstler ist, schliesslich auch der gefallen lassen, der sie nicht berechtigt und vor allem nicht geschmackvoll findet. Anders ist es aber, wenn die Nachahmer — *servum pecus!* — ihrem Meister nun gerade darin folgen, dass sie sich und ihre Lebensschicksale gleichfalls im Lichte des heldenhaft Uebermenschlichen erblicken und darstellen. Dann wird die Sache komisch. Die Zahl derer, die sich durch Richard Straussens vorgebliches Heldentum haben verführen lassen, in ihren musikalischen Schöpfungen stolz zu bekennen, dass auch sie nicht aus dem Holze gewöhnlichen Menschentums geschnitzt sind, dass auch sie gegen Widersacher gekämpft und diverse Weltanschauungen überwunden haben, ist nicht gering. Als typische Beispiele für diese Erscheinung möchte ich zwei nicht gering begabte Männer herausgreifen, deren Schaffen auch noch in anderer Beziehung lehrreich ist: Jean Louis Nicodé*) und Paul Scheinpflug.**)

Das erste Werk, durch das sich Nicodé als Orchesterkomponist weiteren Kreisen bekannt machte, waren seine „Symphonischen Variationen" op. 27. Der Komponist hat sie Johannes Brahms gewidmet, und schon dieser Widmung lässt sich entnehmen, wie wenig himmelstürmerisch sie sind. Ein guter und ernster Musiker spricht aus dieser soliden Arbeit, die gediegen, aber eher etwas philiströs als genialisch anmutet. Aber ein Vorzug lässt sich ihr nicht absprechen: sie weckt durchaus den Eindruck, als ob diese Töne der getreue Ausdruck der Persönlichkeit ihres Schöpfers seien. Verfolgt man nun Nicodés weitere Entwicklung über die schon wesentlich anspruchsvollere Symphonie-Ode „Das Meer" (op. 31, für Männerchor, Solo, grosses Orchester und Orgel), in der er übrigens

---

*) J. L. Nicodé, geb. 1853 bei Posen, Schüler von Kullak, Wüerst und Kiel in Berlin, wo er sich auch zunächst als Klavierlehrer und Pianist betätigte, 1878—1885 Lehrer am Dresdener Konservatorium, bis 1888 Leiter der Philharmonischen Konzerte zu Dresden, die er 1893—1900 als »Nicodé-Konzerte« wieder aufnahm, seitdem nur der Komposition lebend. Vergl. Th. Schäfer: Jean Louis Nicodé in „Moderne Musiker", Berlin, Harmonie.

**) Paul Scheinpflug, geb. 1875 bei Dresden, Schüler von Braunroth und Draeseke am Dresdener Konservatorium, lebt als Konzertmeister und stellvertretender Dirigent des städtischen Orchesters in Bremen.

w e s e n t l i c h noch keinen höheren Ruhm anstrebt als den eines deutschen Félicien David, — bis zu dem in jeder Beziehung monströsen „Gloria", so kann man sich nicht wohl des Gedankens erwehren, als ob hier eine von Haus aus keineswegs zum Titanen geborene Natur durch das böse Beispiel der Zeitgenossen und zuletzt vor allem auch durch das lockende Vorbild eines Richard Strauss verleitet worden sei, die Bedeutung der eigenen Person zu einer Höhe hinaufzuschrauben, die ihr nicht zukommt und nicht zusteht. Dieses „Sturm- und Sonnenlied" erhebt den Anspruch, nicht nur ein Glaubensbekenntnis, sondern auch eine Lebensgeschichte in Tönen zu geben, und zwar die Lebensgeschichte des Komponisten selbst, der aber eben deshalb, weil er von der inneren Berechtigung solcher Selbstglorifizierung nicht zu überzeugen vermag, sich darin zur Rolle des unbewussten Poseurs verurteilt hat. An Nicodés Gloria-Symphonie ist ungewöhnlich und extravagant alles, was zum ä u s s e r e n Apparat gehört: die zeitliche Dauer, die die Aufführung beansprucht, die orchestralen Mittel, die der Komponist aufwendet, die programmatischen Prätentionen usw. Durchaus im Gewöhnlichen und Herkömmlichen bewegt sich aber bei Nicodé alles, was das eigentliche Wesen, das Innere der Sache betrifft. Gewöhnlich sind seine musikalischen Einfälle, gewöhnlich und abgebraucht auch die Ideen, die den gedanklichen Inhalt des Nicodéschen Welt- und Lebensanschauungsbekenntnisses ausmachen, gewöhnlich sogar (wenigstens in ihrem Kern) die musikalische Sprache, deren sich der Künstler bedient. Dabei soll keineswegs verkannt werden, dass es sich bei diesem Werke um eine gross und ernst gewollte Sache handelt, dass die einheitliche Durchführung eines solchen weitausholenden Planes an sich schon Bewunderung wecken muss, wie auch dass die Musik des „Gloria" im einzelnen unleugbare Schönheiten enthält. Nur auf den klaffenden Widerspruch wollte ich mit allem Nachdruck hinweisen, der besteht zwischen dem, was Nicodé prätendiert, und dem, was er leistet und ist. Man hat in neuerer Zeit die halbwidersprechenden Begriffe „Bildungsphilister" und „Kunstphilister" geprägt. Wenn man vor einem **ganz** widersprechenden Begriffe als Bezeichnung für eine widerspruchsvolle Sache nicht zurückschrecken wollte, könnte man sagen: Nicodé repräsentiert den „**Genialitätsphilister**", d. h. den Philister, der sich als das Gegenteil seiner selbst, nämlich als Genie gebärdet.

Ein „Kampf- und Lebenslied" gleich Nicodés „Gloria" ist auch das grosse Orchesterwerk von Paul Scheinpflug: „Frühling" (op. 8). Und auch bei ihm derselbe Widerspruch, dass einer, dem es an **innerer** Grösse fehlt, mit Hilfe **äusserer** Mittel als ein Grosser erscheinen will, mit dem **einen** Unterschiede vielleicht, dass von dem ungestümen Sturm und Drang, den Nicodé markiert, in Scheinpflug doch wirklich etwas lebendig zu sein scheint. Dafür sind es aber zwei andere für eine gewisse Art von Strauss-Nachahmern besonders charakteristische Eigenschaften, durch die sich Scheinpflugs Tondichtung nicht zu ihrem Vorteil von dem Nicodéschen Werke unterscheidet. Die eine dieser beiden Eigenschaften findet sich schon bei Strauss selbst, und zwar, wie mich bedünken will, beim späteren Strauss in höherem Masse als beim früheren und am stärksten wohl in der „Salome". Ich meine die unvermittelte und unausgeglichene Vorliebe sowohl für extrem gewagte als auch für extrem billige Effekte, für die Kakophonie wie für die Trivialität, für das, was auch die „fortgeschrittensten" Ohren nicht mehr als musikalisch zu hören vermögen, und das, was auch der anspruchsloseste Hörer als **zu** banal empfindet. Wie bei Strauss ist es auch bei Scheinpflug nicht sowohl eine naive als eine **sen-**

timentale Trivialität, die den Feinerfühlenden abstösst — man denke an all das, wobei Richard Strauss, wenn er ein eigenes Werk dirigiert, „Schmalz" von den Geigen zu verlangen pflegt —, und auch bei dem Jünger würde man wohl fehlgehen, wenn man an eine spekulative Absicht bei dieser Mischung ästhetisch schwer vereinbarer Elemente denken wollte, wie man ja ganz gewiss dem Meister unrecht tat, als man seine gelegentliche Aeusserung ernst nahm, die da lautete: das Publikum lasse sich an „Kühnheiten" alles bieten, wenn man nur dafür Sorge trage, zwischenhinein auch mal etwas für den s c h l e c h t e n Geschmack zu bringen. Nein, bei beiden darf man annehmen, dass die Trivialitäten, die sie schreiben, ihnen selbst wirklich gefallen, und psychologisch ist ja gewiss nichts Auffallendes daran, dass die Theorie von den „zwei Seelen" in der Brust des Menschen auch auf diesem Gebiete recht behält. Ja sogar ästhetisch liesse sich wohl nichts dagegen einwenden, wenn diese beiden entgegengesetzten Tendenzen, die zum Charakteristisch-Hässlichen und die zum „Gefühlvoll"-Trivialen, so wie sie gleicherweise im Herzen des Komponisten lebendig sind, auch in seinem Werke zutage träten. Nur dass sie so unvermittelt nebeneinander herlaufen und immer alternierend auftreten, ohne dass die eine auf die andere im Sinne einer Fesselung und Beschränkung ihres extremen und radikalen Charakters einwirkte, das beeinträchtigt die Einheitlichkeit des Kunstwerkes und ist so ein o b j e k t i v e r ästhetischer Mangel — auch abgesehen von der Art und Weise, wie die Zügellosigkeit nach der einen oder andern Richtung etwa auf einen ganz bestimmten Hörer und Beurteiler s u b j e k t i v abstossend wirkt.

Sich mit übermässig scharfem Gewürze Mund und Rachen zu verbrennen und dazu auch noch mit allzu süssem Geschlecke sich den Magen zu verderben, das sind die beiden Gefahren, denen man sich beim Anhören solcher Musik gleichzeitig aussetzt. Der eine wird dieses, der andere jenes mehr scheuen; aber nur schwer dürfte sich ein Liebhaber finden, dem beides gleicherweise mundet. Zum mindesten dann nicht, wenn die Vereinigung von Kakophonie- und Trivialitätssucht so auftritt wie bei Scheinpflug, der sich darin recht eigentlich als die K a r i k a t u r des Straussischen Vorbildes gibt. Und auch in jener anderen Eigenschaft vergrössert und vergröbert er Mängel, die uns schon bei Strauss, wenn auch in minderem Masse begegnen. Mehr als jemals bei diesem und mehr selbst als Nicodé verrät die barocke Geschmacklosigkeit in der Art, wie Scheinpflug seine programmatische Grundidee gestaltet und durchführt, dass es nur die Zeitmode ist, was ihn zur Programmusik führt, dass er gar nichts vom Dichter in sich hat, sondern eben nur ein Musikant ist, der weit besser fahren würde, wenn er nach gutem, altem Muster Sonaten, Trios und Quartette komponierte. Männern wie Berlioz und Liszt war die Programmusik schon deshalb persönlich angemessen, weil sie als literarisch gebildete und selbst literarisch tätige Menschen wie von selbst darauf kommen mussten, ihre literarische Existenz mit ihrer musikalischen Existenz dadurch in eine gewisse Verbindung zu bringen, dass sie den Musiker an den Ideen und Gedanken teilnehmen liessen, die ihnen als Kindern einer vorwiegend literarischen Geisteskultur geläufig waren. Es ist der Vorzug und die Schranke der poetisch inspirierten neueren Instrumentalmusik, dass sie den „g e b i l d e t e n" Menschen von heute sowohl als Schöpfer wie auch als Geniessenden voraussetzt. Ausserhalb der Sphäre der literarischen Bildung ist sie unmöglich, und eben darum wirken Leute ohne literarische Bildung und Kultur so ganz schrecklich, wenn sie als Programmusiker auftreten, während sie als absolute Musiker — man denke etwa an Bruckner! — sehr wohl auszukommen vermögen.

Im gleichen Falle scheint mir nun auch Scheinpflug zu sein: er kann nur musizieren, und als Rahmen für sein Musizieren muss er notwendigerweise eine von fremder Hand geschaffene Form benutzen, sei es dass er die Textesworte eines Dichters komponiert, sei es dass er an die überlieferten Formen der reinen Instrumentalmusik sich anlehnt. Aber die Programmusik, bei der der Musiker in gewissem Sinne sein eigener Dichter zu sein hat, ist ihm verschlossen. —

Während die eigentlichen Straussianer — aus deren Zahl etwa noch der durch seinen „Junker Uebermut" zuerst bekannt gewordene Otto Naumann zu nennen wäre — sich dadurch auszeichnen, dass sie ihren Meister gerade auch in seinen Extravaganzen nachahmen, ist eine ganze Reihe anderer jüngerer Musiker zwar von Strauss merklich beeinflusst, aber nicht von ihm allein, und nur so, dass sie zwar Anregungen von ihm empfangen haben, aber nicht gewillt sind, ihm durch dick und dünn zu folgen. Das gilt namentlich von den Münchner Komponisten, die neben dem Straussischen Einfluss in entscheidender Weise auch den Max Schillings' erfahren haben. Man hat diese von der Hauptstadt Bayerns ausgegangene, dort gebildete und zum Teil auch dort ansässige Gruppe, deren Zusammengehörigkeit man erkannte, als „Münchener Schule" bezeichnet. Die Berechtigung dieser zusammenfassenden Bezeichnung kann man nicht wohl bestreiten, muss aber betonen, dass man sich — und zwar nicht nur ausserhalb Münchens — vielfach im unklaren darüber ist, welche Komponisten denn nun dieser Münchener Schule eigentlich zuzuzählen seien. Eben wegen dieser allgemeinen Unklarheit — die am besten dadurch illustriert wird, dass z. B. Walter Niemann in seiner tabellarischen Musikgeschichte sogar Hans Pfitzer der Münchner Schule beirechnet — dürfte ein näheres Eingehen auf diesen Gegenstand erwünscht sein.

Die Tatsache, dass München eine verhältnismässig so grosse Anzahl von Komponisten beherbergt und dass diese Komponisten — namentlich auch bei Gelegenheit der Tonkünstlerversammlungen des Allgemeinen Deutschen Musikvereins — geschlossener vor die Oeffentlichkeit traten als die Komponisten anderer Städte, hätte wohl kaum genügt, die Entstehung des Begriffs einer „Münchner Schule" zu veranlassen, und ganz gewiss hätte sie allein eine solche zusammenfassende Bezeichnung nicht gerechtfertigt, wenn nicht tatsächlich ein erheblicher Teil der in München ansässigen oder von dort ausgegangenen Komponisten in ihrem Schaffen gemeinsame Merkmale aufwiesen, die ihre Subsumierung unter einem Sammelbegriffe nahelegten. Fasst man so den Ausdruck „Münchner Schule" sachlich und nicht b l o s s lokal, so gilt zunächst, dass zwar keiner der Münchner Schule beigezählt werden kann, der nicht irgendwie und irgendwann einmal in München gelebt hat, dass aber keineswegs ein jeder Münchner Komponist auch schon als Glied der Münchner Schule gelten darf.

Als der eigentliche S t i f t e r der Münchner Schule, sofern man unter ihr eine Gruppe innerlich zusammengehöriger Münchner Komponisten versteht, ist A l e x a n d e r R i t t e r anzusehen (s. S. 81 f.). Der war 1886 nach München gekommen, um dieselbe Zeit, als der junge Richard Strauss, zunächst allerdings nur für kurze Zeit (1886—1889) in seine Vaterstadt zurückkehrte. Der intime Verkehr des älteren mit dem jüngeren Künstler, der sich in Meiningen schon angesponnen hatte (wo Ritter als Geiger, Strauss als Musikdirektor unter Hans von Bülow wirkte), dieser Verkehr, dem bekanntlich die überraschende Wendung in der künstlerischen Entwicklung Straussens, seine Bekehrung zu den Idealen der „Zukunftsmusik" zu verdanken ist, wurde in München fortgesetzt. L u d w i g T h u i l l e (s. S. 96), schon von früher her als wenig älterer Studiengenosse an der Münchner Musikschule mit Strauss befreundet und gleich diesem von einem strengen Klassizismus ausgegangen, kam hinzu und vollzog unter der Aegide Ritters dieselbe Schwenkung in seinen künstlerischen Anschauungen, nur weniger gewaltsam und auch weniger radikal als Strauss, entsprechend seiner ruhigeren und im besten Sinne des Wortes konservativeren Natur. Waren Strauss und Thuille Proselyten der neudeutschen Richtung, so gesellte sich ihnen in M a x S c h i l l i n g s (s. S. 112) dann schliesslich noch ein Genosse, der schon eine jüngere Generation vertrat, und zwar weniger des Altersunterschiedes wegen als deshalb, weil er, der als 14jähriger durch eine Aufführung des „Parsifal" seinen ersten ganz starken und bleibenden künstlerischen Eindruck erhalten hatte, in seiner künstlerischen Entwicklung von einem Punkte ausging, zu dem jene erst in reiferen Jahren durch fremde Hand geleitet wurden. Nachdem Ritter 1896 gestorben war und Strauss München zum dritten Male verlassen hatte, waren Thuille und Schillings die anerkannten Häupter des Kreises, der sich allmählich um die Rittersche Tafelrunde als um den ersten Anfang einer „Münchener Schule" herumkristallisiert hatte. Von ihnen wirkte Schillings vor allem als schöpfende Persönlichkeit von ausgeprägter Eigenart, Thuille weniger als Komponist denn als musikalischer Lehrer und Erzieher.

Dass Thuille als Lehrer eine so grosse Anziehungskraft ausüben konnte, hatte er natürlicherweise in erster Linie seinem eminenten Können und seiner ganz ungewöhnlichen Lehrbegabung zu danken. Jedoch dem nicht allein:

er kam dabei nicht nur als Persönlichkeit, sondern in etwas auch als Träger einer Tradition in Betracht. Schon vor ihm hatte sich die Münchner Musikschule eines gewissen Rufes erfreut, und zwar in doppelter Hinsicht: einmal weil der an ihr erteilte theoretische Unterricht für besser und gründlicher galt als der, den man an den meisten anderen deutschen Konservatorien damals genoss, und dann auch weil jener engherzig allem Neuen sich verschliessende Ultra-Konservativismus, der sonst die öffentlichen Musikschulen Deutschlands beherrschte, hier schon frühe einem wenigstens e t w a s freieren Geiste wich. Dass München die erste deutsche Wagnerstadt war, das konnte auch auf die königliche Musikschule nicht ganz ohne Einfluss bleiben, wenn schon von der Lehrtätigkeit Hans von Bülows an dieser Schule späterhin keinerlei Nachwirkung mehr zu verspüren war.

Der Mann, in dem sich diese unleugbaren Vorzüge der Münchner Musikschule verkörperten, war J o s e f R h e i n b e r g e r (1839—1901), der seit 1859 dort die theoretischen Fächer lehrte. Rheinberger, weit davon entfernt, ein Anhänger der neudeutschen Richtung zu sein, besass doch Unbefangenheit genug, um — unbeschadet der strengen Wahrung seines klassizistischen Standpunktes — in dem Kampf um Wagner sich persönlich streng neutral zu halten. Vor allem aber war er ein Lehrer, der es verstand, seinen Schülern ein Wissen und Können zu übermitteln, das sie auch dann nicht im Stiche liess, wenn sie in die Reihen der Zukunftsmusiker abschwenkten. Das pädagogische Erbe Rheinbergers trat nun Thuille an — mit dem Unterschiede, dass der jüngere Meister den Schwerpunkt seiner künstlerischen Lehr- und Erziehungstätigkeit aus der Musikschule in den P r i v a t u n t e r r i c h t verlegte und schon dadurch in die Lage versetzt wurde, seinen zahlreichen Schülern etwas zu sein,

was der Lehrer einer Klasse den seinigen unmöglich werden kann. Dazu kam dann noch, dass die fortschrittlichen musikalischen Neigungen, die Rheinberger bei seinen Schülern immer doch nur mehr oder minder missbilligend geduldet hatte, bei Thuille volles Verständnis und auch da noch sympathische Würdigung fanden, wo sie über das hinausgingen, was er selbst künstlerisch anstrebte. So wurde dieser seltene Mann für die musikalische Jugend der Gegenwart schlechthin das Ideal eines musikalischen Lehrers.

Dürfen wir einerseits die Rittersche Tafelrunde, anderseits die Lehrtätigkeit Thuilles als die beiden Keime ansehen, aus denen sich die eigentliche „Münchner Schule" herausentwickelte, so gewinnen wir damit gleichzeitig auch die Richtungslinien für die Gruppierung der Musiker, die in irgend einem Sinne dieser Schule beigezählt werden können. Im engsten Sinne gehören nur solche zur Münchner Schule, die sowohl Schüler Thuilles sind, als auch dem Kreise künstlerisch und persönlich angehören oder nahestehen, dessen anerkanntes Haupt nach Ritters Tode Max Schillings wurde. Ich nenne die hierher gehörigen, soweit sie einer weiteren Oeffentlichkeit bekannt geworden sind; — als Komponisten: Felix vom Rath (1876—1905, Klavierkonzert), Fritz Neff (1873—1904, gemischte Chöre mit Orchester), August Reuss (geb. 1871, symphonische Dichtungen, Streichquartett, komische Oper: „König Philipps Brautfahrt"), Richard Mors (geb. 1873, symphonische Dichtungen), Walter Courvoisier (geb. 1875, Lieder, Chorwerke), Rudolf Siegel (geb. 1878, symphonische Dichtung), Julius Weismann (geb. 1879, Lieder und Gesänge mit Klavier- und Orchesterbegleitung, Kammermusik, Symphonie in H-moll), Ernst Boehe (geb. 1880, Orchesterwerke), Karl Bleyle (geb 1880, Orchester- und Chorwerke); — als Dirigenten: ausser einigen der eben genannten Hugo Reichenberger (Kapellmeister an der Wiener Hofoper), August Richard (Hofkapellmeister in Altenburg), Felix Schreiber (Theaterkapellmeister in Kiel), Hermann Abendroth (Konzert- und Theaterdirigent in Lübeck) u. a. m.

Edgar Istel (geb. 1880), der gleichfalls Schüler Thuilles ist und in München lebt, pflegt fast ausschliesslich eine Art der komischen Oper, die ihre Wirkungskraft weniger in einer sorgfältig ausgeführten Musik als in einem geschickt gebauten Textbuche sucht, und steht schon darum dem engeren Kreise der durch ihren Meister nicht nur technisch geschulten, sondern auch in der künstlerischen Gesinnung beeinflussten Thuille-Schüler ziemlich fern. Ebenso nimmt Walter Braunfels (geb. 1882) eine Ausnahmestellung unter seinen Mitschülern ein; aber aus einem ganz andern Grunde als Istel. Braunfels — unter den jüngeren weitaus die stärkste schöpferische Begabung, die mir begegnet ist — lebt durchaus schon im Ideenkreise jener Reaktion gegen die Einseitigkeit der „neudeutschen" Richtung, unter deren Zeichen allem Anscheine nach die nächste Entwicklungsperiode der deutschen Tonkunst stehen wird. Die Abkehr vom musikalischen Drama Wagnerscher Auffassung zu einer Art der Oper, die zwar durchaus auf dem Boden der Wagnerschen Neuerungen steht, aber doch prinzipiell vom Bayreuther Meister darin abweicht, dass sie den Schwerpunkt des „Gesamtkunstwerks" mit aller Entschiedenheit wieder nach der musikalischen Seite hin verrückt, kennzeichnet den Entwicklungsgang, den Braunfels selbst von seinem ersten dramatischen Versuch, der Märchenoper „Fallada", zu seinem zweiten Bühnenwerke, der komischen Oper „Prinzessin Brambilla" (nach E. T. A. Hoffmann) zurückgelegt hat. Rein musikalisch steht er Hans Pfitzner, von dem er ersichtlicher Weise beeinflusst ist, am nächsten. Auch er geht auf so etwas wie eine Synthese der Gegensätze aus, die in Brahms und Wagner gipfelnd die deutsche Musik in der zweiten Hälfte des 19. Jahrhunderts beherrschten, und auch er sucht den Fortschritt über die in ihren Ausdrucksmitteln nahezu erschöpfte harmonische Musik unserer Zeit, die vom Akkord ausgeht und auch ihre Polyphonie stets auf akkordlicher Grundlage aufbaut, in der Anstrebung eines mehr l i n e a r e n Kontrapunktes, d. h. einer Kompositionsweise, die den Zusammenklang aus dem Aufeinandertreffen mehrerer in selbständig melodischer Linie geführter Stimmen gleichsam als zufälliges Resultat sich ergeben lässt. Dadurch wird gewissermassen im Prinzip zu einer Auffassung der Polyphonie zurückgekehrt, wie sie den „reinen" (nicht akkordlich präliminierten) Kontrapunkt der Vorzeit beherrschte, nur dass jetzt die im Laufe der Entwicklung völlig durchgeführte E m a n z i p a t i o n d e r D i s s o n a n z dem heutigen Kontrapunktiker eine Freiheit und Kühnheit in der melodischen Führung seiner Stimmen erlaubt, an die die Alten nicht im entferntesten hatten denken können.

Nicht der Thuilleschen Schule angehörig, wohl aber dem Kreise der Thuille-Schüler persönlich und künstlerisch nahestehend ist H e r m a n n B i s c h o f f (geb. 1868), der namentlich von Richard Strauss Lehre und Anregung empfing, mit diesem nach München kam und auch späterhin wohl von allen Münchnern am unbedingtesten Straussianer geblieben ist. — Wie Bischoff hat auch K a r l E h r e n b e r g (geb 1878, Orchesterwerke, Lieder, Kammermusik) seine Ausbildung ausserhalb Münchens erhalten. Aber er lebte längere Zeit in München und weist in seinem Schaffen Merkmale auf (z. B. in der ganz auffallend an den späteren Thuille gemahnenden Violinsonate), die ihn in nahe Verwandtschaft zu den Angehörigen der Münchner Schule bringen. Viel weniger ist dagegen von solcher Verwandtschaft zu spüren bei einer Reihe von Künstlern, die von der Münchner Akademie ausgegangen sind, wie bei dem Musikhistoriker Adolf Sandberger (geb. 1864, Oper „Ludwig der Springer", symphonische Dichtungen, Kammermusik) und dem von der musikalischen Moderne ganz unbeeinflussten Anton Beer-Walbrunn (geb 1864, Oper „Don Quixote", Kammermusik, Lieder), mehr bei Heinrich Kaspar Schmid (Lieder, Chöre, Klaviervariationen), der Schüler Thuilles an der Akademie war, und dem Liederkomponisten Richard Trunk, oder auch bei dem aus Dresden nach München gekommenen Karl von Kaskel (s. S. 90). Vollends ausserhalb dieses Zusammenhanges stehen ältere Männer wie der als grimmiger Wagnerhasser verrufene Max Zenger (geb. 1837), Victor Gluth (geb. 1852) und der Rheinberger-Schüler Melchior Ernst Sachs (geb. 1843).

Abzuschliessen wäre diese gedrängte Uebersicht mit der Aufzählung solcher Musiker, die mit der Münchener Schule zwar überhaupt nichts zu tun haben, die aber, weil sie vorübergehend in München gelebt haben oder gegenwärtig dort leben, nicht sicher davor sind, dieser Schule ungerechtfertigter Weise zugezählt zu werden. Da sind zunächst einmal Leute wie der nach Aufgabe seiner Frankfurter Dirigentenstellung nach München übergesiedelte Siegmund von Hausegger und der als Lehrer an der Münchner Akademie wirkende Friedrich Klose, Leute, die gleich den meisten Vertretern der Münchner Schule in den Idealen der neudeutschen Richtung aufgewachsen sind, — aber auch Männer, wie der nur durch sein Wagnerianertum mit dieser Richtung zusammenhängende Hans Pfitzner und auf der andern Seite solche, die wie Max Reger und Walter Lampe (geb. 1872, Orchester- und Kammermusik) direkt von Brahms herkommen oder doch in klassizistischen Bahnen wandeln wie der Riemann-Schüler K a r l P o t t g i e s s e r (geb. 1861, Oper „Heimkehr", Chorwerke) und R i - c h a r d L e d e r e r (Oper „Hiob", Streichquartett), der gleich D é s i r é T h o m a s s i n (geb. 1858) als Musiker und Maler freilich erst recht eine ausgesprochen M ü n c h n e r Erscheinung ist. —

Als S y m p h o n i k e r sind von den Münchner Komponisten vor allem zwei bekannt geworden: E r n s t B o e h e und H e r m a n n B i s c h o f f. Boehe, ausgezeichnet durch die Sicherheit und Reife, die er schon früh im Technischen und Formalen der Kompositionskunst sich gewann, ist eine von jenen Begabungen, denen alles Aeussere der Kunst ganz ausserordentlich leicht fällt. Er erinnert in dieser Beziehung geradezu an Mendelssohn (ein Vergleich, bei dem es heutzutage doch hoffentlich nicht mehr der ausdrücklichen Versicherung bedarf, dass er eine A u s z e i c h n u n g bedeutet). Der Umstand, dass Boehe das erste Orchesterwerk, mit dem er vors Publikum trat, als einen Z y k l u s von vier symphonischen Dichtungen anlegte und auch durchführte, hat es verschuldet, dass er in den Augen der Oeffentlichkeit länger auf einer Entwicklungsstufe verblieb, die er innerlich wohl mit dem ersten dieser Stücke schon zu einem guten Teile überwunden hatte. Denn, das lässt sich nicht leugnen, dieser programmatische Vorwurf: „Aus Odysseus' Fahrten" hat etwas, was noch sehr stark nach Gymnasium schmeckt, und viel mehr als seine Fortschritte in der Kompositions- und Orchestertechnik konnte Boehe nach der starken Talentprobe des ersten Stückes innerhalb dieses Rahmens kaum bewähren. Dagegen bedeutete dann die Tondichtung „Taormina", eines der schönsten musikalischen Landschaftsbilder neuerer Zeit, auch inhaltlich eine erfreuliche

Bestätigung der Hoffnungen derer, die von Boehe erwarten, dass er der Gefahr, die Begabungen von seiner Art ja immer droht, entrinnen werde — der Gefahr: in Ueberschätzung der technischen und formalen Aussenseite der Kunst an der O b e r f l ä c h e haften zu bleiben.

Im geraden Gegensatz zu Boehe ist Bischoff eine ausgesprochen schwere und schwerblütige Natur, einer, der nichts leicht nimmt, dem aber auch nichts leicht f ä l l t, einer, der zu kämpfen und zu ringen hat mit den chaotischen Kräften seiner Brust, und der das Ziel, das er sich gesteckt, jedenfalls nicht f r ü h erreichen kann. Während man Boehe innere Vertiefung und Bereicherung seiner Persönlichkeit zu wünschen hat, damit er imstande sei, den goldenen Schalen einer untadeligen Form, über die er mühelos verfügt, auch den solcher Fassung würdigen Inhalt zu geben, muss Bischoff umgekehrt dafür Sorge tragen, dass er die reiche Gefühls- und Phantasiewelt, die in seinem Innern lebt, künstlerisch auch einwandfrei zu formen und zu gestalten vermöge. Als Schüler des Leipziger Konservatoriums, wo ihm ein Lehrer wie Jadassohn gar nichts sein konnte, hatte er jenes elementare Fundament der Kompositionstechnik nur ungenügend gelegt, auf dem sich alles später zu Erlernende und zu Erprobende aufbauen muss, wenn es für das freie Schaffen fruchtbar werden soll. Für ihn war die Frage die, ob es ihm gelingen werde, sein Schaffen glücklich an der Klippe des D i l e t t a n t i s m u s vorüberzubringen, an der das Schifflein schon so manches neueren Komponisten kläglich zerschellt ist. Wenn man den Weg überblickt, den Bischoff von dem „Gewittersegen" (Dehmels „Psalm zwischen Wolken" für Tenor, Orchester und Orgel) über die symphonische Dichtung „Pan" zu seiner E-dur-Symphonie zurückgelegt hat, so wird man sich sagen dürfen, dass der Künstler den Kampf mit dieser Gefahr mutig und erfolgreich aufgenommen hat. Würde er als Sieger aus ihm hervorgehen, so wäre eine ernste und tiefe Begabung für unsere Musik gerettet. —

Es ist vielleicht kein Zufall, dass sowohl Boehe als Bischoff, die beide als entschiedene Anhänger der Programmusik begannen, heute daran sind, von der poetisierenden Instrumentalmusik sich abzuwenden oder diese Abkehr bereits vollzogen haben. Bischoffs Symphonie gehört nur in ihrem ersten Teile der eigentlichen Programmusik an, und Boehe verzichtet in seinem neuen Werke (einer Symphonie) von vornherein auf die Mitteilung irgendwelcher programmatischer Beziehungen. Diese Tatsache dünkt mich von symptomatischer Bedeutung zu sein. Sie scheint dafür zu sprechen, dass die Vorherrschaft der Programmusik ihren Höhepunkt erreicht und überschritten hat. Auch auf diesem Gebiete hat die R e a k t i o n eingesetzt zugunsten einer Richtung, die darauf ausgeht, die Instrumentalmusik von aussermusikalischen Beziehungen wieder mehr loszulösen.

Jene Zwischenformen, die die Durchführung eines programmatischen Grundgedankens in mehr oder minder enger Anlehnung an das formale Schema der klassischen Symphonie versuchten, waren ja die ganze Zeit über niemals ganz ausgestorben. Sie bilden eine ununterbrochene Reihe von der Symphonie Berlioz' bis zu der Mahlers und Kloses, denen als halbe oder Viertels-Programmsymphoniker etwa noch A n t o n R u b i n s t e i n (6 Symphonien, darunter die einst vielgespielte siebensätzige Ozeansymphonie), K a r l G o l d m a r k (2 Symphonien, darunter: „Ländliche Hochzeit"), A u g u s t K l u g h a r d t (1847 —1902, 5 Symphonien, zum Teil mit Titelüberschriften), H e i n r i c h S c h u l z - B e u t h e n (geb. 1838, 8 Symphonien, die meisten mit Titeln), H a n s H u b e r (geb. 1852, Symphonien: „Tell" und „Böcklin"), H u g o K a u n (geb.

1863, Symphonie: „An mein Vaterland") u. a. anzuschliessen wären. Aber wie sich Gustav Mahler aus einem unsicheren Anhänger zu einem entschiedenen Gegner der Programmusik entwickelt hat, so mehren sich die Anzeichen dafür, dass man auch im Lager der zweifellos fortschrittlich Gesinnten allmählich anfange, sich wieder mehr der absoluten Instrumentalmusik zuzuwenden. Die Komponisten programm- und titelloser Symphonien mehren sich und unter ihnen finden wir selbst überzeugte Straussianer wie den Tübinger Universitätsmusikdirektor Fritz Volbach (geb. 1861, symphonische Dichtungen „Ostern", „Es waren zwei Königskinder", „Alt-Heidelberg, du feine", neuerdings eine Symphonie in H-moll).

Wie bei jeder Reaktion droht auch bei dieser Abwendung von der Programmusik, die sich heute vorbereitet, die Gefahr, dass man von einem Extrem ins andere, von einer Einseitigkeit in ihr gerades Gegenteil verfalle. Wie man in der eben abgelaufenen Periode vielfach das Heil einzig und allein von einer möglichst radikalen Verfolgung des programmusikalischen Prinzips erwartete und zeitweise vergass, dass auch diese Richtung — wie jede Richtung — nichts anderes als eine der Korrektur bedürftige Einseitigkeit bedeute, so steht zu befürchten, dass nun die Stimmung völlig umschlage und man bald auch das Gute und Berechtigte der programmusikalischen Richtung verkennen werde. Das 19. Jahrhundert darf den Ruhm für sich in Anspruch nehmen, das Problem der Programmusik allseitiger durchdacht und energischer erprobt zu haben als irgend eine frühere Zeit. Wenn die konsequente Verfolgung der Programmusik nun schliesslich zu so etwas wie einer *Deductio ad absurdum* ihres Prinzips geführt hat, so wäre es ein verhängnisvoller Irrtum, daraus auf die Falschheit des Prinzips schliessen zu wollen. Denn ich brauche nur an die Ausführungen unseres ersten Kapitels zu erinnern, um den nur scheinbar paradoxen Gedanken zu vergegenwärtigen, dass eben jedes Prinzip und jede Richtung, seien sie noch so vortrefflich, einseitig, d. h. mit radikaler Konsequenz verfolgt in einen Punkt auslaufen m ü s s e n, wo sie sich selbst dementieren, und, Hegelisch gesprochen, in ihr Gegenteil „umschlagen".

Immer und immer wieder wird sich das Bedürfnis geltend machen, die Welt der Töne mit der Welt der Wirklichkeit in Verbindung zu setzen, dem tonschöpferischen Vermögen aus den Gebieten des Aussermusikalischen Inspiration und Anregung zuzuführen, die „anonymen" Stimmungen und Gefühle, wie sie die Musik zum Ausdruck bringt, poetisch zu denominieren, — und so oft und mit so guten Gründen diese Richtung auch schon ästhetisch totgeschlagen wurde, immer wieder hat sie ihr Haupt erhoben, und auch in Zukunft wird das immer von neuem wieder der Fall sein. Man braucht sich in gar keine ästhetische Diskussion einzulassen, um die Berechtigung der Programmusik zu erweisen; es genügt, dass man einfach an die Werke erinnere, die dieser Richtung in irgend einem Sinne zuzuzählen sind, und dass man sich ehrlich frage, ob eine Tendenz absolut verwerflich sein könne, deren Verfolgung wir nicht nur Schöpfungen wie Berlioz' „Phantastische" oder Beethovens „Pastorale", sondern auch eine Gattung der Instrumentalmusik wie Johann Sebastian Bachs Choralvorspiel zu verdanken haben. Aber nicht minder gewiss ist es, dass die Programmusik auch ihren „Haken" hat, dass sie immer auch eine Gefahr bedeutet, die Gefahr der Veräusserlichung und Gefährdung der freien Selbständigkeit der Tonkunst. Desshalb muss und wird auch immer wieder in der Musik, wenn sie sich so zur realen Welt, zu Wort und Bild herabgelassen hat, die Sehnsucht nach Auflösung dieser Verbindung mit dem Wirklichen erwachen, das Verlangen, frei jeder Fessel emporsteigen zu dürfen in den Himmelsäther der reinen, nur sich selbst genügenden Tonbeziehungen, die zur Welt der Wirklichkeit zwar in einem durchgehenden Parallelismus stehen, aber durch keinerlei *influxus physicus* mit ihr verbunden sind.

Fragen wir uns aber, welchen Gewinn die Instrumentalmusik aus ihrer letzten programmusikalischen Periode davongetragen hat, so dürfte namentlich auf zwei Dinge hinzuweisen sein. Zunächst einmal sind die allgemein musikalischen wie namentlich auch die orchestralen A u s d r u c k s m i t t e l durch die programmusikalischen Bestrebungen in einer Weise bereichert und verfeinert worden, wie es ohne sie nicht wohl möglich gewesen wäre. Gewiss sind auch manche Vergröberungen und Verrohungen auf die Herrschaft der programmusikalischen Tendenzen zurückzuführen, Auswüchse, die beschnitten werden können, ohne dass man die positiv wertvollen Knospen und Ansätze zu lebendig Neuem zu verletzen brauchte. Dann hat die Programmusik uns aber auch jene völlige Emanzipation der musikalischen Form vom überlieferten Schema gebracht, die vielleicht als die bedeutendste Errungenschaft der Gegenwart auf instrumentalmusikalischem Gebiete anzusehen ist. Denn heutzutage dürfte wohl unter allen denkenden Musikern Einstimmigkeit darüber herrschen, dass zwar keinerlei musikalische F o r m l o s i g k e i t dadurch ästhetisch gerechtfertigt werden kann, dass man sie poetisch oder programmatisch motiviert, dass anderseits aber auch jede Abweichung von den ü b e r l i e f e r t e n Formen berechtigt ist, wenn die anstelle der alten Formen gesetzte n e u e F o r m nur überhaupt den Anforderungen entspricht, die allgemein an ein einheitliches musikalisches Kunstwerk zu stellen sind.

IV.
DAS LIED, CHOR-, KIRCHEN- UND KAMMERMUSIK

Man kann den Wert der symphonischen Musik des späteren 19. Jahrhunderts noch so hoch einschätzen, das eine wird auch ihr begeistertster Lobredner nicht leugnen wollen: dass die Symphonie in B e e t h o v e n einen Höhepunkt der Entwicklung erreicht hat, über den hinaus zwar gewiss eine Steigerung nach verschiedenen Richtungen hin noch möglich, aber notwendigerweise auch zu erkaufen war mit einer Störung des harmonischen G l e i c h g e w i c h t s im Balancement einander widerstrebender Tendenzen, das der Beethovenschen Symphonie den Charakter der K l a s s i z i t ä t verleiht. In der Nach-Beethovenschen Symphonik waren „Fortschritte" möglich, aber nur solche, wie sie einer Kunst erblühen, die den Zenith ihrer Bahn überschritten hat und, entwicklungsgeschichtlich betrachtet, sich im Abstieg befindet. Diese unbestreitbare Tatsache ist es auch, was der Wagnerschen Ueberzeugung von der Unmöglichkeit einer Symphonie nach Beethoven an wirklichem Wahrheitsgehalte innewohnt. Wer den Ehrgeiz besass, den Ruhm eines Nach-Klassikers, eines spät, streng genommen: z u spät gekommenen zu verachten, der musste notwendigerweise der Symphonie im 19. Jahrhundert den Rücken wenden. Denn ihre eigentliche grosse Zeit war unwiederbringlich vorüber. Und auch darin wurde der Bayreuther Meister durch Instinkt und Reflexion ganz richtig geleitet, dass er das Ideal der Zukunft in einer Verbindung des Tones mit dem W o r t e suchte. Denn in dieser Verbindung war tatsächlich das noch zu leisten, was Beethoven auf dem Gebiete der reinen Instrumentalmusik bereits erreicht h a t t e, und dazu kam auch die ganze Entwicklungsrichtung der Nach-Beethovenschen Zeit, die überall auf eine Annäherung der Musik an das bewusste Geistesleben ausging, dem Streben nach einer idealen Wort-Tonkunst in jeder Weise entgegen.

Was anderthalb Jahrhundert früher die Bachische Kantate hätte werden können, wenn die Zeitumstände günstiger gewesen wären, das wurde nun das Wagnersche Drama: ein Kunstwerk, das spezifisch deutsch und zugleich klassisch vollendet war. Aber nicht nur dem musikalischen Drama kam diese Richtung zustatten, sondern ebensosehr auch der lyrischen Verbindungsform von Wort und Ton: dem d e u t s c h e n L i e d e.*) — Wie es wohl geschieht, dass einem Dichter oder Denker in jungen Jahren ein Werk gelingt, in dem er vorwegnimmt, was er überhaupt jemals zu sagen hat, ein „Programmwerk", in dem alles, was seine späteren Schöpfungen enthalten werden, wenn nicht ausgeführt, so doch angedeutet enthalten ist, in gleicher Weise steht die wunderbare Erscheinung F r a n z Schuberts am Anfang der Entwicklungsbahn, die das deutsche Lied im 19. Jahrhundert durchlaufen hat. Im K e i m antizipiert er alles, was seine Nachfolger erreichen sollten, aber auf der Stufe eines in seinem innersten Kerne durchaus unbewussten Schaffens. Darum kann man sagen, dass das Schubertsche Lied als Gattung und p r i n z i p i e l l nicht mehr bedeutet als den damals möglichen Fortschritt über die un-

---

*) „D as Deutsche Lied" wurde monographisch behandelt von Hermann Bischoff in der von Richard Strauss herausgegebenen Sammlung: „Die Musik", Bd. 16 und 17. (Berlin, Bard, Marquardt & Co.)

mittelbaren Vorgänger, während die besten Stücke, als einzelne Leistungen beurteilt, eine Höhe erreichen, die auch späterhin nicht mehr übertroffen werden konnte.

Von Schubert gehen zwei Entwicklungslinien aus: die eine führt über Schumann und Franz zu J o h a n n e s B r a h m s, die andere unter Beeinflussung durch das Wagnersche Musikdrama über Liszt zu H u g o W o l f. Will man beide Richtungen charakterisieren, so kann das ohne Eingehen auf die individuellen Differenzen in der Art der einzelnen Meister natürlich nur mit jener Verallgemeinerung geschehen, die sich mit u n g e f ä h r e r Richtigkeit begnügt. Unter dieser Voraussetzung dürfte wohl als richtig gelten, dass jener in Brahms auslaufenden Richtung in einem gewissen idealen Sinne das zu komponierende Gedicht mehr oder minder nur „T e x t" bleibt, die Veranlassung und Unterlage einer Musik, die Zweck ihrer selbst ist. Die andere Richtung kulminiert dagegen bei Hugo Wolf in einer Tendenz, die das zu vertonende Poem als „D i c h t u n g" im eminenten Sinne des Wortes ansieht. Diese Dichtung möglichst erschöpfend zu interpretieren, durch die der Tonsprache zur Verfügung stehenden Hilfsmittel alles herauszuholen, was der Dichter nicht geradezu mit Worten sagen konnte und dem ästhetischen Gefühlsverständnis des zwischen den Zeilen Lesenden überlassen musste, das ist der Zweck der Musik, die hier durchaus im Dienst des Dichters steht, sich ihm bis ins einzelnste hinein anschmiegt und sich unterordnet, gelegentlich wohl bis zur Verleugnung ihrer eigenen Natur.

Der zweifellos genialste Vertreter der ersteren Richtung ist R o b e r t S c h u m a n n. Wenn es ihm gelingt, einen Dichter zu finden, dessen Worten als musikalischer Unterton gerade d a s zugrunde liegt, was in Schumanns eigener Seele lebt und webt, dann entstehen Gebilde, wie einige der Eichendorff-Lieder, die sich durch vollendete innere Harmonie zwischen Wort und Ton und höchste musikalische Eigenart in gleicher Weise auszeichnen. Aber das ist immer eigentlich ein Zufall, der nur dann eintreten kann, wenn der Dichter just dasselbe sagt, was in des Musikers Brust auch ohne die Anregung des Dichters nach Aussprache drängte. Scharf pointiert könnte man die Art, wie die wirklich bedeutenden Liedkompositionen Schumanns entstanden sind, so formulieren: ein musikalischer Einfall steigt aus dem Inneren des Komponisten auf, und dieser spontane Einfall gestaltet sich zum Lied, wenn der Musiker irgendwo Dichterworte entdeckt, die sich zu seinem Einfall verhalten wie der Kommentar zur Textstelle oder wie die Paraphrase zum Thema. Schon bei Brahms, der doch als Liederkomponist so ersichtlicherweise von Schumann ausgeht, hat sich dieses Verhältnis zwischen Wort und Ton bedeutend verschoben. In viel höherem Masse geht der jüngere Musiker darauf aus, das Dichterwort in Musik zu setzen, dem Dichter immer und überall mit seinen Tönen gerecht zu werden. Ja, als einen recht eigentlich m o d e r n e n Musiker (der er, nebenbei bemerkt, auch sonst ja viel mehr ist, als seine konservative bezw. retrospektive musikalische Gesinnung zunächst vermuten lässt) erweist sich Brahms darin, dass er gelegentlich sogar von ausgesprochen l i t e r a r i s c h e n Tendenzen bei seiner Liederkomposition nicht frei ist. Man denke an seine Vorliebe für literarische Raritäten und Kuriositäten: — Tieck, Daumer und ähnliches. Aber was ihn als Interpret seiner Dichter von den hervorragendsten Vertretern der anderen Richtung, vor allem von Hugo Wolf unterscheidet, das ist seine geringe Wandlungsfähigkeit, die Tatsache, dass er zwar seine Dichter komponieren w i l l, aber, sozusagen, immer nur Brahms komponieren k a n n, so dass also im Effekt auch nur wieder das Gleiche herauskommt wie bei Schumann: auch Brahms ist ganz gross als Liederkomponist nur dann, wenn gleichsam vermöge einer wundersamen *Harmonia praestabilita* Komponist und Dichter sich in dem gleichen Inhalt begegnen, wenn er, in einem gewissen höchsten Sinne, als Interpret seines Dichters nichts anderes zu sagen braucht, als was er auch ohne die Anregung durch den Dichter hätte sagen können.

Dagegen finde ich das, was Hugo Wolf auszeichnet, nicht sowohl in gewissen Aeusserlichkeiten der lyrischen Technik, etwa darin, dass er stets tadellos deklamiert, den Sinnakzent des Wortes immer zur Geltung bringt, nötigenfalls auch auf Kosten des metrischen Akzents oder des Reims, dass er die auf dramatischem Gebiete gewonnenen Bereicherungen der musikalischen Ausdruckssprache auf das Lied überträgt und was man sonst an dergleichen zum Teil nicht unwichtigen, aber gewiss nicht das W e s e n t l i c h e der Sache berührenden Dingen anführt, — sondern das, worin er ganz einzig dasteht, ist eben seine protëische Natur, die es ihm erlaubt, je nach dem Dichter, den er vertont, immer wieder ein anderer zu sein. Zum ersten Male in der Geschichte des deutschen Liedes ist es bei Wolf geschehen, dass der Musiker ganz im Dichter aufging und seinen höchsten Ehrgeiz darein setzte, nicht sowohl etwas aus eigenem zu geben, als vielmehr nur das zur Entwicklung und Gestaltung zu bringen, was er an keimfähiger Saat vom Dichter empfangen hatte. Das von Richard Wagner so gerne gebrauchte Gleichnis vom Verhältnis des Dichters zum Musiker — dass dieser als das weibliche Element von jenem als dem männlichen befruchtet werden müsse — passt ganz ausgezeichnet auf die Art, wie Hugo Wolf zu seinem Dichter steht. Eben seine höchste Eigenart offenbart er damit, dass er sich selbst im Dichter ganz vergisst und verliert. Die Tatsache, dass den Band der Wolfschen Mörike-Lieder das Bild des Dichters und nicht etwa das des Komponisten schmückt, ist von symbolischer Bedeutung für dieses Verhältnis. Nicht Wolf ist es, was der Musiker geben will, sondern Mörike, und ebenso bei allen anderen Dichtern, die er komponiert hat.

Wenn so das Wolfsche Lied seiner Absicht nach in einem Masse musikalische Interpretation des Gedichtes ist, wie keine frühere Form des deutschen Liedes, so kann das natürlicherweise nicht dahin verstanden werden, als ob nun wirklich auch n u r der Dichter aus diesen Liedern zu uns spreche. Das ist gewiss nicht der Fall; vielmehr ist auch Hugo Wolf eine eigenständige schöpferische Potenz. Aber sein Schaffen besteht wesentlich im Interpretieren, und die Art und Weise, wie er einen Dichter a u f f a s s t, ist das eigentlich p e r s ö n l i c h e Moment an seiner Liedkomposition. Deshalb ist auch bei keinem andern Liederkomponisten die W a h l des Gedichtes so wichtig und so bezeichnend für die Eigenart des Musikers. Im Gegensatz zu Schubert, der so ziemlich alles in Musik setzte, was ihm an Komponierbarem und Unkomponierbarem unter die Hände fiel, unähnlich aber auch einem Schumann, der sich gelegentlich über seinen Dichter und sich selbst so täuschen konnte, dass er einen ihm völlig unassimilierbaren Dichter wie Heine komponierte, im Gegensatz zu ihnen ist Hugo Wolf in der Zeit seiner Reife nur solchen Dichtern näher getreten, die dieser Auszeichnung wert und geeignet waren, gerade ihm als Medium für die Aussprachen seines Inneren zu dienen. Er hat gelegentlich wohl auch zu einem Dichter gegriffen, der seiner Eigenart insofern weniger entsprach, als sich seine Seele mit der des Dichters zwar zu b e - r ü h r e n, nicht aber innigst zu d u r c h d r i n g e n vermochte, und dann musste die musikalische Interpretation notwendigerweise an der Oberfläche haften bleiben. Derart sind z. B. teilweise die Kompositionen Eichendorffischer Gedichte, die an Kongenialität des Empfindens und Schauens hinter der Eichendorff-Lyrik Schumanns oder Hans Pfitzners zurückstehen. Anderwärts (namentlich in der späteren Zeit) hat Wolf sich auch von dem alten Interpretenfehler, u n t e r-, statt a u s zulegen, nicht ganz freigehalten und ist dadurch in einzelnen Fällen des Vorzugs der Schlichtheit und Natürlichkeit bei der musikalischen Ausdeutung des Dichterwortes verlustig gegangen. Aber das sind Ausnahmen, die das nicht ernstlich gefährden können, was den höchsten Ruhm des Wolfischen Liedes ausmacht: die vollendete Harmonie zwischen Dichter und Musiker, jene höchstgesteigerte Annäherung an das Ideal einer bruchlosen Vereinigung von Wort und Ton, wie sie auf dramatischem Gebiete von Richard Wagner allein erreicht wurde, — wobei nur zu bedenken bleibt, dass das Wunder dieser gegenseitigen Durchdringung a l s s o l c h e s bei Wolf noch ungleich viel grösser ist als bei Wagner, wo Dichter und Musiker in ein und derselben Person vereinigt waren.

In diesem Sinne hatte man also ein gutes Recht, Hugo Wolf als den Richard Wagner des Liedes zu bezeichnen, wenn auch selbstverständlich in bezug auf die Stärke der schöpferischen Potenz ebensowenig ein Vergleich zwischen den beiden Meistern möglich ist wie hinsichtlich ihrer entwicklungsgeschichtlichen Bedeutung. Wolf ist eine geniale Natur gewesen, aber keineswegs einer von den „ganz Grossen". Er ist ein leuchtendes Gestirn am Himmel der neueren Tonkunst, aber ein Planet, kein Fixstern, — und zwar nicht sowohl darum ein Planet, weil er etwa nicht mit eigenem Lichte leuchtete, als vielmehr deshalb, weil er um den Bayreuther Meister als um seine

Sonne kreist, weil er trotz aller erstrebten und zum Teil gewiss auch erreichten Selbständigkeit ein Gefolgsmann Wagners, ein Epigone der Wagnerschen Richtung geblieben ist. Aber was Wolf vor so manchen anderen Epigonen auszeichnet, ist einmal das, dass er nicht, wenn ich so sagen darf, als ein Merkur des Wagnerschen Planetensystems seiner Sonne so nahe steht, um in den Dünsten und Nebeln des Horizonts dem Auge ganz zu verschwinden, sondern gleich einem Hesperus den richtigen Abstand wahrt, der hellsten Glanz auch in Sonnennähe ermöglicht, — dann aber noch das andere, dass er nicht nur durch die Zeitumstände zum Wagnerianer wurde, sondern als eine seinem Meister wirklich kongeniale und innerlich verwandte Natur von Haus aus befähigt und dazu bestimmt war, auf dem kleineren Gebiete des Liedes dasselbe zu leisten, was der Bayreuther im musikalischen Drama verwirklicht hatte. Wolf hat die allgemeinen Prinzipien hinsichtlich des Verhältnisses zwischen Wort und Ton, die Wagner im musikalischen Drama durchgeführt hatte, aufs Lied übertragen. Er hat aber auch die musikalische Sprache des Bayreuther Meisters sich angeeignet, in seiner Weise angewendet und weiterentwickelt. Und er konnte das eben deshalb, weil er Wagner in wesentlichen Stücken des Temperaments und Charakters ähnlich war.

Vielleicht in keinem anderen Anhänger Wagners ist der Gegensatz, in dem dieser sich zu Johannes Brahms fühlte, schroffer und erbitterter zum Ausdruck gelangt als in Hugo Wolf. Wollte man die Erklärung für diese Tatsache nur in äusseren Umständen suchen, so würde man, glaube ich, fehl gehen. Sie ist gewiss zu einem grossen Teile auch Folge des Umstandes, dass kaum ein anderer Wagnerianer seinem Meister gerade in d e n Stücken so ähnlich war, die jenen Gegensatz zwischen Brahms und Wagner wesentlich begründen. Was Brahms in hohem Masse besass, die Scheu vor der rückhaltlosen Offenbarung des eigenen Seelenlebens fehlt Wagner so gut wie gänzlich. Was er fühlt und empfindet, die Leidenschaften, die in seinem Innern rasen, das ungebändigte Wollen, das in seinem Herzen tobt, all das spricht er in seinen Tönen aus, frei, unverhüllt, ohne Scheu, wenn man will: ohne Scham. Darum wird die künstlerische Wirkung bei Wagner auch immer sozusagen auf d i r e k t e m W e g e gewonnen. Er wirkt durch das, was er a u s - s p r i c h t, während Brahms auf unser Empfinden oft gerade mit dem den stärksten Eindruck macht, was er v e r - s c h w e i g t oder doch bloss andeutet. Er wirkt indirekt, indem er, paradox ausgedrückt, der Wirkung aus dem Wege geht. Die Gefahr, die einem Dionysier wie Wagner droht, ist die Zügellosigkeit, die entgegengesetzte Gefahr, die der Apolliner Brahms doch wohl nicht immer ganz vermieden hat, ist die „ästhetische Prüderie". Wagner brauchte niemals das äusserlich und sinnlich stark Wirkende zu verschmähen, weil er sich getrauen durfte, von der Kraft und Grösse eines Empfindungslebens zu überzeugen, dem das allerstärkste Aufgebot an äusseren Mitteln als adäquater künstlerischer Ausdruck entsprach. Brahms dagegen scheut die starke äussere Wirkung, weil er um alles in der Welt nicht in den Verdacht eines Effekthaschers und Gefühlskomödianten kommen möchte. Wagner geht in gerader Linie auf die Wirkung los, Brahms gewissermassen auf Umwegen, die gelegentlich auch wie Schleichwege aussehen können.

Wie Wagner weiss sich Hugo Wolf im schärfsten Antagonismus zu dem, was er selbst einmal (bei Gelegenheit einer Besprechung der E-moll-Symphonie) das „Duckmäuserische" an Brahms genannt hat. Und so ist auch die Art, wie seine Lyrik wirkt, die des direkten Weges zwischen dem Empfinden und seinem unmittelbaren Ausdruck. Das Gefühl möglichst restlos nach „aussen" zu bringen, ist seine Absicht. Dass es dadurch nicht „v e r ä u s s e r l i c h t" werde, darum sorgt er sich weniger als darum, dass es g a n z zum Ausdruck komme. Gewiss kennt auch er „intime" Wirkungen, — dann nämlich, wenn die Empfindungen und Stimmungen, die er ausdrücken will, selbst intim sind, wenn es sich um seltene und aparte Dinge handelt, die in seiner Musik erklingen sollen. Aber die Intimität ist ihm nicht Stilprinzip, nicht ein Gebot durchgehender Mässigung und Zurückhaltung, das er sich auferlegte, kein deckender Schleier, den er über alles und jedes ausbreitete. Der „Effekt" wird von Wolf nicht als solcher gemieden, sondern nur durchweg ästhetisch motiviert, indem er eben nicht als „b l o s s e r" Effekt, d. h. nach Wagners Begriffsbestimmung als Wirkung ohne Ursache auftritt, sondern als Ausfluss des Bestrebens, ein innerlich Erlebtes und Erschautes möglichst sinnfällig und eindrucksvoll dem Hörer mitzuteilen.

So machte sich denn auch der Einfluss des Wolfischen Liedes auf die zeitgenössische Produktion zunächst in derselben Richtung geltend wie die Einwirkung, die direkt von seinem Meister Wagner ausging. Er förderte die Tendenz, die auf Verstärkung und Versinnlichung der Ausdrucksmittel zum Zwecke einer den Gefühlsgehalt möglichst erschöpfenden Tonsprache ausging, eine Tendenz, die bei weniger tiefen und innerlichen Naturen, als Wolf selbst eine war, leicht zur Vergröberung und Veräusserlichung des lyrischen Stiles führen konnte und zum Teil auch wirklich geführt h a t.

Dazu kam, dass, wie nur natürlich, derjenige Teil des Wolfischen Schaffens, den man als den intimen, ja esoterischen bezeichnen könnte, vorderhand überhaupt noch weniger oder gar nicht zu Einfluss gelangte. Wolf hat eine Reihe von Liedern geschrieben, die „Reisser" im besten und höchsten Sinne des Wortes sind, Sachen, wie das Eichendorffische „Heimweh" oder die Mörikesche „Storchenbotschaft", denen an packender äusserer Wirkung nichts gleichkommt. Mit solchen und ähnlichen Stücken ist der grosse Lyriker vor allem vorbildlich für diejenigen zeitgenössischen Komponisten gewesen, die das eigentliche „m o d e r n e" L i e d vertreten.

Das moderne Lied ist in ausgesprochener Weise K o n z e r t l i e d, und dieser Umstand, dass der moderne Liederkomponist von vornherein auf die Wirkung im Rahmen des Konzertsaals ausgeht, während das ältere Lied durchaus noch im Boden des h ä u s l i c h e n M u s i z i e r e n s wurzelt, musste gleichfalls in ausgesprochen intimitätsfeindlichem Sinne wirken. Dieser moderne Typus überträgt in stilistischer Hinsicht den Lyrismus des Musikdramas auf das Lied, wie es ja der Bayreuther Meister in seinen „fünf Gedichten" selbst getan hatte. In der ä u s s e r e n A n p a s s u n g an den dichterischen Text, d. h. in sinn- und wortgemässer Deklamation, Unterordnung unter die von der Dichtung vorgeschriebene Abfolge der Gedanken- und Vorstellungsbilder, die durch die Musik entweder nur empfindungsmässig interpretiert oder aber, wie jetzt sehr häufig, auch tonmalerisch illustriert werden sollen, in diesen und ähnlichen Dingen erreicht das moderne Lied einen hohen Grad der Vollkommenheit, ohne dass bei den besten Vertretern der Gattung die spezifisch musikalischen Anforderungen nach Form und Inhalt dadurch beeinträchtigt würden. Dagegen ist jenes i n n e r l i c h e E r f a s s e n der tiefsten Eigenart des Dichters, wie es den höchsten Ruhm des Hugo Wolfschen Liedes ausmacht, nur selten im gleichen Masse wieder erreicht worden. Die bevorzugte F o r m des modernen Liedes ist die S t e i g e r u n g, die — gleichfalls nach

Wagnerschem Vorbilde — das Anwachsen und Abdämmen der Gefühlsintensitäten in ein dynamisches *Crescendo* und *Diminuendo* umsetzt. Und gerade in der Handhabung dieser Form der Steigerung verrät sich die Gefahr der Veräusserlichung, die dem modernen Liede droht, wohl am stärksten. Man denke, um sich davon zu überzeugen, etwa nur an die stereotype Anwendung des Quartsextakkords auf dem Höhepunkt der Steigerung, ein Klischee, von dem schon Wolf gelegentlich einen für feinere Ohren peinlichen Gebrauch macht. —

Das Lied ist bekanntlich die Kunstgattung, an der sich der angehende Komponist zuerst zu versuchen pflegt, und auch der Musiker, den es sonst in keiner Weise nach den Lorbeeren des Komponisten verlangt, — ein Heft Lieder hat er zum mindesten doch an die Oeffentlichkeit gebracht. Die Massenproduktion hat auf keinem anderen musikalischen Gebiete eine solche Ausdehnung gewonnen wie auf diesem, und es bedürfte seitenlanger Namensaufzählungen, wollte ich alle, die sich auf diesem Felde nicht etwa bloss betätigt, sondern irgendwie hervorgetan haben, auch nur nennen. Wenn ich in dem der Oper gewidmeten Kapitel eine annähernd vollständige Revue über die namhafteren Musikdramatiker unserer Zeit zwar gewiss nicht erreichen, aber doch a n s t r e b e n und im folgenden Kapitel mich bemühen konnte, von den Vertretern der modernen Instrumentalmusik wenigstens die alle anzuführen, von deren Werken ich selbst einmal deutlich charakterisierte, in der Erinnerung haftende Eindrücke empfangen hatte, so muss ich mich nun darauf beschränken, aus der Legion der zeitgenössischen Liederkomponisten einige wenige herauszugreifen, deren Wahl dadurch bestimmt ist, dass ihrer Lyrik entweder eine ungewöhnlich künstlerische Bedeutung oder ein besonderer repräsentativer Wert zukommt, wenn nicht durch den blossen Zufall, dass äussere Umstände das Schaffen des betreffenden Künstlers gerade m i r besonders naherückten.

Unter den Vertretern des typischen modernen Liedes ist ohne alle Frage R i c h a r d S t r a u s s der bedeutendste, freilich aber auch unter denen, die künstlerisch ernst zu nehmen sind, derjenige, dessen Lyrik der dieser Richtung drohenden Gefahr der V e r ä u s s e r l i c h u n g gelegentlich am meisten erlegen ist. Der Komponist der „Salome" hat niemals im Zweifel darüber gelassen, dass er Liederkomponist sozusagen nur im Nebenetat sei. Er selbst legt auf diesen Zweig seines Schaffens geringeren Wert, und wenn man nicht ungerecht sein will, hat man bei der Beurteilung der Straussischen Lyrik eine ganze Menge geradezu Minderwertiges beiseite zu lassen, was der von der Tagesmode getragene, vielgesungene Komponist als gangbare Ware ohne höhere Prätention eben nur so auf den Markt geworfen hat. Was dann noch übrig bleibt, ist immerhin genug, um Strauss einen bevorzugten Platz unter den Meistern des deutschen Liedes zu sichern. Wer nach dem inneren Werte misst und sich nicht durch glanzvolle Aeusserlichkeiten blenden lässt, wird zwar gerade d i e Stücke, denen Strauss seine Popularität als Liederkomponist verdankt — und man kann in der Tat schon von einer solchen sprechen, — er wird die Straussischen „Reisser", deren Niveau gemeinhin noch ein oder mehrere Grade tiefer liegt als das der Reisser Hugo Wolfs, nicht allzu hoch einschätzen, aber doch selbst bei einer, ehrlich gesagt, so übeln Sache wie dem vulgivagen „Ständchen" nicht vergessen, dass es zwar ein sehr b a n a l e r Einfall, aber eben doch ein E i n f a l l ist, auf dem es beruht. Wer indessen den Liederkomponisten Strauss wirklich bewundern und lieben lernen will, der greife zu solchen Stücken, wo es dem Künstler gelingt, den ihm eigenen Sinn für das

Komische zu einer echt humoristischen Stimmung zu vertiefen und Hugo Wolf gerade auf dem Gebiete, das als dessen „Spezialität" bezeichnet werden kann, nahezukommen oder ihn gar zu erreichen. Er lasse aber auch solche Gesänge nicht ausser acht, bei denen das Gedicht — wenn es etwa der sozialistischen Anklagepoesie angehört — zu starken und zugleich herben Akzenten aufforderte und ein Gebilde wie beispielshalber die Komposition des Dehmelschen „Arbeitsmann" hervorrief. Denn da hat die Straussische Lyrik — ich stimme hierin mit einem so glühenden Straussverehrer wie Hermann Bischoff überein — ihren Höhepunkt erreicht. Aber er wende sich ab von allen Liedern, wo Strauss mit w e i c h e n Tönen gefühlsmässig wirken will und dabei nahezu ausnahmslos sentimental und süsslich, wo nicht geradezu t r i v i a l wird.

Wenn es bei Strauss zweifelhaft sein kann, ob er Hugo Wolf so früh kennen gelernt hat, dass er noch entscheidend von ihm beeinflusst werden konnte, so ist bei einer Reihe von jüngeren Musikern die Einwirkung des Wolfischen Liedes unverkennbar. Dahin gehören S i e g m u n d v o n H a u s e g g e r , der die jugendliche Frische seiner ersten Gesänge freilich später (z. B. in den nur durch ihren Ernst und ihr hochstrebendes Wollen sympathischen „Liedern der Liebe") nicht mehr erreicht hat, und — als ein besonders kennzeichnender Vertreter der temperamentvoll auf starke Wirkung ausgehenden Richtung — W a l t e r C o u r v o i s i e r (s. S. 199). Viel tiefer schürft H e r m a n n B i s c h o f f , der auch auf dem Gebiete des Liedes den Ehrgeiz hat, sich seinen eigenen Weg zu bahnen. Der ernste und herbe Richard Strauss, der Sänger des „Arbeitsmanns" und ähnlicher Stücke, ist ihm dabei Vorbild. Stets weiss er von der Kraft und Wahrheit seines Fühlens zu überzeugen, aber nicht immer kristallisiert sich ihm das innerlich Erschaute zu einem plastischen musikalischen Gedanken, und nur selten ist es ihm gelungen, die (als solche bisweilen ungemein starke) Konzeption zu einem auch formal ganz einwandfreien Kunstgebilde zu gestalten. Darin ist ihm **Ernst Boehe** überlegen, der freilich das Lied in den letzten Jahren überhaupt nicht mehr kultiviert hat. Unter den Gesängen, die von ihm bekannt geworden sind, befinden sich (abgesehen von einigem jugendlich Unreifen) famose Stücke, — solche, die bloss äusserlich „schmissig" und geschickt gemacht sind, aber auch solche (wie z. B. Storms „Die Stadt), die zum allerbesten gehören, was die zeitgenössische Lyrik hervorgebracht hat. Hie und da ist in Boehes Liedern — und vielleicht stärker als bei irgend einem anderen Vertreter der Münchner Schule — der Einfluss **Max Schillings'** zu verspüren, der in seiner Lyrik kaum eine andere Sprache spricht als die seiner musikalischen Dramen. Jedenfalls spielt im Gesamtschaffen Schillings' das Lied keine wesentliche Rolle, ebensowenig wie bei **Ludwig Thuille**, so wertvoll das einzelne auch sein möge, was beide Meister uns an lyrischen Gaben beschert haben. —

Am stärksten zeigt sich der Einfluss Hugo Wolfs bei zwei Komponisten, die in den letzten Jahren einige Aufmerksamkeit erregten, oft nebeneinander genannt wurden und in der Tat auch nicht bloss das gemeinsam haben, dass sie beide von Wolf ausgingen als bemerkenswerte Vertreter einer spezifisch Wolfischen Schule. Ich meine **Theodor Streicher** (geb. 1874) und **Otto Vrieslander** (geb. 1880). Für beide ist es charakteristisch, dass sie komponieren, ohne der Technik der Kompositionskunst so weit Herr zu sein, wie es für die Ausübung dieser Kunst als eines soliden Handwerks (von höheren Anforderungen ganz zu schweigen!) unerlässlich ist. Sie

sind Dilettanten im schlimmen Sinne des Wortes, komponierende Literaten, die, vom Poetischen ausgehend, jene Ergänzung des Dichterwortes anstreben, die, wie sie mit richtigem Instinkte fühlen, nur die Töne geben können. Wovon sie aber keine Ahnung haben, das sind die besonderen Daseinsbedingungen des musikalischen Kunstwerks, die Tatsache, dass das Reich der Töne in gewissem Sinne eine Welt für sich bildet, deren Gesetze gekannt und beachtet werden müssen, wenn man künstlerische Absichten in Tönen verwirklichen will. Streicher sowohl als Vrieslander sind zweifellos begabt, und zwar, wie es scheint, der erstere noch stärker als der zweite. Beide können kompositionstechnisch betrüblich wenig, aber der auf alle Fälle viel erfahrenere Streicher immerhin doch beträchtlich mehr als der oft in geradezu komischer Weise ungeschickte Vrieslander. Zu der Beeinflussung durch Hugo Wolf tritt bei Streicher hie und da (z. B. im Requiem für Mignon) der Einfluss Beethovens, bei Vrieslander durchgehends ein stark fühlbarer Einschlag Brahmsischer Herkunft.

Wenn man bedenkt, dass Richard Wagner am Beginn seiner Laufbahn ganz gewiss kein guter Musiker war und dass auch Hugo Wolf in seinen Anfängen die Nachwirkungen mangelhafter technischer Schulung nicht verbergen kann, wird man solche Begabungen wie Streicher und Vrieslander nicht von vornherein verloren geben dürfen. Wenn sie es so ernst mit der Kunst meinen wie jene beiden grossen Meister, so muss ihnen eines Tages das aufdämmern, was sie ja niemand als sich selbst einzugestehen brauchen: dass es ihnen am Handwerkszeug des guten Musikers fehlt; und sie werden dann dem gerade darin ganz einzig dastehenden Beispiele des Bayreuther Meisters nachfolgen, der in unablässiger Arbeit und Selbstzucht sich bemühte, das allmählich nachzuholen, was er in der Jugend versäumt hatte. Sollte es einem Theodor Streicher gelingen, dereinst einmal ein Werk zu schaffen, das sich zu seinen ersten Liederheften technisch etwa so verhielte wie die Partitur des „Tristan" zu der des „Rienzi", dann würde er gezeigt haben, dass er nicht nur eine ernste künstlerische Begabung, sondern auch ein ernster künstlerischer Charakter ist. Vorderhand aber repräsentiert er gleich Vrieslander nur einen Typus, der ebenso unerfreulich wie für unsere Zeit bezeichnend ist. Wie es sonst wohl Komponisten gab, die als Interpreten des Dichterwortes darum versagen mussten, weil sie b l o s s Musikanten waren, kennen wir jetzt auch die entgegengesetzte Erscheinung: den literarischen Ton-„dichter", der z u w e n i g Musiker ist, um seine Interpretation des Dichters zu dem gestalten zu können, was schliesslich doch auch das gesungene Lied sein muss, — zu einem einwandfreien m u s i k a l i s c h e n Kunstwerke.

H a n s S o m m e r, von dessen Liedern in Wagnerianerkreisen unverdient viel Aufsehen gemacht wurde, sei hier angereiht, weil er gleichfalls nicht frei von dilettantischen Zügen ist. Freilich kann er ungleich viel mehr als Streicher und Vrieslander, hat dafür aber auch seinem künstlerischen W o l l e n ein ungleich niedrigeres Ziel gesteckt: denn der G e s c h m a c k, den Sommer zu befriedigen sucht, steht doch kaum viel höher als der, dem der selige Nessler mit weniger modernen Mitteln zum mindesten ebensogut genugzutun vermochte. Eben darum möchte auch mein p e r s ö n l i c h e r Geschmack Leute wie Streicher und Vrieslander, die wenigstens den Vorzug strengen, ja herben Ernstes für sich haben, den modernen Bänkelsängern wie Sommer, Heinrich Zöller usw. immerhin noch vorziehen. Und zu diesen zähle ich auch jene Talmikünstler, deren Produkte sich zu den Werken unserer echten Tonlyriker verhalten wie der modernisierende Kitsch der Warenhäuser zu den Arbeiten der ernsten Vertreter des modernen Kunsthandwerks, eine Sippe, als deren bekanntester Vertreter der Berliner H a n s H e r m a n n angeführt sei. — Von anderen Berliner Liederkomponisten sei noch der nicht sehr starke und auch nicht tiefe, aber in seinem schlichten und ungekünstelten Geradeaus sympathische H e i n r i c h v a n E y k e n (1861—1908) genannt, vor allem aber als eine vielleicht nicht bedeutende, aber jedenfalls ausserordentlich interessante Erscheinung: K o n r a d A n s o r g e, der hervorragende Pianist (geb. 1862). Um die Richtung der Ansorgeschen Lyrik in ihrer Wurzel zu verstehen, muss man sich erinnern, dass dieser Lisztschüler mehr als irgend ein anderer Jünger des Weimarer Meisters (mit Ausnahme Alexander Ritters) auch von dem L i e d e r k o m p o n i s t e n Liszt beeinflusst ist. Im Lisztschen Liede verbinden sich nun mehrere, zum Teil sehr heterogene Elemente zu einer nur durch die künstlerische Persönlichkeit des Schöpfers zusammengehaltenen Einheit. Da ist zunächst einmal die französische Romanze, in deren Geist Liszt seine populärsten, aber nicht eben seine bedeutendsten Liedweisen erfand; dann in starkem Gegensatz dazu ein leidenschaftliches und scharf akzentuierendes Pathos, das zum Deklamatorischen neigt und den lyrischen Tonausdruck am liebsten bis zu dem Punkte ins naturalistisch Rezitierende steigern möchte, wo das Lied von selbst ins Melodrama umschlägt, ein Weg, den dann in seinem Sinne Alexander Ritter weiter verfolgt hat;*) und

---

*) Darum gehören ja auch Liszt und Ritter zu den ganz wenigen neueren Musikern, die aus innerem Bedürfnis und in Verfolgung der ihnen eigentümlichen Richtung das M e l o d r a m gepflegt haben, während z. B. Humperdinck nur durch das Besondere einer bestimmten Aufgabe (in den „Königskindern") zu diesem Auskunftsmittel verführt wurde und Strauss wie auch Schillings (mit „Enoch Arden" und dem „Hexenlied") vollends nur äusserlich angeregte Gelegenheits- oder Gefälligkeitsarbeiten für einen berühmten Rezitator (Ernst Possart) liefern wollten.

schliesslich noch ein drittes, das namentlich in der letzten Schaffensperiode des greisen Meisters zutage tritt: eine Art von musikalischer Askese, die höchste Intimität dadurch zu erreichen sucht, dass sie sich auf eine ganz schwache, in den zartesten Tonfarben gehaltene Untermalung des Dichterwortes beschränkt und auf alle und jede musikalischen Werte, die über ein mit den einfachsten Mitteln arbeitendes A n d e u t e n eines Stimmungs- und Ausdrucksgehaltes hinausgehen, von vornherein verzichtet. Liszt kam in das Geleise dieser Richtung zu einer Zeit, da er auch in seiner Kirchenmusik immer schlichter und simpler wurde. Näherte er sich derart auf liturgischem Gebiete in mancher Hinsicht den Cäcilianern, so wurde er auch abgesehen von solchen kirchlich archaisierenden Neigungen überhaupt immer mehr der Vertreter einer musikalischen P r i m i t i v e, an deren weiterem Ausbau er freilich durch die Gebrechen des Alters verhindert wurde. Es scheint mir nun, als ob Ansorge gerade diese Ansätze aufgenommen und — nach seiner persönlichen Weise anders gefasst und gewendet — zu so etwas wie einem m u s i k a l i s c h e n P r ä r a p h a e l i t i s m u s ausgebildet habe, der unter den Händen einer wirklich schöpferisch begabten Natur vielleicht noch einmal grössere Bedeutung gewinnen könnte. Denn Ansorge selbst ist, wie schon Hermann Bischoff richtig erkannt hat (Das deutsche Lied S. 113), zwar „ein vornehmer Künstler von feinem und eigenartigem Geschmack", aber es fehlt seinen Kompositionen das eigentlich innere Leben, die „wahrhaft zeugende Potenz", sie sind letzten Endes Artefakte, keine naturgewachsenen Organismen. —

Den eigentlichen Vertretern des „modernen" Liedes, die sich entweder geradezu an Hugo Wolf anschliessen oder doch ähnliches wie er anstreben, steht die Menge derer gegenüber, die auch als Liederkomponisten einer mehr oder minder konservativen Richtung angehören; und wie Wolf für die Modernen, so ist Brahms für einen grossen Teil dieser Konservativen Muster und Vorbild ihres Schaffens geworden. Brahms geht in seinem Liede prinzipiell über Schumann nicht hinaus. Was ihn inhaltlich von den Modernen unterscheidet, das ist einmal, wie schon ausgeführt, seine Zurückhaltung im Gefühlsausdruck, dann aber auch sein Festhalten an der musikalischen Sprache der Klassiker, das ihn auf die Errungenschaften der neueren Harmonik z. B. grundsätzlich verzichten lässt und ihn dazu führt, wo er einmal harmonisch Apartes anstrebt, lieber hinter die Klassiker zurück- als über sie hinauszugreifen. In stilistischer Hinsicht ist es für Brahms kennzeichnend, dass er die Form des Liedes unter allen Umständen aus dem metrischen Schema des Gedichtes gewinnt, und zwar auch dann noch, wenn dieses Schema, wie es ja so oft der Fall, effektiv nur im Druck für das Auge existiert und schon beim sinngemässen Rezitieren verloren geht. Der Reim wird auch in der Musik immer konserviert und bei einem Konflikt zwischen metrischem und Wort- bezw. Sinnakzent nahezu ausnahmslos der letztere geopfert. All das steht in schroffstem Gegensatz zu der Praxis der Modernen, die gerade umgekehrt immer und überall die gute, d. h. die sinngemässe Deklamation, anstreben, auch auf die Gefahr hin, das ganze Gedicht in Prosa auflösen zu müssen, während grosse Künstler wie Peter Cornelius oder Hugo Wolf zu ihren glänzendsten deklamatorischen Einfällen oft dadurch kamen, dass sie einen nach beiden Seiten hin befriedigenden Ausgleich zwischen den Anforderungen des Metrums und denen des Sinnes zu ermöglichen suchten.

Die sorgsamere Beachtung des Dichterwortes, die innigere Anschmiegung an den Text und die Bemühung, dem vertonten Poeten in jeder Weise, in der Einzelausführung nicht minder wie in der Grundstimmung gerecht zu werden, das war das, was die modernen Liederkomponisten zu Leistungen befähigte, die dem Ideale des lyrischen Wort-Tongedichts p r i n z i p i e l l so viel näher kamen als die besten Leistungen früherer Zeiten; es war aber auch das, was, einseitig weiter verfolgt, die Gefahr einer Abirrung des Liedes ins „Literarische" heraufbeschwören musste. Ziemlich gleichgültig scheint es mir dagegen zu sein, dass eine ganze Reihe von neueren Liederkomponisten (vor allem auch Richard Strauss!) ihre Modernität dadurch dokumentierten, dass sie mit Vorliebe „moderne" Dichter komponierten. Zu einer Zeit, da man den ästhetischen und entwicklungsgeschichtlichen Wert der ganzen mit den 80er Jahren anhebenden Literaturrevolte (denn eine Revolution war's ja kaum!) noch wesentlich höher einschätzte, als es einsichtigen Beurteilern von heute möglich ist, da man von dieser Bewegung nicht nur eine Erneuerung des gesamten Schrifttums, sondern geradezu das Erstehen einer neuen Welt und einer neuen Menschheit erhoffte, da mochte man es für etwas wesentlich Auszeichnendes oder gar für einen „Fortschritt" halten, dass die Modernen Dehmel, Liliencron, Bierbaum, Mackay usw. statt Mörike, Eichendorff oder Goethe in Musik setzten: jetzt wo wir glücklich so weit sind, dass allbereits die als Reaktion gegen die literarische Moderne einsetzende Neuromantik so ziemlich wieder abgewirtschaftet hat, kann man über dergleichen nur noch lächeln. Aber das ist unbestreitbar, dass die Tendenz, das Verhältnis der beiden konstituierenden Faktoren des lyrischen Kunstwerks zugunsten des einen von ihnen, des Wortes, bis zu dessen völliger Aequivalenz mit dem Tone zu verschieben, das eigentliche Kennzeichen des neueren Liedes ist und dass diese Tendenz bis zu einem gewissen Punkt tatsächlich im Sinne eines positiven Fortschritts gewirkt hat. Dieser Tendenz konnte sich kein Liederkomponist der zweiten Hälfte des 19. Jahrhunderts g a n z entziehen, auch der nicht, der im übrigen der musikalischen Moderne so fern wie möglich stand. Schon das Brahmsische Lied ist in jeder Beziehung viel „literarischer" als das Schumannsche, und auch von den zeitgenössischen Lyrikern, die entweder auf Brahms fussen oder doch gleich ihm musikalisch in ausgesprochenem Gegensatz zu den Neudeutschen und ihren Nachfolgern stehen, dürfen gerade d i e am meisten Anspruch auf Beachtung erheben, die wenigstens in dem Bestreben nach möglichster Anpassung an den Dichter von den Prinzipien der anderen Richtung nicht unberührt geblieben sind. Hierher gehören z. B. A r n o l d M e n d e l s s o h n (geb. 1855), der von manchen für bedeutender gehalten wird, als ich ihn finden kann, der aber gerade auf dem Gebiete des Liedes gewiss sehr Ansprechendes geleistet hat, — B e r n h a r d S e k l e s (geb. 1872), der als bemerkenswerte Spezialität eine musikalische Exotik pflegt, die zunächst an die gelegentlichen orientalischen Liebhabereien Brahmsens (Zigeunerlieder!) anknüpft und ihre Texte aus der Volkspoesie der Balkanländer oder gar aus dem asiatischen Osten (Lieder aus dem chinesischen Schi-King) holt. —

Eine Ausnahmestellung unter den zeitgenössischen Liederkomponisten nehmen zwei Künstler ein, die auch auf diesem Felde zu den bedeutendsten der Gegenwart gehören: M a x R e g e r und H a n s P f i t z n e r. Wie in seiner Kammer- und Orchestermusik ist Reger auch im Liede ersichtlicherweise von Brahms ausgegangen. Aber weiter wie dort hat er sich auf diesem Gebiete von seinem Ausgangspunkte entfernt, ja, es will mir scheinen, als ob er sich nirgends so sehr den ihm sonst so fern stehenden Modernen neudeutscher Herkunft genähert habe wie im Liede; — wozu es dann auch stimmt, dass die seltenen Anklänge an die Tonsprache der Neudeutschen, z. B. die wenigen Wagnerreminiszenzen, die sich bei Reger finden, uns gerade in L i e d e r n begegnen. Aber leider sind es alles in allem weniger die Vorzüge der Modernen als gewisse Auswüchse und Uebertreibungen, wie z. B. die bis zum Extrem der musikalischen „Interlinearübersetzung" gehende Detailillustration jedes einzelnen dichterischen Gedankens und Wortes und zum Teil damit im Zusammenhang das Zerbröckeln der Form in kaum noch innerlich zusammenhängende Teilglieder oder auch ihr gänzliches Zerfliessen ins nebelhaft Chaotische, was wir bei Reger oft bis zur völligen Karikatur gesteigert finden. Dazu kommt dann noch, dass ebenso darin, w i e Reger seine Texte komponiert, als vor allem auch darin, w a s er komponiert, die völlige geistige Unkultur dieses grossen Musikers in wahrhaft erschreckender Weise sich offenbart. Ja noch mehr: Reger ermangelt in Sachen des poetischen und literarischen Geschmacks nicht nur jeglicher B i l d u n g, sondern auch jeden instinktiven Gefühls für das, was dichterisch gut oder überhaupt nur dichterisch m ö g l i c h ist. Ein Schubert war gewiss oft skrupellos in der Wahl seiner Texte, aber er ist in dieser Beziehung ein Hugo Wolf gegenüber Reger, der schlechterdings a l l e s komponiert, was ihm unter die Finger kommt, — gelegentlich (so möchte man witzeln!) sogar einmal Gutes. Und es zeigt sich da nun, dass zum mindesten in heutiger Zeit der ganz ausserhalb des bewussten Geisteslebens stehende Musiker als L i e d e r k o m p o n i s t undenkbar ist. Dass Mangel an Bildung den absoluten Musiker auch in der Gegenwart nicht wesentlich behindert, das hatte Anton Bruckner bewiesen. Dass es sich da, wo Wort und Ton zu einer künstlerischen Einheit zusammenfliessen sollen, anders verhalte, beweist in unseren Tagen Max Reger.

Aber trotz alledem: Reger ist als M u s i k e r eine so

gewaltige Potenz, dass es verwunderlich wäre, wenn sich das nicht auch in seinen Liedern zeigen würde. Und es muss in der Tat zugegeben werden, dass — wenn man nur auf die Forderung der dichterisch-musikalischen Harmonie und Einheit verzichtet — sehr vieles in den Regerschen Liederheften gefunden werden kann, was, rein musikalisch betrachtet, im höchsten Masse interessiert und fesselt. Ja, noch mehr: in seltenen Fällen schliesst sich wie durch Zufall die Musik mit einem ihrer würdigen Texte wirklich einmal zu einem bruchlos einheitlichen Ganzen zusammen, und dann entstehen Gebilde (wie etwa die ganz wunderbare „Aeolsharfe" von Lingg), die zum Bedeutendsten gehören, was die neueste Lyrik hervorgebracht hat. In solchen und ähnlichen Fällen beobachtet Reger ein Verfahren, das er (bewusst oder unbewusst) von J. S. Bach überkommen hat. Er geht da nämlich zunächst nicht eigentlich auf eine musikalische Gesamtinterpretation des Gedichtes aus, sondern irgend eine einzelne Vorstellung, die zu Anfang oder im Verlaufe des Gedichtes auftaucht, setzt sich ihm in einen musikalischen Gedanken um, aus dem er in mehr oder minder genauer ä u s s e r e r Anpassung an das dichterische Wort, aber in w e s e n t l i c h, absolut musikalischer Entwicklung das ganze Stück herausspinnt. Es ist klar, dass auf diesem Wege eine vollkommene i n n e r e Harmonie zwischen Wort und Ton (auch im einzelnen) nur durch Zufall zustande kommen kann. Aber Reger hat sie in einigen wenigen Liedern völlig, in anderen zum mindesten nahezu erreicht.

Im Konzertsaal pflegen immer solche Stücke Regers den stärksten Eindruck zu machen, in denen er entweder einer ausgesprochenen Einfachheit sich befleissigt („Schlichte Weisen") oder aber einen (in der Regel recht albernen) Text komischen Inhalts mit drastischer Tonmalerei illustriert. Ich für meinen Teil habe diesem letzteren

Genre niemals Geschmack abgewinnen können, und was Regers gelegentliche Exkursionen ins Einfache angeht, so ist zu sagen, dass er zwar auch dabei nicht selten einen, reizend-anmutigen (kaum aber einen bedeutenden) Fund gemacht hat, in der Regel aber durch das Absichtliche einer Simplizität verstimmt, der man das Erzwungene doch allzu deutlich anmerkt, — ganz abgesehen davon, dass Reger (mit ganz geringen Ausnahmen) da, wo er einfach sein will, immer auch seiner eigentlichen Originalität verlustig geht. —

In gewissem Sinne gerade umgekehrt wie Reger verhält sich Hans Pfitzner als Liederkomponist zu den eigentlichen „Modernen". Denn während Reger mit diesen sonst gar nichts gemein hat und nur im Liede sich ihnen in manchen Stücken annähert, steht Pfitzner, der als Musikdramatiker durchaus Wagnerianer ist, zwar im allgemeinen der musikalischen Moderne näher, entfernt sich dafür aber im Liede um so weiter von ihr. Nirgends ist Pfitzner so sehr „Alt-Romantiker" (wenn man diesen Gegensatz zu Neuromantiker bilden darf), nirgends so sehr Schumannianer wie im Liede. Auch er steht prinzipiell noch vollkommen auf dem Standpunkte des prästabilierten Parallelismus zwischen Dichtung und Musik. Das ideale Lied kommt ihm dadurch zustande, dass ein Gedicht und ein musikalischer Einfall, die beide unabhängig voneinander entstanden sind, sich im Kopfe eines Musikers begegnen, der ihre innere Harmonie erkennt und zur Gestaltung eines einheitlichen lyrischen Kunstwerkes benutzt. Nun ist gerade das musikalische Apperçu, der ganz spontane Einfall die eigentliche Stärke Pfitzners, das, worin die Genialität seiner schöpferischen Begabung sich am hellsten offenbart. Wenn es ihm also gelingt, eine Dichtung zu finden, die einem solchen Einfall voll entspricht, so entsteht ein Lied, das in jeder Beziehung den höchsten Grad der Vollendung erreicht, vor allem aber an nicht bloss eigenartig geformtem, sondern sozusagen schon eigenartig geborenem m u s i k a l i s c h e m S t o f f alles andere, was unsere Zeit auf diesem Felde bietet, weit hinter sich zurücklässt. Derart sind namentlich eine Reihe von Gesängen nach Eichendorff, dem kein Musiker nach Schumann so nahegekommen ist wie Pfitzner.

Indes nicht immer zeigt das Pfitznersche Lied jene vorherbestimmte Harmonie zwischen Wort und Ton. Manchmal scheint es nicht der unwillkürliche musikalische Einfall zu sein, von dem er ausgeht, sondern die bewusste Absicht, ein bestimmtes Gedicht musikalisch zu interpretieren. Dann ersetzt er wohl den Einfall durch eine auf dem Wege der Reflexion gewonnene motivische Konstruktion, wie etwa die der Komposition des Goetheschen „An den Mond" als thematische Einheit zugrunde liegende Ganztonreihe eine ist. Durch dieses Verfahren ermöglicht Pfitzner oft eine formale Geschlossenheit, wie er sie sonst keineswegs immer erreicht, und als Kunstwerke zwingen derartige Gebilde zur allerhöchsten Bewunderung. Aber sie lassen auch einigermassen kalt, sie gleichen wundervoll gestalteten Marmorbildern, denen nichts als das warmpulsierende Blut des Lebens fehlt.

Wenn Pfitzner gerade bei derartigen mehr verstandesmässig entstandenen Bildungen in der Kühnheit dessen, was er dem Ohr des Hörers zumutet, oft weiter geht als irgend einer der Modernen, so finden sich anderseits wieder unter seinen Liedern Stücke, die gerade umgekehrt ob ihrer altväterischen Schlichtheit und Harmlosigkeit schon das Missfallen ästhetischer Sittenrichter gefunden haben. Dass sich in dem Schaffen des Komponisten derartig Heterogenes nebeneinander befindet, rührt wohl daher, dass er, der in anderer Beziehung eine so stark reflektierende Natur ist, dem, was ihm als musikalischer E i n f a l l kommt, völlig n a i v, ja unter Umständen sogar kritiklos gegenübersteht. Der Einfall als solcher gilt ihm so viel, dass er nicht viel darnach fragt, ob er auch ernst und würdig genug, oder nicht am Ende zu unbedeutend oder gar banal sei. Niemals ist Pfitzner trivial, wenn er sich in der Sphäre gehobeneren Empfindens bewegt; einen trivialen musikalischen Ausdruck für nicht triviale Dinge, wie man ihn öfter bei Strauss findet, kennt er nicht. Aber er hat bisweilen Freude an etwas, das, w e n n man es künstlerisch darstellen will, die Trivialität notwendig bedingt. Wie alle bedeutenden Menschen liebt er es, gelegentlich mit seinem Empfindungsleben ganz ab- und auszuspannen und in solchen Ruhe- und Erholungspausen eines höchstgesteigerten Seelenlebens mit dem Alltäglichen, ja Nichtigen sich zu vergnügen. Das Merkwürdige bei Pfitzner ist nur — und darin eben zeigt sich seine Naivität —, dass er das, was ihm in solchen Augenblicken einfällt, nicht von seinen übrigen ernsten Einfällen kritisch sondert, vielmehr ihnen vollkommen gleichzuschätzen scheint. Es ist nun gewiss philiströs, wenn man sich darüber ereifert, dass ein Mann wie Pfitzner einen harmlosen und musikalisch gewiss recht billigen Scherz wie die Eichendorffsche Rokokoszene „Sonst" überhaupt veröffentlicht hat. Aber man soll auch nicht — wie ja wohl von seiten übereifriger Freunde und Bewunderer geschehen ist — von derartigen Kleinigkeiten allzuviel Aufhebens machen und so tun, als ob auch sie Offenbarungen höchster Genialität seien.

Wie Richard Strauss, Gustav Mahler und fast alle Liederkomponisten der Moderne hat auch Pfitzner Gesänge mit O r c h e s t e r b e g l e i t u n g geschrieben. Doch erscheint es bemerkenswert, dass es ausschliesslich b a l l a d e n a r t i g e Dichtungen sind, zu deren Vertonung er den anspruchsvollen Apparat des vollen Orchesters auf-

HANS PFITZNER, DIE HEINZELMÄNNCHEN

bot. Und in der Tat hat die Orchesterbegleitung für den rein lyrischen Text, zumal wenn er von geringerer Ausdehnung ist, etwas Gefährliches. Allzu leicht entsteht ein störendes Missverhältnis zwischen der Intimität des Inhalts und der Stärke der in Anspruch genommenen klanglichen Mittel, allzu gross ist aber auch die Versuchung, auf A e u s s e r l i c h k e i t e n, wie tonmalende Illustration, blossen Klangeffekt u. dergl. mehr Nachruck zu legen, als es mit dem Wesen der doch vorzugsweise auf i n n e r l i c h e Wirkung gestellten reinen Lyrik vereinbar ist. Anderseits begreift man es sehr wohl, wie es die neueren Komponisten gerade zu der Gattung des orchesterbegleiteten Gesanges hinziehen musste. Es galt da Ersatz zu schaffen für die völlig ausgestorbene K o n - z e r t a r i e, die gerade jetzt um so schwerer zu entbehren war, als ein in stilistischen Dingen empfindlich gewordener Geschmack sich immer heftiger gegen die Verpflanzung der Opernarie in den Konzertsaal sträubte. Dass man dabei nicht in höherem Masse und immer nur ganz sporadisch der Pflege der orchesterbegleiteten B a l l a d e sich zuwandte, bleibt verwunderlich, stimmt aber dazu, dass unsere extrem subjektive Zeit der Ballade in einem ihrer wesentlichen Grundzüge, nämlich ihrer epischen Objektivität nur wenig Liebe und Verständnis entgegenzubringen vermochte. Balladische Texte wurden auch in neuerer und neuester Zeit immer wieder komponiert, nur eben nicht als eigentliche Balladen, — wenn man darunter eine durch ganz besondere Stileigentümlichkeit charakterisierte Gattung versteht. Der Wagnerianer M a r t i n P l ü d d e m a n n (1854—1897) — keine sehr starke Begabung und auch als Charakter nicht dazu angetan, das, was er an Talent besass, zur vollen Reife zu bringen — war der einzige prinzipielle Nachfolger, den Carl Loewe auf seinem Eigengebiete gefunden hat.

Die Richtung auf äussere und veräusserlichte Wirkung, die sich in der Entwicklung des modernen Liedes verfolgen lässt, erreichte ihren Höhepunkt in dem landläufigen Orchesterlied, wie es namentlich von Angehörigen der Münchner Schule eine Zeitlang mit Vorliebe kultiviert wurde. Dass auch darin, in der Aufwendung der klanglichen Mittel, ein Rückschlag bereits wirksam zu werden beginnt, zeigt sich überall und namentlich auch in den freilich nicht immer geglückten Experimenten, K a m m e r m u s i k b e g l e i t u n g im Dienste der Lyrik zu verwenden (H e n r i M a r t e a u, W a l d e m a r v o n B a u s s e r n, A l f r e d S t e r n).

Dass das Jahrhundert, in dem das einstimmige Lied eine so rege Pflege und hochgesteigerte Entwicklung fand, nicht auch in gleicher Weise für den m e h r s t i m m i g e n G e s a n g von Bedeutung werden konnte, lag in verschiedenen Dingen begründet. Auf zwei Umstände, die mir besonders wichtig erscheinen, sei ausdrücklich hingewiesen. Schon vorhin habe ich an den s u b j e k t i v e n Charakter unserer Zeit erinnert: er machte sich auch nach dieser Richtung hin geltend. Eine Epoche, deren Streben zum grossen Teil dahin ging, den Einzelmenschen aus der Gemeinschaft, in die er gehörte, loszulösen, ihn als Individuum möglichst selbständig und selbstherrlich zu machen, konnte ihren ungesellschaftlichen Geist auch auf dem Gebiete der Kunst nicht verleugnen. Obgleich gewiss auch entgegengesetzte Kräfte im Sinne sozialer Bindung mannigfach im Laufe des vergangenen Jahrhunderts wirksam geworden sind, hat doch wohl die individualistische Tendenz als der eigentliche Grundzug der Zeit zu gelten, und zumal der augenblicklichen Gegenwart, in der ein radikaler Individualismus entschiedener denn je sich erhoben hat.

Zu dieser Ursache, die aus der allgemeinen kulturellen Verfassung des Zeitalters fliesst, kam dann noch etwas, das, in den m u s i k a l i s c h e n Anschauungen und Bestrebungen der Gegenwart begründet, nach der gleichen Richtung hin wirkte. Es liegt in der Natur der Sache, dass die menschliche Stimme, wenn man sie im Ensemble oder gar im Chor verwendet, immer mehr oder minder zum m u s i k a l i s c h e n I n s t r u m e n t e werden muss. Sollen sich daher Wort und Ton zu gemeinsamer künstlerischer Wirkung in der Art verbinden, dass dasselbe Dichterwort von mehreren oder vielen menschlichen Individuen gleichzeitig gesungen wird, so ist es schon von Haus aus so gut wie ausgeschlossen, dass in solchem Falle die Dichtung als gleichberechtigter Faktor neben der Musik sich behaupte. Vielmehr wird bei chorischer Verwendung der menschlichen Stimme das Dichterwort bis zu einem gewissen Grade immer auf die Stufe eines blossen „Textes" herabsinken, eines „Gewebes", das seinen eigentlichen Zweck darin hat, den Tönen als Unterlage zu dienen, wie der Stramin der Stickerei. Es leuchtet also ein, dass eine Zeit, der es darauf ankam, bei allen Verbindungsformen von Wort und Ton das Wort soweit als irgend möglich aus seiner dienenden Stellung zu befreien und zur Gleichberechtigung mit dem Tone emporzuheben, sich unmöglich stark zur Chorkomposition hingezogen fühlen konnte. Es ist die poetisierende, in ihren Auswüchsen „literarisierende" Grundtendenz unserer modernen Musik, was zu einer Bevorzugung des Sologesangs führen musste, und wie Richard Wagner im Verfolg seiner Bestrebungen dazu gekommen ist, den Ensemblegesang im musikalischen Drama auf die wenigen Stellen zu beschränken, wo er sich wirklich dramatisch motivieren lässt, so widerstrebt es uns, Worte im Chor singen zu lassen, die nicht auch ihrem Gedanken- und Gefühlsgehalte nach als die gleichzeitige Verlautbarung einer grösseren menschlichen Gemeinschaft denkbar sind. Die alten Madrigalisten haben ganz skrupellos die subjektivste Liebeslyrik chorisch komponiert, und bewusst anti-modernisierende Tondichter unserer Zeit, wie z. B. Brahms, sind ihnen darin gefolgt. Aber derartiges berührt uns selbst bei einem solchen Meister schrullenhaft: wir ertragen ganz einfach nicht die chorische Vertonung dessen, was ein e i n z e l n e r spricht, denkt oder empfindet, und damit hat sich uns schon die Anzahl der für die Chorkomposition überhaupt in Betracht kommenden Dichtungen stark verringert, zumal wenn man bedenkt, dass auch in der neueren D i c h t u n g der subjektive Zug der Zeit sich geltend machte und den dichterischen Ausdruck von Gemeinschaftsgefühlen fast gänzlich verschwinden liess.

So sehen wir denn, wie auf diesem Gebiete in der neueren Zeit zwar mannigfach schöne und bedeutende Werke entstehen, die Gattungen selbst in der Entwicklung aber mehr oder minder stationär bleiben. In viel höherem Masse als die Instrumentalmusik, die sich technisch wie inhaltlich in den letzten hundert Jahren so stark gewandelt, in höherem Masse aber auch als der Sologesang, der z. B. im pathetisch-deklamatorischen Stile Richard Wagners einen ganz neuen Trieb angesetzt hat, beschränkte sich die Pflege des Chorgesangs auf eine Nachblüte und Nachlese aus früherer Ernte, auf ein Fortwachsen und Weiterbauen auf altem Kulturboden ohne die Gewinnung eigentlichen Neulandes. Wie für alle Gebiete, so wird es auch für den Chorgesang des 19. Jahrhunderts wichtig, dass das künstlerisch wertvolle Musizieren aus den zahlreichen Orten, wo es bei den verschiedensten Gelegenheiten als Schmuck und Zierde festlich erhöhten Lebens Anwendung fand, immer mehr verschwunden ist und sich ins Theater und den Konzertsaal als die einzigen Musikstätten der Gegenwart zurückgezogen hat. Die Ueberführung des Chorgesangs in den Konzertsaal, eingeleitet durch die zu vielfacher Nachahmung anspornende Gründung der Berliner Singakademie durch Karl Fasch (1790) und die weiterhin daraus hervorgehende Liedertafelbewegung (Karl Zelter 1809), hat nun gewiss der Gattung zunächst einen Aufschwung gebracht. Jetzt erst wurden weite Dilettantenkreise für den künstlerisch anspruchsvollen Chorgesang gewonnen, die Komponisten erhielten mannigfache Anregung zur Betätigung auf chorischem Gebiete, und zumal das weltliche Oratorium, das vor allem im Bannkreise Schumannscher Romantik so manche schöne Blüte zeitigte, hätte ohne diese Entwicklung kaum gedeihen können. Aber gerade der Umstand, dass diese Entwicklung dazu zwang, im Chor fast ausschliesslich mit gesanglich wie musikalisch mehr oder minder ungeschulten Liebhaberkräften zu arbeiten, wurde schliesslich für die ganze Gattung verhängnisvoll. Der Männergesang hatte schon bald eine Richtung genommen, in deren Verfolgung er für die Pflege national-patriotischen Geistes zwar sehr viel, für die Pflege künstlerischen und musikalischen Geistes aber sehr wenig bedeuten konnte. Und auch bei den gemischten Chören wurde das für minder geübte Dilettanten ausschlaggebende: „Nicht zu schwer!" eine wichtige, an manchen Orten unerlässliche Forderung, deren Erfüllung mit dazu beitrug, den Chorgesang innerhalb der modernen Entwicklung ins Hintertreffen zu bringen wie auch seiner Pflege vielfach das Odium musikalischer Rückständigkeit und Fortschrittsfeindlichkeit anzuheften. Verstärkt wurde dieser Gegensatz zwischen Chorgesang und moderner Musik dann noch durch Richard Wagner, dessen künstlerische Theorie und Praxis sich in einen so ausgesprochenen Gegensatz gerade zum Oratorium stellte, der Gattung, in deren Kultivierung die Chorgesangvereine nun einmal die ihnen naturgemäss zustehende Hauptaufgabe erblicken mussten.

Ueberschaut man die deutsche Chorgesangsliteratur der letzten fünfzig Jahre, so wird man die im ersten Augenblick vielleicht überraschende Entdeckung machen, dass das weitaus Bedeutendste davon, wenn nicht gerade zu der Kirchenmusik im engeren Sinne des Wortes, so doch dem weiteren Kreise der *Musica sacra* im Sinne einer durch religiöse Vorstellungen und Empfindungen inspirierten Tonkunst angehört. Um das zu verstehen, braucht man noch nicht einmal zu denen zu gehören, die da meinen, dass das 19. Jahrhundert—trotz aller Glaubenslosigkeit und Kirchenfeindlichkeit — in hohem Masse den Ruhm eines religiösen Jahrhunderts für sich in Anspruch nehmen dürfe. Man braucht nur daran zu denken, wie jener Zusammenhang mit der Gemeinschaft, der dem Individuum unserer Zeit auf anderen Gebieten so vielfach verloren gegangen ist, gerade auf religiösem Boden in viel höherem Grade erhalten bleiben musste als irgendwo anders, sodass auch den, dem die Religion im allerhöchsten Sinne „Privatsache", d. h. innerste und eigenste, rein individuelle Herzensangelegenheit geworden ist, immer noch ein Gemeinsames mit dem religiösen Fühlen und Vorstellen der Allgemeinheit verknüpft. Denn wie persönlich einer auch sein Verhältnis zum Göttlichen empfinde, es ist eben doch diejenige seiner persönlichen Angelegenheiten, die am meisten „allgemein und rein menschlich" ist, und bei der er sich darum auch mehr denn in irgend einer anderen Sache als Vertreter der ganzen Menschheit fühlen darf. So kann auch die moderne Künstlerindividualität ihre persönliche Religion als die einer Gemeinschaft, musikalisch also in chorischer Form bekennen.—Man bedenke ferner die Fülle idealer Chortexte, die in der Heiligen Schrift wie in der katholischen Liturgie dem Komponisten sich darbieten und auch den anlocken können, der (wie etwa Berlioz bei der Komposition seines Requiem) nur ein künstlerisches und nicht eigentlich ein religiöses Verhältnis zu diesen Texten zu gewinnen vermag. Man erinnere sich aber auch daran, dass die Kirchenmusik (zum mindesten die katholische!) als „Gelegenheitsmusik" höchster Art auch heute noch voll lebendig ist, dass also dem Komponisten hier eines der wenigen in der Gegenwart noch übrig gebliebenen Gebiete sich auftut, wo er in einer vom L e b e n s e l b s t ihm gestellten Aufgabe ausserhalb des Konzertsaales und des Theaters musikalisch sich betätigen kann. Endlich ist aber zur Erklärung der bedeutsamen Leistungen, die speziell in der k a t h o l i - s c h e n Kirchenmusik des 19. Jahrhunderts zu verzeichnen sind, auch d e r Tatsache nicht zu vergessen, dass der Katholizismus seit den Tagen der Gegenreformation keine Periode mehr erlebt hat, die für ihn extensiv wie intensiv, in bezug auf politische Machterweiterung wie in bezug auf religiöse Vertiefung so eine Zeit des allgemeinen Aufschwungs bedeutet hätte wie das 19. Jahrhundert, und zumal dessen zweite Hälfte, die Regierungsjahre Pius IX. und Leos XIII.

Mag man noch so hoch über den musikalischen und noch so tolerant über den kirchlichen Wert der katholischen Kirchenmusik des späteren 18. Jahrhunderts denken, eines wird sich nicht leugnen lassen: diese Musik war nicht nur im höchsten Masse verweltlicht, sondern auch in einer Weise veräusserlicht und einseitig nach der Richtung des sinnlich Reizenden hin entwickelt, dass sie einen ernsteren religiösen Sinn unmöglich voll befriedigen konnte. Den Anfang einer Reaktion gegen diese fortschreitende „Säkularisierung" der Kirchenmusik brachte die musikalische Romantik, der in gewissem Sinne schon Mozarts Requiem angehört und die künstlerisch ihren höchsten Gipfel in Beethovens grosser Messe erreicht. Aber gerade dieses Werk, dessen gigantische Dimensionen sich ebensowenig dem Rahmen der Kultushandlung einfügen, wie sein überkonfessioneller Bekenntnisinhalt dem kirchlichen Dogma entspricht, kann als Beleg dafür dienen, dass die kirchenmusikalischen Leistungen der grossen Romantiker in höherem Masse der Musik als der Kirche zugute kamen, insofern sie ohne sonderliche Rücksicht auf den liturgischen Zweck mehr auf eine allgemein religiöse als auf eine speziell kirchliche Tonkunst ausgingen. In der Kirche konnten solche Werke unmöglich Fuss fassen; sie mussten dem Konzertsaal überlassen bleiben, womit freilich auf die Erfüllung ihres eigentlichen Zweckes und ihrer eigentlichen tiefsten Wirkung von vornherein verzichtet war. *) Dagegen brachte auf dem Gebiete der im engeren Sinne liturgischen Musik die erste Hälfte des 19. Jahrhunderts keine wesentliche Besserung. Das Kunsthandwerk derer, die kirchliche Gebrauchsmusik schrieben, bewegte sich in den alten Bahnen weiter, wie auch die verweltlichte Kirchenmusik des 18. Jahrhunderts fortlebte, da man ihrer Werke sich immer noch weiter bediente.

Theoretisch war die Reformbedürftigkeit der katholischen Kirchenmusik im Laufe der ersten Hälfte des

---

*) Welchen Widersinn und welche ästhetische Barbarei die konzertmässige Aufführung der sechs Sätze einer musikalischen Messe in Grunde genommen bedeutet, davon kann der Protestant, der die katholische Liturgie nicht kennt, freilich kaum eine Ahnung haben. Es ist weit schlimmer, als wenn man etwa die Inzidenzmusik eines Schauspiels im Konzertsaal ohne verbindenden Text zu Gehör brächte. Denn dabei fehlte doch immer noch das Moment der Profanierung, das bei der Konzertaufführung einer Messe ein jeder empfindet, der weiss, worum es sich dabei handelt, — auch wenn er selbst nicht auf gläubigem Boden steht.

Jahrhunderts öfters diskutiert worden. Der Mann, der zuerst mit Energie und Erfolg den Weg praktischer Besserung beschritt, war der bayrische Priester Franz Xaver Witt (1834—1888), der Begründer des „Allgemeinen deutschen Cäcilienvereins" (1867) und Urheber der in diesem Vereine organisierten Cäcilianischen Bewegung. Witt war selbst Musiker (als solcher Schüler der um die Wiederbelebung älterer Kirchenmusik verdienten Regensburger Proske und Schrems); und wenn auch die Urteile über den künstlerischen Wert seiner Kompositionen weit auseinandergehen, so hatten doch gewiss diejenigen unter seinen Gegnern unrecht, die ihn kurzweg einen Dilettanten nannten, — wennschon das zuzugeben ist, dass die Wittschen Messen gewisse Züge aufweisen, die nicht gerade den geborenen, sondern sozusagen den „gewordenen", d. h. von aussen her an die Kunst herangetretenen Musiker verraten. Als Vorläufer waren dem Cäcilianismus die Bestrebungen der Regensburger Editoren der *Musica divina* (Proske, Schrems, Mettenleiter) vorangegangen, die eine Renaissance der Kirchenmusik der Palestrina-Epoche im Auge hatten. An sie knüpften die Cäcilianer an, indem sie die *A cappella*-Musik des 16. und 17. Jahrhunderts als Ideal und Kanon eines jeden kirchenmusikalischen Stiles aufstellten. Das hatte denn notwendigerweise die scharfe Opposition gegen die orchesterbegleitete Messe zur Folge, wenn man nicht annehmen will, dass gerade umgekehrt die Beobachtung, wieviel (namentlich in kleineren ländlichen Verhältnissen) die Mitwirkung eines oft lächerlich ungenügenden Orchesters zur Verwilderung der Kirchenmusik beitrug, allererst die Liebe zum *A cappella*-Stil bei den Cäcilianern geweckt habe. Abgesehen von dieser Kanonisierung (wenn ich so sagen darf) des Palestrina-Stils geht die Haupttendenz des Cäcilianismus auf strenge Unterordnung der Musik unter die Liturgie, ihre Anforderungen und Vorschriften. Die allzu selbstherrlich gewordene Musik sollte wieder in die bloss dienende Stellung zurückverwiesen werden, die ihr als Kirchenmusik einzig und allein zukommen kann.

Die cäcilianische Bewegung hat, wie jeglicher Purismus, unbestreitbar Gutes gewirkt, sofern sie rein negativ auf die Abstellung offenkundiger Missstände gerichtet war. Ihr Kampf gegen den Schlendrian des Herkommens, der aus den kirchenmusikalischen Verhältnissen mancherorten einen Augiasstall gemacht hatte, kann nicht hoch genug gewertet werden. Aber radikal, intolerant und recht eigentlich (im schlimmen Sinne des Wortes) pfäffisch wie der Cäcilianismus war, hat er auch einen Widerstand gefunden, der gerade in letzter Zeit, nachdem er schon völlig überwunden zu sein schien, als scharfe Reaktion sein Haupt von neuem wieder erhoben hat. Betrachtet man die Sache vom rein musikalischen Standpunkte aus — und ein andrer dürfte wohl dem, der der katholischen Kirche nicht selbst als Gläubiger angehört, kaum zukommen —, so hat der Cäcilianismus zwei bedenkliche Seiten. Zunächst einmal stellt er den Versuch einer Restauration dar, der künstlichen Wiedererweckung längst vergangener Zeiten. Indem er ein Jahrhundert kirchenmusikalischer Entwicklung einfach ungeschehen machen will, unterbricht er nicht nur gewaltsam die historische Kontinuität, sondern er isoliert auch die Kirchenmusik, indem er sie von jeder Beziehung mit der profanen Kunst der Gegenwart loslöst. So muss der moderne Musiker den Cäcilianismus fast ebenso ansehen, wie der moderne Philosoph etwa den neueren Thomismus ansieht: als ein Bestreben, das sich der natürlichen Entwicklung der Dinge entgegenstemmt und etwas ins Leben zurückrufen möchte, was längst vergangen und — mit seinen Vorzügen wie mit seinen Mängeln — unwiederbringlich verloren ist. Damit im

Zusammenhang steht es aber dann weiterhin, dass der Cäcilianismus mit den alten Werken, die er ausgräbt, und noch mehr mit den von Haus aus „homunculeischen" neuen Werken, die er selbst in Anlehnung und Nachahmung der Alten liefert, den Gläubigen recht eigentlich Steine statt Brot bietet. Denn nicht nur für den musikalischen Laien, sondern auch für den Musiker, der sich nicht in die unserem Empfinden ganz fremde Musik des 16. Jahrhunderts eingelebt, ja eingearbeitet hat, redet diese Musik eine Sprache, die er ganz einfach nicht versteht. Und auch dann noch, wenn er sich mit ihr vertraut gemacht hat, wird sie ihm eine (nun allerdings nicht mehr unverständliche) Fremdsprache bleiben: er wird die unsagbaren Schönheiten dieser alten Kunst geniessen können, aber immer mit jener historisierenden Beimischung, ohne die es ein Geniessen irgendwelcher archaischen Kunst nicht gibt. Das heisst: er wird schliesslich dahinter kommen, dass auch aus diesen Tönen ein tiefes religiöses Empfinden spricht, aber als Ausdruck seines eigenen religiösen Empfindens wird er sie ohne Heuchelei niemals anerkennen können; und wenn das schon von dem eines historisch tingierten Kunstgeniessens fähigen Liebhaber und Künstler gilt, so wird man wohl ermessen können, wie die ästhetisch völlig Ungebildeten, also etwa unsere Landleute, der cäcilianischen Musik gegenüberstehen. „Caviare to the general" — für die reine Musik bedeutet das vielleicht einen Vorzug, für die angewandte und vollends für die kirchliche Musik ganz gewiss nicht!

Von den beiden grossen Musikern, die in der zweiten Hälfte des 19. Jahrhunderts ihre Kunst in den Dienst der Kirche gestellt haben, steht der eine: Franz Liszt in einem gewissen Zusammenhang mit der cäcilianischen Bewegung, der andere: Anton Bruckner hat sich mit instinktiver Scheu vor einer Berührung mit ihr zurückgehalten. Liszt hatte schon als ganz junger Mensch (1834) einen fragmentarischen Aufsatz „Ueber zukünftige Kirchenmusik" geschrieben (Ges. Schr. II, 55). Die darin enthaltenen Forderungen, im Anschluss an Ideen des Abbé Lamennais etwas allgemein und nebulos formuliert, laufen jedenfalls auf eine Erneuerung der Kirchenmusik im Sinne einer radikalen Modernisierung hinaus. Und als der Meister im Jahre 1855 beauftragt wurde, für die feierliche Einweihung der Graner Kathedrale die Festmesse zu schreiben, da löste er diese seine erste kirchenmusikalische Aufgabe grösserer Art ganz im Sinne der musikalischen Romantik, die er auch in der weltlichen Musik vertrat, d. h. er suchte alle die Neuerungen und Bereicherungen des musikalischen Ausdrucks, die sich die Nach-Beethovensche Musik errungen hatte, möglichst auch für die Kirche nutzbar zu machen. Liszts Graner Messe war für eine ganz exzeptionelle feierliche Gelegenheit bestimmt: ohne eine solche dürfte sie in der Kirche kaum möglich sein. Anderseits war ihr Schöpfer aber bei diesem Werke doch nicht etwa in der gleichen Weise r e i n e r Musiker wie es Bach oder Beethoven bei ihrer grossen Messe gewesen sind: die Graner Messe wirkt auch im Konzertsaal glanzvoll und vielfach ergreifend; aber schliesslich ist ihr absolut musikalischer Gehalt doch wohl nicht derart, um ihr ein dauerndes Leben als Konzertwerk zu gewährleisten. In der Folge hat sich dann Liszt insofern den Cäcilianern genähert, als er seine spätere Kirchenmusik immer strenger in den Dienst der liturgischen Forderungen und Vorschriften stellt, ja schliesslich auf einen artistischen Sonderwert der nun von ihrem kirchlichen Zweck gar nicht mehr loszulösenden Tonwerke so gut wie gänzlich verzichtet, — vor allem aber auch darin, dass jetzt gewisse archaisierende Tendenzen, von denen die Graner Messe noch gar nichts hatte verspüren lassen, immer mehr zur Geltung gelangen. Dabei unterscheidet ihn aber das von den Cäcilianern, dass er den modernen Musiker nicht ganz verleugnet, sondern auf so etwas wie eine Synthese von Modernisieren und Archaisieren ausgeht. Er nimmt gewisse Elemente aus der alten Musik auf: die Kirchentonarten, die Benutzung von Motiven des Gregorianischen Chorals, gewisse Eigentümlichkeiten der Harmonik des Palestrinastils, stufenweises Aufeinanderfolgen von Dreiklangsharmonien und ähnliches: aber er benutzt diese archaischen Elemente durchaus im Geiste seiner eigenen, modernen Musikalität, gewissermassen als eine Art von Exotik, die ihm musikalisch ein Raffinement, allgemein ästhetisch ein Symbol für den weltentrückten, überirdischen Gedanken- und Gefühlsgehalt des Religiösen bedeutet. In zwei Werken ist es Liszt gelungen, diese beiden heterogenen Seiten, die modernisierende und die archaisierende zu einer vollkommenen organischen Einheit zu verschmelzen: das eine ist das Oratorium „Christus", das zwar nicht der liturgischen, wohl aber der religiösen Tonkunst angehört, das andere ist die *Missa choralis* (für gemischten Chor und Orgel), die bedeutendste Leistung des Meisters auf dem Gebiete der eigentlichen Kirchenmusik. Aber nicht immer kam diese einheitliche Verschmelzung zustande: bisweilen erscheint sie angestrebt, aber nicht erreicht; in anderen Fällen scheint von vornherein auf solche Einheitlichkeit verzichtet zu sein, wie etwa in der „Ungarischen Krönungsmesse", die einerseits in der durch die festliche Gelegenheit bedingten „Unkirchlichkeit" so weit geht, dass sie Melodien der ungarischen Nationalmusik verwendet, anderseits aber auch wieder in asketischer Strenge und Herbheit das ganze Credo *chora-*

liter singen lässt, — ein Widerstreit von fast grotesker Schärfe. —

Im Gegensatz zu Liszt ist B r u c k n e r auch als Kirchenmusiker eine durchaus naive Natur. Seine beiden grossen Messen mit Orchesterbegleitung in D-moll und F-moll könnten schon ihrer Schwierigkeit halber nur an solchen Orten für den Gottesdienst in Frage kommen, wo ganz ausnahmsweis reiche künstlerische Mittel dem Kirchenchor zur Verfügung stehen, und auch da nur bei besonders feierlichen Anlässen. Bescheidener in ihren Anforderungen und auch kirchlicher in ihrer ganzen Haltung ist die Messe in E-moll (mit Begleitung von Blasinstrumenten), bei der sich Bruckner in mancher Hinsicht mit der Art der Listzschen *Missa choralis* berührt. Dagegen wurzelt er mit den beiden grösseren Messen durchaus im Boden der Tradition: man merkt den Organisten, der auf dem Chor von oberösterreichischen Dorf- und Stiftskirchen musikalisch aufgewachsen ist, aber auch den diesem ländlichen Milieu entwachsenen Künstler, der sich an Beethoven und Wagner weitergebildet hat und im Begriffe steht, die Symphonie im Sinne der Wagnerschen Neuromantik weiterzubilden. Stilistisch gehören diese beiden Brucknerschen Messen einem üppigen Spätbarock an, während sie inhaltlich als höchst subjektiv gefärbte Bekenntnisse eines kindlich gläubigen Gemütes sich geben, das trotz des Mangels an geistiger Bildung in der Auffassung und musikalischen Ausdeutung des Textes durchaus seine eigenen Wege geht. Ein gleiches gilt von dem Werke, das Bruckner als geistlichen Tondichter der ganzen Welt bekannt gemacht hat: dem grandiosen T e d e u m, das uns freilich nur im Konzertsaal und kaum jemals an dem Orte begegnet, für den es eigentlich bestimmt ist. So sehr nun Bruckners ganzes Geistes- und Gefühlsleben von religiösen Vorstellungen und Empfindungen durchdrungen

war, so wenig hat er einen eigentlichen inneren Beruf zur
K i r c h e n musik in sich gefühlt. Das geht schon daraus
hervor, dass er, nachdem mit der Uebersiedelung nach
Wien die äusseren Veranlassungen zu kirchenmusikalischer Betätigung mehr oder minder weggefallen waren nur
ganz selten wieder einmal zur Kirchenmusik zurückgekehrt ist. Wohl drängte es ihn, auch als Künstler Gott
zu dienen, — aber auf seine eigene Weise. Der *Musica
sacra* im allerweitesten Sinne des Wortes, d. h. der tief im
Innersten religiös inspirierten Musik gehören auch die
Brucknerschen Symphonien an, aber für die eigentliche li-
turgische Gebrauchsmusik kommt der oberösterreichische
Meister wohl nur mit seiner E-moll-Messe und einigen
kleineren Stücken wirklich in Betracht. —

Für den gegenwärtigen Stand der katholischen Kirchenmusik in Deutschland ist, wie schon angedeutet, eine
gewisse Reaktion gegen den Radikalismus des einseitigen
Cäcilianismus kennzeichnend. Nicht nur, dass die Cäcilianer selbst hie und da anfangen, dem reinen Weine ihres
ursprünglichen Purismus gelegentlich etwas Wasser bei-
zumischen, auch der Widerspruch gegen die ganze cäcilianische Richtung beginnt sich wieder stärker zu erheben.*) Am meisten Aussicht auf gesunden Fortschritt
scheint ein mittlerer Weg zu bieten, der die fruchtbaren
Ergebnisse der cäcilianischen Bewegung voll zu nutzen
erlaubt, ohne dass er den dem Dienst der Kirche sich wid-
menden modernen Musiker zwänge, auf die Betätigung
seines natürlichen musikalischen Empfindens ganz zu verzichten, — ein Weg, der an mehr als einem Punkte die von

---

*) Man sehe hierfür z. B. die Broschüre des Kustos an der
Wiener Universitätsbibliothek Dr. Alfred Schnerich: Messe und
Requiem seit Haydn und Mozart" (Wien und Leipzig 1909), der
sehr scharf gegen die Missachtung der Kirchenkompositionen Josef
Haydns vorgeht.

Liszt begangene Strasse kreuzen und sich gelegentlich auch mit dem Pfade Bruckners begegnen dürfte. Auf die Erreichung und Innehaltung solch eines mittleren Weges scheinen mir auch — um einen in unseren Tagen viel gesungenen Kirchenmusiker zu nennen — die Bestrebungen des Breslauer Domkapellmeisters **Max Filke** auszugehen. Aber gerade dessen Messen lassen auch die Gefahr erkennen, die dem „Modernisieren" auf kirchenmusikalischem Gebiete so gerne droht: die Gefahr, den religiösen Empfindungsausdruck zu verweichlichen und zu versüsslichen. Eine gewisse Herbigkeit ist für die ernste Kirchenmusik unerlässlich, wenn man auch gerne zugeben mag, dass der Katholizismus, dessen Kultusformen sich von jeher durch ihren sinnlichen Glanz, ihre dramatische Bewegtheit und bunte Fülle, ja durch ein gewisses „äusserliches Heidentum" auszeichneten, weit mehr „Weltlichkeit" ohne Schaden ertragen kann als der ästhetisch soviel strengere, aber auch nüchternere Protestantismus. —

Auch für die **Kirchenmusik des Protestantismus** ist im Laufe des 19. Jahrhunderts eine Reform immer dringlicher gefordert, theoretisch erörtert und in mannigfachen bedeutsamen Ansätzen auch schon praktisch in die Wege geleitet worden. Was hier zu leisten war oder vielmehr zum grössten Teile noch zu leisten **ist**, war in gewissem Sinne das Gegenteil von dem, was man auf katholischer Seite brauchte. Dort hatte sich die Musik in der Kirche vielfach zu **üppig** entfaltet, sie war allzu selbstherrlich und von ihrer dienenden Stellung im Kultus allzu stark emanzipiert worden. Darum galt es Auswüchse zu beschneiden, den Kirchenchor zu säubern und zu reinigen. Umgekehrt hatte beim Protestantismus zuerst die pietistische und dann die rationalistische Strömung, die beide gleich kunstfeindlich waren, die Musik aus der Kirche beinahe gänzlich vertrieben. Nichts als ein musikalisch gänzlich verwahrloster Gemeindegesang, der —so erbaulich er immer sein mochte—mit Kunstausübung gar nichts mehr zu tun hatte, war vielerorten übrig geblieben. Die Reform der protestantischen Kirchenmusik sah sich vor die Aufgabe einer vollkommenen **Erneuerung** gestellt, eine um so schwierigere Aufgabe, als in einer Zeit zunehmender Unkirchlichkeit der Faden einer vollständig abgeschnittenen Tradition wieder anzuknüpfen war. So ist der Cäcilianismus in einer seiner Grundtendenzen **puristisch**, während umgekehrt die protestantische Reformbewegung gerade das wieder restaurieren will, was ein zu weit gehender Purismus zerstört hatte. Trotzdem hatte diese Bewegung in ihren Anfängen insofern mit dem Cäcilianismus einen wichtigen Zug gemein, als **Karl von Winterfeld** (1784—1852), dessen historische Arbeiten und organisatorischen Vorschläge für die erste Phase der Reform massgebend wurden, ein ähnliches kirchenmusikalisches **Ideal** hatte, wie es auf einem freilich ganz anderen Boden die Cäcilianer verfochten. Auch ihm galt der reine undramatische Vokalstil als Muster des kirchenmusikalischen Stiles, und wie die Regensburger auf Palestrina und seine Zeitgenossen zurückgriffen, so galt für Winterfeld die Periode Johannes Eccards als die eigentliche Blütezeit der protestantischen Kirchenmusik, der gegenüber die dramatisch beeinflusste Musik eines Heinrich Schütz bereits den Anfang des Niedergangs bedeute.

Wenn die Cäcilianer der Kirchenmusik der Klassiker nicht ganz gerecht zu werden vermochten, so hatte bei Winterfeld die Bevorzugung des *A cappella*-Stils die Folge, dass er **Johann Sebastian Bach** mit seinen Passionen und Kantaten trotz aller Bewunderung für die künstlerische Grösse und religiöse Tiefe des Meisters als eigentlichen Kirchenkomponisten ablehnen musste. Nun liegt die Sache aber so, dass die katholische Kirchenmusik der Palestrina-Epoche in der Tat einen Höhepunkt bedeutet, der von den Klassikern auf d i e s e m Gebiete in keiner Weise mehr erreicht wurde. Dagegen ist es auch für den, der die Winterfeldsche Ueberzeugung teilt und den Stil der Bachschen Kirchenmusik schon als einer Verfallszeit angehörig betrachtet (und in der Tat hat ja diese, Ueberzeugung ihren richtig gefühlten und logisch gedachten Grund), — auch für ihn kann es nicht zweifelhaft sein, dass Bach als schöpferische Potenz jene Meister aus der Wende des 16. und 17. Jahrhunderts ebenso hoch überragt, wie er ihnen als musikalischer Ausdeuter des religiösen Gefühls und Gedankens, als religiöser Herold und Prophet überlegen ist. Man müsste also, wollte man Winterfeld folgen, für die Kirchenmusik gerade auf d e n Genius verzichten, in dem sich ein ausgesprochen protestantisches Christentum in einer Reinheit und mit einer Macht verkörpert, wie vielleicht in keinem anderen Künstler und sicherlich in keinem zweiten M u s i k e r. Dass aber um solchen Preis der Vorzug der absoluten Reinheit des kirchlichen Stils zu teuer erkauft wäre, diese Einsicht ist im, Verlaufe des Jahrhunderts immer mehr durchgedrungen, und in der jüngsten Vergangenheit hat sich aus dem Komplex von Einzelfragen, die das Problem einer Erneuerung der protestantischen Kirchenmusik in sich schliesst, als eine der wichtigsten, wenn nicht als die allerbedeutsamste überhaupt die eine besonders hervorgehoben: wie die Kunst Johann Sebastian Bachs für die eigentliche Kirchenmusik des Protestantismus am besten und fruchtbringendsten zu nutzen sei.

Die Bachsche Passion und Kantate kennt die Gegenwart, s o w e i t sie sie kennt, nur als Konzertwerke, also in einer Gestalt, die den Schwerpunkt ihrer Wirkung nach der rein künstlerisch-musikalischen Seite hin verschiebt und jedenfalls ihren religiösen Gehalt nicht so zur Geltung gelangen lässt, wie es innerhalb des Gottesdienstes der Fall wäre. Nun kennt ja freilich das protestantische Deutschland musikalische Veranstaltungen, die eine Art vermittelnder Zwischenstellung zwischen Konzert und Gottesdienst einnehmen: die sogenannten Kirchenkonzerte. Je nachdem sie arrangiert sind, kann ihr Verlauf und ihr Eindruck sich mehr dem einer gottesdienstlichen Handlung annähern oder auch den ausgesprochenen Charakter eines Konzertes wahren, das nur aus dem Konzertsaal in den Kirchenraum verlegt wurde. Meistens wird das letztere der Fall sein; das erstere wäre aber anzustreben, um allmählich dahin zu kommen, dass die Bach-Renaissance nicht nur allgemein für unsere Musik, sondern speziell auch für die protestantische Kirchenmusik der Gegenwart von praktischer Bedeutung würde. Denn dass die mehr oder minder konzertmässige Kirchenmusik-Aufführung, bei der die Gemeinde die Rolle des bloss zuhörenden Publikums spielt, auch bei der würdigsten Durchführung nicht das leisten kann, was von einer ihrer religiösen Aufgabe gewachsenen Kirchenmusik zu verlangen ist, hat Franz Bachmann in seinen „Grundlagen und Grundfragen der evangelischen Kirchenmusik" (Gütersloh 1899) überzeugend ausgeführt. Ohne eine (zum mindesten innerlich betätigte) aktive Mitwirkung der Gemeinde gibt es eben keine lebendige religiöse Erbauung, und wenn schon, vom rein ästhetischen Standpunkt aus betrachtet, das Verhältnis des modernen Publikums zur Kunst darunter leidet, dass sich der Laie meist allzu ausschliesslich bloss passiv und einseitig rezeptiv den künstlerischen Eindrücken gegenüber verhält, so macht sich dieser Mangel natürlicherweise noch viel empfindlicher geltend auf einem Gebiete, wo ausser dem künstlerischen auch noch das religiöse und kirchliche Interesse in Frage kommt. —

Der Mann, der die Kunst des alten Thomaskantors zuerst wieder zu tönendem Leben erweckt hat: F e l i x M e n d e l s s o h n - B a r t h o l d y galt bis spät in die zweite Hälfte des vorigen Jahrhunderts hinein als der eigentliche und ideale Vertreter der neueren protestantischen Kirchenmusik. Mehr als auf manchem anderen Gebiete ist Mendelssohn als geistlicher Tondichter R o m a n tiker, speziell B e r l i n e r Romantiker, nicht nur aus demselben Milieu hervorgewachsen, dem eine Erscheinung wie Schleiermacher angehörte, sondern auch in der Mischung von kühler Verstandesmässigkeit und romantisch schwelgender, ausgesprochen weiblich weichlicher Gefühlsseligkeit mit diesem berühmten Theologen innerlich verwandt. Aber gerade der von Mendelssohn ausgegrabene Bach war es, dessen innerlich tiefe, äusserlich herbe Kunst, je besser sie gekannt wurde, das Gefühl schärfte für das, was der äusserlich glatten, innerlich seichten geistlichen Tonkunst des Berliner Romantikers fehlte. Ihm gegenüber zeigt ein Werk wie das „Deutsche Requiem" von B r a h m s — ohne Zweifel das bedeutendste geistliche Tonwerk spezifisch protestantischen Geistes aus neuerer Zeit —: es zeigt nicht nur, das sein Schöpfer die unvergleichlich viel tiefere Natur ist, sondern es verrät auch eine weit innigere Vertrautheit mit dem eigentlichen Wesen und Geiste der alten Meister, insonderheit Bachs, mit dem Mendelssohn sich eben nur an seiner alleräussersten Oberfläche berührt hatte. Aber in e i n e m Punkte gleicht auch Brahmsens Totengedicht, das man als Kunstwerk gewiss nicht hoch genug werten kann, der geistlichen Musik Mendelssohns: auch sie vermag nicht davon zu überzeugen, dass ihr Schöpfer in einem anderen als einem rein ästhetischen Verhältnis zu dem Inhalt der von ihm komponierten geistlichen Texte gestanden habe. Es ist m ö g l i c h, dass für Brahms die Bibelsprüche seines Requiem mehr waren als Worte, deren dichterische Schönheit ihn musikalisch anregte, weil er sie als Künstler nachempfinden konnte. Aber dass ihm die religiösen Empfindungen und Vorstellungen — und zwar gerade in der Ausprägung, wie sie ihm diese Texte darboten — nicht nur ein Quell künstlerischer Inspiration, sondern ein Stück wirklichen Lebens, ein integrierender Bestandteil seines inneren Menschen gewesen wären, das müssten wir aus seiner Biographie wissen! aus seiner Musik geht es nicht hervor. Und damit rühren wir an den Punkt, in dem sich die protestantische Kirchenmusik unserer Zeit mit der katholischen überhaupt nicht messen kann. Unter den bedeutenden Vertretern der katholischen Kirchenmusik der Gegenwart ist mehr als einer, der — wie etwa Liszt und Bruckner — nicht nur als Mensch streng gläubig war, sondern auch seiner Musik diesen Stempel einer strengen Gläubigkeit aufzudrücken wusste. Diesen überzeugten und überzeugenden Ton des g l ä u b i g e n Künstlers hat auf protestantischer Seite kein wahrhaft grosser Musiker in unseren Tagen zu finden gewusst. Und wenn man schon bei Brahms die Empfindung hat, dass er die religiösen Gefühle, um mit Eduard von Hartmann zu reden, nur als „ästhetische Scheingefühle" kenne, so berührt uns vollends leblos eine geistliche Musik, wie sie etwa F e l i x D r a e s e k e in seinem gross angelegten C h r i s t u s - M y s t e r i u m gibt: denn da kann auch nicht einmal von Scheingefühlen mehr die Rede sein. Aber selbst eine in vieler Hinsicht so verdienstliche Schöpfung wie das W e i h n a c h t s - M y s t e r i u m des Heidelberger Universitäts-Musikdirektors P h i l i p p W o l f r u m (geb. 1854) krankt daran, dass diese Musik ein Mann geschrieben hat, der Künstler genug ist, um sekundär n a c h empfinden zu können, was als primäres Lebensgefühl in seiner Brust keine Stätte hat.

Brahms hat mit seinem „Deutschen Requiem", wie schon der Titel besagt, gewissermassen das protestantische Gegenstück zur katholischen Totenmesse schaffen wollen, in ähnlicher Weise wie dann späterhin Otto Taubmann (geb. 1859) eine „Deutsche Messe" geschrieben hat. Und diese Beziehung rückt einen weiteren Vorteil ins Licht, den der katholische Kirchenkomponist stets vor dem protestantischen voraus haben wird: die Fülle von idealen Kompositionstexten, die sich aus der katholischen Liturgie darbieten und denen der Protestant nichts Aehnliches an die Seite zu setzen hat. Schon die Bachsche Passion und Kantate ist ja durch die nie ganz beseitigte Verlegenheit um die textliche Ausgestaltung in ihrer freien Entwicklung derart gehemmt worden, dass sie als allseitig befriedigendes poetisch-musikalisches Kunstwerk niemals ganz das geworden ist, was sie hätte werden können. Und wenn die protestantische Kirchenmusik schliesslich immer wieder sich gezwungen sieht, zum Bibelworte zu greifen, so ist das eben nur ein Notbehelf: einmal weil sich aus einzelnen Bibelstücken nur sehr schwer ein grösseres Ganzes zusammensetzen lässt, das ganz einheitlich wirkte (auch beim Brahmsischen Requiem hat diese Textmosaik ja kein ganz befriedigendes Resultat ergeben), und dann auch weil das deutsche Bibelwort (und zumal für den Protestanten) immer viel zu sehr W o r t im eigentlichen Sinne, d. h. Ausdruck eines begriffsmässig zu erfassenden bleibt, im Gegensatz zu einem Text der katholischen Liturgie, bei dem die lateinische Sprache und die meist uneigentlich symbolische Auffassung in der gleichen Richtung wirken, die konkrete Wortbedeutung in einem Meere mystischer, mehr oder minder bloss gefühlsmässig zugänglicher Allgemeinbeziehung verschwimmen und verschwinden zu lassen,—womit begreiflicherweise der Text dem Musiker auf halbem Wege entgegenkommt. Das ist ja auch der Grund, warum protestantische Komponisten immer wieder zu Texten der katholischen Liturgie greifen, und zwar, um einige Beispiele aus neuerer Zeit zu nennen, nicht bloss solche, die, wie der Liszt- und Brucknerjünger Friedrich Klose in seiner D-moll-Messe ausgesprochenerweise einer musikalisch katholisierenden Richtung angehören, sondern auch solche, deren Musik selbst unverfälscht protestantischen Geist atmet, wie etwa Friedrich Kiel (1821—1885, zwei Requieme, *Missa solemnis,* Oratorium „Christus"), Albert Becker (1834—1899, Messe in B-moll, daneben aber auch eine „Reformationskantate", ein Oratorium, viele kleinere geistliche Musikstücke), Felix Draeseke (Requiem) und andere mehr. Dagegen kenne ich nur einen einzigen Musiker, der als geborener Katholik seine Kunst in den Dienst der protestantischen Kirche gestellt hätte: es ist Max Reger (Choralvorspiele, Kirchenkantaten, dann die Chorwerke: „Das evangelische Kirchenjahr" und Opus 61). Im übrigen haben die auf Hebung der protestantischen Kirchenmusik gerichteten Bestrebungen auch darunter zu leiden, dass Reger mit dem Interesse, das er diesem Gebiete entgegenbringt, unter den bedeutenden Musikern der Gegenwart fast allein dasteht, während anderseits ja freilich auch wieder Leute, die für die protestantische Kirchenmusik einen ausgesprochenen Beruf hatten, wie der Ostpreusse Konstanz Berneker (1844—1905, Oratorien und Kantaten, unter ihnen die auch im Konzertsaal bekannt gewordene „Krönungskantate") lange nicht die Beachtung fanden, die ihre Arbeiten auf diesem Felde verdient hätten. —

Es bleibt noch übrig, einen gedrängten Ueberblick

über die Leistungen der Gegenwart auf dem Gebiete der weltlichen Chorkomposition zu geben, wobei es natürlich wieder nicht darauf ankommen kann, eine auch nur annähernde Vollständigkeit der Namensaufzählung anzustreben, sondern eben nur eine Anzahl von besonders repräsentativen oder auch besonders viel genannten Künstlern zur Charakterisierung der verschiedenen Strömungen herausgegriffen seien. Als Vertreter des geistlichen Oratoriums wären zu den schon genannten etwa noch Felix Woyrsch (geb. 1860) und August Klughardt (1847—1902) hinzuzufügen, von denen der eine streng klassizistische Bahnen wandelt, während der andere sich mehr durch die Modernen beeinflusst zeigt, ohne freilich gerade auf diesem Gebiete über eine unselbständige und ziemlich unvornehme Kapellmeistermusik wesentlich hinausgekommen zu sein. Wie die ganze Gattung des Oratoriums, so wurde auch speziell das weltliche Oratorium vorzugsweise von solchen Musikern gepflegt, die mit ihren Anschauungen und mit ihrer musikalischen Ausdrucksweise noch ganz in der Schmuann-Mendelssohnschen Epoche wurzelten. Dahin gehören der rasch in Vergessenheit geratene Georg Vierling (1820—1901) und Max Bruch (geb. 1838), dessen „Frithjof", „Odysseus" usw. freilich auch allmählich zu verschwinden beginnen. Neben ihm wäre noch der ungefähr gleichaltrige Karl Adolf Lorenz (geb. 1837) anzuführen.

Weit regere Pflege als das eigentliche abendfüllende Oratorium, das man in Deutschland jetzt eigentlich nur noch als ausländische Importware kennt (Tinel, Elgar), fand bis in die neueste Zeit das kleinere Chorwerk mit Orchesterbegleitung. In dieser Gattung hat ein Eklektiker wie Georg Schumann, der als Instrumentalkomponist so wenig erfreulich ist, sehr Ansprechendes

F. KLOSE

geleistet, und neben Vertretern einer älteren Richtung wie Josef Brambach (1833—1902), Hans Koessler (geb. 1853), Wilhelm Berger (geb. 1861) stellen sich als nicht minder fleissige Bearbeiter dieses Gebietes die Neueren und Neuesten, die vielfach auch der orchesterbegleiteten Chorballade ein besonderes Interesse entgegenbrachten. Ich nenne Anton Urspruch, Fritz Volbach, Richard Strauss, Fritz Neff (s. S. 199), Theodor Streicher, Otto Naumann, Oskar Fried, Robert Wiemann u. a. m. —

Gegenüber dem orchesterbegleiteten Chorwerke tritt der *A cappella*-Chor in der neueren Zeit stark in den Hintergrund, was nicht wundernehmen kann, wenn man bedenkt, in wie hohem Masse das Orchester für den modernen Musiker nicht nur das bevorzugte, sondern beinahe schon das einzige seinen Absichten voll entsprechende Ausdrucksmedium geworden war. Gemischte Chöre ohne Begleitung wurden eigentlich nur noch von Meistern mit ausgesprochen konservativer Geschmacksrichtung geschrieben, und zwar von solchen mit besonders glücklichem Erfolg, die sich, wie Brahms, an den alten Meistern des reinen Vokalstils gebildet hatten. Für die fortschrittliche Weiterentwicklung aber schien dieser Zweig der Tonkunst endgültig abgestorben zu sein, und man erwartete kaum mehr etwas prinzipiell Neues auf einem Gebiete, das als unbestrittene Domäne eines bloss kopierenden Klassizismus galt. Da trat Richard Strauss mit seinen zwei 16-stimmigen Gesängen op. 34 auf, die mit einer Kühnheit, wie sie seit den Tagen, da Bach seine Motetten schrieb, nicht mehr erhört war, die Stimmen des Vokalchors rein instrumental behandelten und damit ganz neue Perspektiven für die unbegleitete Chormusik eröffneten. Wer diese Chöre einmal in guter Ausführung gehört hat — so etwa wie Hermann Suter bei Gelegenheit der Tonkünstlerversammlung des Allgemeinen Deutschen Musikvereins zu Basel im Jahre 1903 den einen von ihnen aufführte —, der wird sich eines ganz einzigartig starken Eindrucks erinnern können. Wenn man aber bedenkt, dass zu einer Zeit, wo Strauss der eigentliche Modekomponist des Tages ist, diese Chöre, die zu seinen bedeutendsten Werken gehören, kaum bekannt sind, so wird man ermessen, welche Schwierigkeiten ernstere Bestrebungen fortschrittlicher Tendenz gerade auf diesem Gebiete zu überwinden haben, Schwierigkeiten, die letzten Endes darin begründet sind, dass wir es bei unseren Vokalchören fast durchweg mit Dilettanten zu tun haben und schon deshalb die technischen Anforderungen nicht in der gleichen Weise steigern können wie beim Orchester. Dann wird man es aber auch nicht mehr so ganz unbegreiflich finden, dass ein Werk wie Hans Pfitzners „Columbus"-Chor, der zum 300. Todestage des grossen Entdeckers (1906) entstanden, den ausgesprochen malerisch-koloristisch gehaltenen Straussischen Chören als ihr mehr linear-kontrapunktisch gezeichnetes Gegenstück entspricht, bis zu dem Tage, da ich diese Zeilen schreibe, überhaupt noch keine Aufführung erlebt hat. Dagegen ist Siegmund von Hauseggers Komposition des Hebbelschen „Requiem", die von Straussens neuem *A cappella*-Stil beeinflusst zu sein scheint, schon verschiedentlich gehört worden.

Eine Ausnahmestellung nimmt innerhalb der neueren Chormusik der Männergesang ein. Mehr aus geselligen denn aus künstlerischen Motiven gepflegt, hat sich diese Gattung in einer Weise üppig entfaltet, wie es kaum möglich gewesen wäre, wenn man ein rein musikalisches Ziel im Auge gehabt hätte. Denn schon der geringe Tonumfang (wenig mehr als zwei Oktaven!), der dem Männerchor zur Verfügung steht, beschränkt die Bewegungsfreiheit des Komponisten in kaum erträglicher Weise. Die wundervollen Klangwirkungen, die mit Männerstimmen zu erzielen sind, kennt jeder Musiker. Aber sie können nicht die Bildung gesonderter Männerchöre rechtfertigen. Denn es lässt sich in jedem Augenblick, so oft man dieser Klangwirkungen bedarf, aus dem gemischten Chor ein Männerchor aussondern, während der als solcher konstituierte Männerchor der klanglichen Ergänzung durch die Frauenstimmen auch da entraten muss, wo sie am Platz wäre. Die Folge einer sachlich so ungerechtfertigten Beschränkung war das oft genug beklagte Elend der **Männergesangs-Literatur**, die, nachdem der enge Kreis der natürlichen Möglichkeiten innerhalb der Gattung erschöpft war, sich genötigt sah, die gleichen stereotypen Formeln und Wendungen immerfort zu wiederholen. Gegen die musikalischen Seichtigkeiten und Süsslichkeiten des eigentlichen Liedertafelstils vermochten zwar die ernsten Bestrebungen eines **Friedrich Hegar** (geb. 1841) mit Erfolg anzukämpfen; aber die Gefahr, die immer droht, wenn man in einem von Natur eng begrenzten Gebiete Ausserordentliches leisten will, ich meine: die Gefahr der Versündigung am guten Geschmack und dem einer Gattung eingeborenen Stil hat die realistisch illustrierende und tonmalende Richtung Hegars nicht immer ebenso glücklich zu vermeiden gewusst, wie lange vor ihm **Peter Cornelius**, dessen Männerchöre mit das Beste sind, was in der zweiten Hälfte des Jahrhunderts auf diesem Gebiete geleistet wurde.

Mit Hegar berührt sich vielfach der als Opernkomponist vergessene, aber in seinen Männerchorkompositionen weiterlebende **Franz Curti** (1854—1898). Ausserdem haben sich als musikalisch ernst zu nehmende Männerchorkomponisten betätigt: unter den älteren **Max**

Bruch, Friedrich Gernsheim (s. S. 162), unter den neueren Wilhelm Berger, Ludwig Thuille, S. v. Hausegger, Max Reger und viele andere. Für das orchesterbegleitete Männerchorwerk wären dann noch zu nennen: die oben schon erwähnten Felix Woyrsch, Georg Schumann, Fritz Neff, Theodor Streicher, dann vor allem auch J. L. Nicodé (Symphonie-Ode „Das Meer", vgl. S. 190) und Richard Strauss („Bardengesang"), endlich der schon bedenklich der eigentlichen Liedertafelei sich nähernde Heinrich Zöllner (s. S. 59).

Noch enger ist natürlich das Ausdrucksgebiet begrenzt, das dem Frauenchor zu Gebote steht. Doch haben neben älteren auch neuere Musiker, wie Wilhelm Berger, Anton Urspruch, Ludwig Thuille zum Teil ungemein Reizvolles in dieser Gattung geschaffen. —

Mann begreift es, dass die von Berlioz, Liszt und Wagner ausgehende neudeutsche Richtung kaum irgend einer anderen musikalischen Gattung weniger günstig war als der Kammermusik, die ganz auf Intimität gestellt ist und die äusserlich grossen und starken Wirkungen mehr oder minder versagt. Desgleichen sind ihr in klanglicher Hinsicht Schranken gezogen, in die sich Musiker mit ausgesprochen koloristischer Tendenz nur ungern fügen mochten, und damit im Zusammenhang steht es wieder, dass die Kammermusik auch für programmusikalische Bestrebungen jeglicher Art den am wenigsten günstigen Boden hergibt. All das wirkte zusammen, um die Neudeutschen der Kammermusik zu entfremden. Die drei grossen Neuromantiker haben sich selbst auf diesem Gebiete gar nicht oder kaum betätigt, und auch darin wurden sie für das Heer ihrer Jünger bis zu einem Grade vorbildlich. Ich selbst erinnere mich, wie wir als angehende Musikbeflissene Ende der achtziger Jahre uns in einer gewissen *Nobile sprezzatura* aller Kammermusik gefielen, die wir — mit der einzigen grossen Ausnahme der letzten Quartette Beethovens — auch in ihren Meisterwerken (deren Schönheiten wir uns darum keineswegs verschlossen) als eine mindere Gattung ansahen. „Kammermusik verdirbt den Charakter", — so ging damals unter uns die Rede, und die Beobachtung, wie der Anschein einer innigen Vertrautheit mit der dem Laien nur schwer sich erschliessenden höheren Kammermusik den Nimbus einer exzeptionellen Musikalität verleiht und so die Affektation, den Snobismus und die Heuchelei gerade auf diesem Gebiete besonders üppig wachsen lässt, mochte diesem seltsamen Diktum einigen Grund geben.

Dazu kam dann noch ein anderes. Während die drei grossen Neuromantiker zur Kammermusik kein Verhältnis gehabt hatten, bekundete gerade umgekehrt der Meister, der sich mit seinem ganzen Schaffen in ausgesprochenem Gegensatz zu den Neudeutschen fühlte und bei den Anhängern beider Parteien als fraglos bedeutendste künstlerische Persönlichkeit unter den Gegnern der neuen Richtung anerkannt war: J o h a n n e s B r a h m s bekundete zeit seines Lebens ein ganz besonderes Interesse für die Kammermusik, der ein sehr gewichtiger, wenn nicht der allergewichtigste Teil seines Schaffens angehört. Das verstärkte natürlich noch den in der Natur der Sache selbst begründeten Gegensatz, und für einige Jahrzehnte lag die Sache wirklich so, dass — mit einigen wenigen, allerdings nicht bedeutungslosen Ausnahmen—die Neudeutschen, d. h. also die Vertreter des musikalischen Fortschritts sich von der Kammermusik so gut wie gänzlich fernhielten und dieses Gebiet den Gefolgsleuten der klassizistischen Richtung als ihre anerkannte Domäne überliessen. Aber nichts lässt vielleicht auch so klar den in der jüngsten Vergangenheit vollzogenen Umschwung erkennen als die gänzlich veränderte Stellung, die die Kammermusik innerhalb der gegenwärtigen Tonkunst einnimmt. Wie überhaupt die parteimässige Spaltung in zwei völlig geschiedene, einander feindlich gegenüberstehende Richtungen sich allmählich ausgeglichen hat, so ist auch der Gegensatz zwischen modern fortschrittlicher Musik und Kammermusik verschwunden. Bei den meisten Musikern unserer Zeit, die der neudeutschen Richtung anhingen, ist eine merkliche Reaktion gegen die Einseitigkeiten und Uebertreibungen eingetreten, von denen diese Richtung sich anfänglich um so weniger frei halten konnte, je mehr sie gezwungen war, im Kampfe gegen heftigste Anfeindung sich zu behaupten. Diese Reaktion ist nun vor allem auch der Wiedererweckung und Neubelebung des Sinnes für Intimität und damit der Kammermusik zugute gekommen. Auf der anderen Seite wirkte eine Erscheinung wie M a x R e g e r, der von Brahms ausgegangen, aber zu dem massvollen Klassizismus seines Meisters in den denkbar schärfsten Kontrast getreten war, in dem gleichen Sinne einer Verschmelzung der parteimässig fixierten und dogmatisch verhärteten Gegensätze. Und dieser langsame, aber unaufhaltsam sich vollziehende Ausgleich, diese zunehmende Freiheit, die einerseits dem von Berlioz, Liszt und Wagner herkommenden Musiker die Augen öffnete für den Wert einer Gattung, auf die er vordem ohne sonderliches Interesse, wenn nicht mit einer gewissen Geringschätzung herabgeblickt hatte, anderseits den bedeutendsten Epigonen Brahmsens einer entschieden, ja radikal fortschrittlichen Richtung zuführte, — diese Entwicklung war es, die eine ausgesprochen m o d e r n e Kammermusik, d. h. eine solche, die in ihrer ganzen künstlerischen Tendenz nach vorwärts und auf die Gewinnung künstlerischen Neulandes gerichtet ist, allererst ermöglichte. —

Einer, den neudeutsche Parteivoreingenommenheit in jungen Jahren mit einem gewissen Misstrauen gegenüber der Brahmsischen Kunst erfüllt hatte, mochte wohl am raschesten für den Meister gewonnen werden, wenn er sich in dessen K a m m e r m u s i k versenkte. Bei mir selbst war es das Klavierquintett in F-moll, dann das Klarinettenquintett, die mich zuerst so stark packten, dass ich zu einer Zeit schon als einen enthusiastischen Bewunderer des Kammermusikkomponisten Brahms mich bekennen konnte, wo ich mit dem Symphoniker noch so viel wie gar nichts anzufangen wusste. Dass es gerade zwei Werke mit K l a v i e r waren, die mir einen solchen Eindruck machten, ist wohl nicht ohne Bedeutung. Denn auch darin scheint mir Brahms ein Jünger Schumanns zu sein, dass seine eigentlichste und eigenste Kammermusik im K l a v i e r wurzelt. Von Schumann ist es ja allgemein zugegeben, dass seine Streichquartette — unbeschadet ihres teilweise kostbaren Gedankengehalts — formell und stilistisch geradezu minderwertig sind. Ein gleiches kann man von den drei Streichquartetten Brahmsens gewiss nicht sagen. Sie sind Meisterwerke, die der formalen und stilistischen Kritik nicht den geringsten Angriffspunkt bieten. Aber ich glaube kaum, dass es irgend jemand — und sei er der verrannteste „Brahmine" — einfallen würde, diese Quartette dem F-moll-Quintett, dem Klarinettenquintett, dem H-dur-Trio, der Violinsonate in D-moll gleichzusetzen oder gar vorzuziehen. Meister- und musterhaft ist die Brahmsische Kammermusik immer und überall. Aber das wärmste und blühendste Leben scheint sie dann zu entfalten, wenn der Künstler sozusagen selbst am Flügel mit dabei sitzt und das Instrument, das von Haus aus das seine ist, eine engste Beziehung zwischen dem Kunstwerk und der Persönlichkeit seines Schöpfers ermöglicht.

Von den älteren Komponisten der klassizistischen Richtung, die noch in die Gegenwart hineinragen, steht Friedrich Gernsheim (s. S. 162), der seinen Ruf vor allem seiner Kammermusik verdankt, der akademischen Seite des Brahmsischen Schaffens nahe, ohne so direkt von ihm beeinflusst zu sein wie etwa Heinrich von Herzogenberg und Fürst Reuss, die auch als Kammermusikkomponisten zu der eigentlichen und engeren Brahmsischen Schule gehören. Schon aus einer jüngeren Generation sind Robert Kahn und Georg Schumann (s. S. 162), von denen der eine in seiner Kammermusik den streng klassizistischen Typus des Brahmsianers repräsentiert, der andere den, der eine Art von äusserlichem Kompromiss mit moderneren Tendenzen anstrebt. In dem Basler Hans Huber (s. S. 205) haben wir dagegen den Vertreter einer Kammermusik, bei der sich Einflüsse Schumann-Brahmsischer Richtung mit solchen, die von Wagner und Liszt herkommen, zu einer Einheit verbinden. —

Im Gegensatz zu dieser regen Pflege der Kammermusik im klassizistischen Lager sehen wir die älteren Vertreter der im engeren Sinne modernen Musik die Kammermusik ganz auffallend vernachlässigen. Hugo Wolf und Max Schillings haben beide „in holder Jugendzeit" Streichquartette geschrieben, zwei ausserordentlich interessante Werke, das eine mehr Zeugnis eines tief leidenschaftlich bewegten Gemütes und einer an Beethoven genährten hochfliegenden Phantasie, das andere nicht minder sprechend als Dokument einer ganz ausserordentlichen Frühreife im technischen Können wie in der Ausbildung einer ausgesprochen stilistischen Eigenart.

Aber weder der eine noch der andere ist späterhin wieder zur Kammermusik zurückgekehrt. B r u c k n e r, obgleich er schon als absoluter Symphoniker der neudeutschen Richtung gar nicht oder höchstens zur Hälfte angehört, hat nur ein einziges Kammermusikwerk geschrieben, sein herrliches Streichquintett, und R i c h a r d S t r a u s s, der in jungen Jahren ein fleissiger Kammermusikkomponist war, hat in demselben Augenblick dieser Gattung den Rücken gekehrt, da er durch Alexander Ritter zu der Wagner-Lisztschen Richtung bekehrt wurde. Ebenso kennen wir von R i t t e r selbst, dem als Geiger die Kammermusik als solche gewiss nicht ferngelegen hätte, nur ein 1865 geschriebenes und als opus 1 erschienenes Streichquartett. Und nichts anderes lehrt der dem Straussischen gerade entgegengesetzte Entwicklungsgang, den F e l i x D r a e s e k e (s. S. 62) genommen, insofern wir nämlich sehen, wie er sich um so stärker zur Kammermusik hingezogen fühlt, je mehr er von seiner jugendlichen Begeisterung für die neudeutsche Richtung abkommt und zum Klassizismus übergeht. Ein gleiches gilt für F e l i x W e i n g a r t n e r, der eine ähnliche Wandlung durchgemacht hat: seine Kammermusikwerke, schöpferisch kaum potenter, dafür aber weit weniger ernst gewollt und stilistisch viel tiefer stehend als die immer Respekt abnötigenden Arbeiten Draesekes, gehören ausnahmslos einer späteren Zeit an.

Auf die Aehnlichkeit, die zwischen der künstlerischen Entwicklung Richard Straussens und der L u d w i g T h u i l l e s besteht, habe ich schon früher hingewiesen (s. S. 97 f.). Auch Thuille war in streng klassizistischer Schulzucht aufgewachsen, und das Werk, das seinen Namen zuerst bekannt gemacht hat, das reizende Sextett für Klavier und Blasinstrumente gehört noch durchaus dieser vormodernen Zeit des Komponisten an. Wie Strauss wurde er durch Alexander Ritter für die musikalische Moderne gewonnen: aber sein Verhältnis zur Kammermusik entwickelte sich nach vollzogener Schwenkung ganz anders als bei Strauss. Während dieser nicht wieder zur Kammermusik zurückkehrte, hat Thuille gerade in seiner reifsten Zeit dieses Gebiet betreten in der ausgesprochenen Absicht, die Errungenschaften der modernen Musik für diese Gattung zu nutzen. Seine hierher gehörigen Werke (ein Klavierquintett, eine Violin- und eine Cellosonate) sind Produkte einer ungemein hoch gesteigerten musikalischen Kultur, eines unendlich verfeinerten musikalischen Empfindens, vollendet in der Form und erfüllt von warmpulsierendem Lebensblut. Vergleicht man sie aber mit den früheren Arbeiten des Künstlers, so müssen sie trotz all dieser ihrer Vorzüge in zwei Punkten hinter jenen zurückstehen. Einmal fliesst der Quell der Erfindung in Thuilles späterer Kammermusik nicht mehr so frisch und reich wie etwa im Sextett, und dann ist auch die musikalische Sprache eben durch ihre Modernisierung und Raffinierung zwar interessanter, aber auch weniger natürlich und weniger frei geworden. Das Gewand, das sich der Künstler da umgeworfen hat, ist kostbar und prächtig; auch kann man nicht sagen, dass es ihm schlecht passe. Aber d a s Gefühl kann man nicht los werden, dass diesem einfachen und schlichten Menschen die einfach schlichte Tonsprache seiner jugendlichen Werke doch noch besser zu Gesicht gestanden sei als der spätere „Modernismus", und manchmal kommt einem der Gedanke, als ob es so etwas wie ein tragisches Verhängnis gewesen sei, dass gerade eine Natur wie Thuille so plötzlich und unvermittelt aus ihrer ursprünglichen Richtung gerissen und in ein ihr fremdes Fahrwasser getrieben wurde.

Der weiteren Entwicklung dieses selten begabten Künstlers setzte der Tod ein vorzeitiges Ende. Sie hätte den Ausgleich zwischen angeborener musikalischer **Natur** und erworbener musikalischer **Kultur** bringen können, den ich in Thuilles letzten Kammermusikwerken vermisse, und dessen Fehlen manchen verhindern wird, diese Schöpfungen nach ihrem wahren Verdienste zu würdigen. Durch Thuilles Lehre und Beispiel beeinflusst haben namentlich auch Mitglieder der Münchner Schule eine ausgesprochen modern gefärbte Kammermusik gepflegt: so neben dem sinnigen, Schumann-Brahmsische Einwirkungen nicht verleugnenden **Julius Weismann** der früh verstorbene **Felix vom Rath** und **August Reuss**, der in einem Streichquartett wohl sein musikalisch Bestes geleistet hat. Andere Münchner, wie **Anton Beer-Walbrunn, Karl Pottgiesser, Richard Lederer, Désiré Thomassin** und der Reger-Schüler **Josef Haas** haben sich gleichfalls als Kammermusikkomponisten bekannt gemacht, stehen aber der eigentlichen Münchner Schule und der Moderne fern. (Vgl. S. 202.) — Dagegen sind anderwärts als mehr oder minder bedeutende Vertreter einer eigentlich modernen Kammermusik hervorgetreten: **Hugo Kaun, Heinrich Zöllner, Karl Ehrenberg, Ernst von Dohnanyi** (geb. 1879) u. a. Auch **Konrad Ansorge** gehört hierher, der in seinem Streichquartett insofern eine ähnliche Richtung verfolgt wie in seinen Liedern, als er auch hier unter Verzicht auf jegliche absolut musikalische Gestaltung einen reinen und primitiven Stimmungsausdruck als einziges künstlerisches Ziel im Auge zu haben scheint. (Vgl. S. 228.)

Eine gesonderte Betrachtung verdienen die beiden Künstler, die die heutige Kammermusik nach zwei sehr verschiedenen Richtungen hin wohl am charakteristischsten vertreten und die schon darum merkwürdig sind, weil sie unter den führenden Männern der zeitgenössischen Musik als die einzigen diese Gattung mit Eifer und Liebe von jeher gepflegt haben und immer noch weiter pflegen: **Max Reger** und **Hans Pfitzner**. — Auch innerhalb der Kammermusik **Regers** lassen sich drei verschiedene Arten von Werken unterscheiden. Da sind einmal die ganz wilden Sachen, wie z. B. die Violinsonate in C-dur, die von den eingefleischten Regerianern für hochbedeutend gehalten werden, gewöhnlichen musikalischen Sterblichen aber mehr oder minder unzugänglich sind. Nun geht es mir persönlich mit derartigem eigentümlich. Ich bin von vornherein gegen mich selbst misstrauisch genug, um mir zunächst einmal zu sagen: möglicherweise liegt die Schuld des chaotischen Eindrucks an dir; das Werk ist tief, aber schwer, und du verstehst es noch nicht. Anderseits bin ich gegen **andere** nicht minder misstrauisch als gegen mich; und wenn ich dann sehe, wie Leute, deren musikalische Kapazität höher als die meine einzuschätzen ich gar keinen Grund habe, begeistert sind, noch ehe sie recht gehört haben, so steigt der Verdacht auf, als ob dieser Enthusiasmus **nur** auf Snobismus beruhe. Aber dann erinnere ich mich wieder, wie ein mit der Kunst Regers so innig vertrauter Künstler wie Karl Straube von sich bekannt hat, dass er oft tage- und wochenlang hinter einem neuen Werke seines Freundes gesessen und anfangs gar nichts verstanden habe, bis ihm dann langsam ein Licht nach dem anderen aufgegangen sei. Des getröste ich mich, hoffe auf gleiche Erleuchtung und nehme solch ein Werk immer wieder einmal vor. Nun ist klar: wenn man sich als Musiker eingehend mit etwas befasst, das einem zunächst unverständlich war, so wird man, sei es was es wolle und sei es wie es wolle, auf alle Fälle vertrauter damit; man kommt der Sache näher. Dinge, an denen man sich stiess, die einen beleidigten, verlieren zum mindesten e t w a s von ihrer Anstössigkeit, wenn man sie öfter hört oder gar analysierend in ihre Elemente zerlegt. Man gewöhnt sich daran, das bewusste Verstehen kommt der unmittelbaren Auffassung, die Erinnerung dem augenblicklichen Hören zu Hilfe, und so kommt man zuletzt über vieles hinweg, über das man zuerst stolperte. Doch all das kann schliesslich nur Steine des Anstosses aus dem Wege räumen, direktes Missbehagen mildern, aber es kann keine positiven Lustgefühle wecken, nicht den Quell der B e g e i s t e - r u n g aus dem Felsen schlagen. Da müsste noch etwas anderes dazu kommen: die E n t d e c k u n g, dass sich hinter dem Dornengestrüpp, das den Zugang zu dem Innersten des Kunstwerks so sehr erschwert, nun auch wirklich etwas verberge, das all die Mühe lohnt. Und diesen verzauberten Schatz habe ich bei all den Werken Regers, die mir nicht gleich beim e r s t e n Hören schon einen wenn im einzelnen auch noch so verworrenen, so doch unzweifelbar bestimmten A l l g e m e i n eindruck hinterlassen hatten, niemals entdecken können. Wenn ein solches Werk, zu dem ich mich mit Gewalt hatte zwingen müssen, seine Anstössigkeiten verlor, so verlor es damit für mich auch den grössten Teil seines Interesses: es wurde mir (abgesehen von dem technischen Interesse, das ein Werk von Reger immer behält) im Grunde genommen langweilig. Wogegen ich Werke, die mich sofort beim Kennenlernen packten, in der Folge dann immer lieber gewann, je vertrauter ich mit ihnen wurde.

Im denkbar schärfsten Gegensatz zu den ganz chaotischen Wildlingen der Regerschen Kammermusik stehen dann Schöpfungen wie etwa die beiden kleinen Trio opus 77. Sie sind so einfach, schlicht und harmlos wie nur irgend möglich. Zu ihnen stehe ich wie zu dem einfachen Reger überhaupt. Diese Einfachheit macht mir immer etwas den Eindruck des Gesuchten und Gekünstelten; sie überzeugt mich viel weniger von ihrer Echtheit und Notwendigkeit als das gegenteilige Extrem, und zwar schon deshalb, weil Reger, wenn er einfach wird, bis zu einem gewissen Grade aufhört, er selbst zu sein. Das ist oft sehr hübsch und verrät immer den eminenten Musiker, der alles kann und für den selbst die Verwandlung in das Gegenteil seiner selbst keine Unmöglichkeit bedeutet. Aber eigentlicher R e g e r ist es eben nicht.

Zwischen diesen beiden Extremen mitten inne liegt d e r Teil der Regerschen Kammermusik, dem ich die stärksten Eindrücke verdanke. Da sind Werke — ich nenne als Beispiel wieder eine Violinsonate, die in Fismoll —, bei denen der Komponist keineswegs sich selbst verleugnet, aber auch nicht mit musikalischen Ohrfeigen die Zuhörer zu überzeugen sucht, wo er kräftig ohne Brutalität, urwüchsig ohne Roheit, eigenartig ohne Mätzchen und bedeutend ohne Pose ist. Es gelingt ihm da, seiner üppig wuchernden musikalischen Phantasie, die so leicht in Blatt und Halme schiesst, ohne Blüten und Früchte anzusetzen, Halt und Rückgrat zu geben, der Melodieführung, die bei ihm so oft den Eindruck launenhafter Willkür macht, den Charakter innerer Notwendigkeit aufzuzwingen, und der Harmonik, die sonst nicht selten in verstandesmässig wohl erklärbaren, dem Ohre aber in keiner Weise eingehenden Beziehungen und Kombinationen sich ergeht, wirkliche Ueberzeugungkraft zu verleihen. Das sind die Werke, in denen ich Reger nicht nur bewundere, sondern auch liebe. —

Man kann von Regers Kammermusik sagen, dass sie die Eigenheiten der künstlerischen Persönlichkeit ihres Schöpfers ganz besonders klar wiederspiegle. In erhöhtem Masse gilt das von den Kammermusikwerken H a n s P f i t z n e r s. Seine wenig zahlreichen, aber inhaltlich ganz ausserordentlich bedeutenden Schöpfungen dieser Gattung: eine Violoncellsonate, ein Klaviertrio, ein Streichquartett und ein Klavierquintett, — sie können geradezu als ein Kompendium der musikalischen Individualität des Künstlers angesehen werden. Sie geben das eigenste Wesen des Pfitznerschen Schaffens sozusagen in einem stark konzentrierten E x t r a k t. Aber wie ein Kompendium wohl geeignet ist für den, der sich in raschem Ueberblick ein Gebiet noch einmal vorführen will, das er auf anderem Wege schon eingehend kennen gelernt hat, weniger aber für den passt, der Neuling ist, so dürfte sich auch Pfitzners Kammermusik nicht sowohl für den empfehlen, der erst den Weg zu dieser nicht leicht zugänglichen Künstlerseele sucht, als für den, der, mit ihrer Art schon einigermassen vertraut, nun in ihr Innerstes und Eigenstes eindringen möchte. Nirgends vielleicht gibt sich Pfitzner so echt und so rein als in diesen Werken, wo von dem Einflusse Richard Wagners, der in den Musikdramen seine Eigenart für den ersten Blick wohl hie und da verdecken mag, kaum etwas zu spüren ist. Hier ist er ganz er selbst, ganz der „Spätling der Romantik", wie man ihn nicht ohne Grund genannt hat. Hier hat er auch den ihm eigenen Stil und die ihm eigene Technik voll entwickelt, diesen neuen und kühnen Kontrapunkt, der auf dem Grunde einer ganz elementaren und einfachen Harmonik die Stimmen rein melodisch gegeneinander führt, immer eigentlich nur die Horizontale im Auge hat und die Vertikale vernachlässigt, so dass die Zusammenklänge da, wo sie von den primären Grundharmonien abweichen, ihre Rechtfertigung mehr aus der Konsequenz in der Führung der „zufällig" aufeinandertreffenden Stimmen als aus einer bis ins einzelne gehenden spezifisch harmonischen Ausdeutung schöpfen.

Mit seiner Violoncellosonate opus 1 ist Pfitzner zuerst

hervorgetreten, schon damals eine künstlerische Physiognomie von ganz ausgesprochener Eigenart. Immer wieder ist er dann zur Kammermusik zurückgekehrt, immer wieder fühlte er sich gedrängt, zwischen den Schaffensperioden, die von seinen grossen dramatischen Werken ausgefüllt wurden, in die Sphäre des rein und absolut Musikalischen hinabzutauchen, wo der Ton nur seinen eigenen Gesetzen gehorcht. Und diese immer wieder erwachende Sehnsucht nach der mit nichts Aussermusikalischem vermengten Musik an sich, sie ist das, was ihn, den Musikdramatiker, von allen denen unterscheidet, die als seine Altersgenossen in gleich starker Weise den bestimmenden Einfluss des Bayreuther Meisters erfuhren. Mit dieser Sehnsucht nach dem Musikalischen als solchem verbindet er über Wagner hinweg die Vergangenheit mit der Zukunft, die ältere Generation derer, die von der Neuromantik eben deshalb nichts wissen wollten, weil sie eine Gefährdung der „reinen" Musik von ihr befürchteten, mit dem heranwachsenden Geschlechte, das die Notwendigkeit einer Reaktion gegen die Einseitigkeit dieser Neuromantik immer stärker empfindet. Soll diese Reaktion einen wahren Gewinn und Fortschritt bedeuten, so darf sie nicht in das Extrem der entgegengesetzten Einseitigkeit verfallen, sie darf nicht die unmittelbare Vergangenheit verleugnen, vielmehr muss sie ausgehen von einer **Synthese** der beiden grossen Gegensätze, die das Musikleben in der zweiten Hälfte des 19. Jahrhunderts in zwei feindlich einander gegenüberstehende „Richtungen" auseinandertrieb. Und diese „Reaktion als Fortschritt" personifiziert sich mir eben in Pfitzner, dem Jünger Wagners und Geistesverwandten Schumanns, dem Musikdramatiker, der die intimsten und persönlichsten Offenbarungen seines tiefen Gemütslebens der Kammermusik anvertraut hat.

V.
AUSÜBUNG UND PFLEGE DER MUSIK.

Wenn es wahr ist, dass sich künstlerische Verfallszeiten regelmässig durch ein Ueberwuchern des Virtuosentums verraten, so könnte vielleicht kein wirksameres Argument gegen die Zweifel an der aufsteigenden Entwicklungsrichtung unserer gegenwärtigen Musik ins Feld geführt werden als der Hinweis auf die ganz geringe Rolle, die in unserem heutigen Musikleben der eigentliche Virtuose spielt. Dass ein Sänger oder Instrumentalist, der bloss Virtuose ist, in solcher Weise gefeiert oder auch nur in solchem Masse ernst genommen werde, wie es früher und noch bis in die zweite Hälfte des 19. Jahrhunderts hinein möglich war, ist in gegenwärtiger Zeit ganz einfach ausgeschlossen. Man spricht zwar von dem „Pultvirtuosen", dem virtuosen Dirigenten als einer besonderen Errungenschaft der modernen Entwicklung, und auch manchem neueren Komponisten ist nachgesagt worden, dass er einzig einer virtuosen Kompositionstechnik seine Erfolge zu verdanken habe. Aber abgesehen davon, dass ein Dirigent und vollends ein Komponist niemals in dem gleichen übeln Sinne wie eine Koloratursängerin, ein Geiger oder ein Pianist blosser Virtuose sein kann, lässt sich auch wirklich nicht behaupten, dass unter den gefeierten Dirigenten der Gegenwart eine nennenswerte Anzahl dem ernstlichen Verdacht schlimmen Virtuosentums ausgesetzt sei, und noch weniger Komponisten dürfte es geben, denen man mit einigem Schein von Recht nachsagen könnte, dass sie einzig oder vorzugsweise darauf ausgingen, mit ihrer Technik zu glänzen. Eine gewisse Veräusserlichung in dem Verhältnis von Ausdrucksgehalt und Ausdrucksweise und eine gewisse Verschiebung im Gleichgewicht zwischen Ausdruckszweck und Ausdrucksmitteln hat die moderne Musik ja gewiss vielfach gebracht. Aber ich wüsste keinen bedeutenderen zeitgenössischen Komponisten, der nicht von der Ueberzeugung durchdrungen wäre, dass nur der künstlerische Zweck die künstlerischen Mittel rechtfertigen kann, und sich demgemäss auch ehrlich bemühte, mehr zu geben als blosse Proben eines hochgesteigerten technischen Könnens.

Ja, im Gegenteil: wer genauer zusieht und sich nicht durch Schlagworte fangen lässt, dürfte vielleicht eher zu der umgekehrten Klage veranlasst sein, dass gerade die Technik in unserer Zeit bisweilen vernachlässigt werde und weit davon entfernt zu überwuchern im Gegenteil nicht immer und überall die sorgsame Beachtung fände, die ihr als der unerlässlichen Grundlage jeder künstlerischen Betätigung zukommt. Gewiss, die grossen Künstler unserer Zeit sind grosse Techniker, und auch das lässt sich nicht leugnen, dass — abgesehen von der Gesangskunst — das allgemeine Niveau der musikalischen Technik in der Gegenwart sehr hoch steht. Aber die Wertschätzung der Technik als eines für den Künstler schlechthin Unentbehrlichen, die Ueberzeugung, dass der blosse Techniker zwar eine nur sehr niedrige Stufe der Kunst, der Nicht-Techniker aber — seien seine Gedanken noch so tief, seine Gefühle noch so ideal und seine Absichten noch so hoch — etwas repräsentiert, was überhaupt keine Kunst ist —, diese Selbstverständlichkeit scheint mir gegenwärtig nicht mehr so stark im allgemeinen Bewusstsein der musikalischen Menschheit lebendig zu sein, als es wohl früher der Fall war. Man mag über den Virtuosen als solchen denken wie man wolle: auf alle Fälle ist er einer, der etwas kann, und dieses positive Können wird heute ohne Zweifel vielfach zu gering gewertet. Wie man den Virtuosen vordem ü b e r schätzt hat, so wird er jetzt u n t e r schätzt, ja die Bezeichnung als „Virtuose" ist schon geradezu beschimpfend geworden, — eine ganz unnatürliche und ungerechtfertigte Uebertreibung, die, wenn sie keine Korrektur erfährt, früher oder später zu einem bösen Rückschlag führen muss.

Die nicht zu leugnende Missachtung der technischen Aussenseite unserer Kunst hat nun wohl ihre hauptsächliche Ursache in der zunehmenden „L i t e r a r i s i e r u n g" der Musik, die für die zweite Hälfte des 19. Jahrhunderts bezeichnend ist. Jegliche berufsmässige Ausübung der Musik wurzelte bis zum Beginn des vorigen Jahrhunderts im H a n d w e r k d e s M u s i k a n t e n, und der Virtuos ist eben nichts anderes als der musikalische Handwerker, der seine Leistungen ins Ausserordentliche gesteigert hat. Die innigere Verbindung, die die Tonkunst mit der a l l g e m e i n e n G e i s t e s b i l d u n g einging, stellte dann in unserer Zeit Anforderungen, denen der blosse Musikant nicht mehr zu genügen vermochte, und es bildete sich ein neuer Typus des höheren Musikers, für den es charakteristisch ist, dass er nicht mehr als Musikant „von der Pike auf" gedient, sondern (oft erst in späteren Jahren) sich der Musik gewissermassen von aussen, nämlich von der allgemein künstlerischen oder geistigen Seite her genähert hatte. Früher war man zuerst Musiker und wurde dann v i e l l e i c h t Künstler, — wenn es einem nämlich gelang, mit seinen Leistungen über das bloss Handwerkerliche hinauszukommen. Nun

geschieht es häufig umgekehrt, dass einer (wie etwa Richard Wagner) als mehr oder minder undifferenzierter „a l l g e m e i n e r" Künstler beginnt und sich dann erst zum Musiker s p e z i a l i s i e r t, dass nicht der musikantische Trieb zum künstlerisch-musikalischen sich erhöht, sondern ein zuerst noch unbestimmtes künstlerisches Wollen sich zu einem speziell musikalischen determiniert. Und dieser Weg, der gewissermassen von oben nach unten (statt von unten nach oben) führt, war, wie sich begreifen lässt, gefährlich: er zwang den, der ihn ging, den Bau am Tempel seines Künstlertums sozusagen mit dem Giebel zu beginnen und das alles tragende Fundament zuletzt zu legen, und es kann nicht wundernehmen, dass da manches stolze Gebäude zusammenbrach, weil es, des stützenden Grundes entbehrend, recht eigentlich in der Luft hing.

Wurde so immer mehr die allgemeine geistige und literarische Bildung die eigentliche Wurzel für die künstlerische Existenz des modernen Musikers, und fiel es ihm unter Umständen schwer, diese Wurzel tief genug in den Grund des musikalischen Handwerks zu senken, um vom Stümpertum bewahrt zu bleiben, so wirkte natürlicherweise diese Verbindung der Musik mit dem aussermusikalischen Geistesleben, die an sich gewiss einen Fortschritt und so etwas wie eine „Standeserhöhung" für die Tonkunst bedeutete, anderseits auch dahin, dass im allgemeinen Bewusstsein der K u n s t g e n i e s s e n d e n die Wertung des technisch Handwerkerlichen an der Musik sich verringerte. Der ganze musikalische Betrieb, das Produzieren wie das Hören, wurde dadurch (im Sinne der Anknüpfung aussermusikalischer Relationen) „vergeistigt" — ein unleugbarer Gewinn, wenn man bedenkt, dass eigentlich erst diese Entwicklung unsere Kunst mit Bewusstsein dem Kreis der höchsten geistigen Lebensbeziehungen ein- und unterordnete; aber auch eine Gefahr für das s p e z i f i s c h Musikalische, insofern diese zunehmende „Vergeistigung" sich notwendigerweise einem Punkte nähern muss, wo sie, wenn ich so sagen darf, in „E n t m u s i k a l i s i e r u n g" übergeht.

Weiterhin wurde dann aber auch einem bedeutenden und wichtigen Teile der modernen Musiker die technisch-handwerkerliche Fundamentierung ihrer Kunst durch die ganz veränderte Gestaltung des musikalischen U n t e r r i c h t s und der musikalischen E r z i e h u n g noch mehr erschwert. Die Ausbildung des Musikers geschah früher in Deutschland durchaus handwerkerlich: man ging zu einem Meister der Tonkunst „in die Lehre", war dessen „Lehrling", bis man „Geselle" wurde. Und wie bei den anderen Handwerken das Wandern, so schloss beim Musiker die italienische Reise gewöhnlich den zünftigen Lehrgang ab. Nun kamen die K o n s e r v a t o r i e n auf, und wenn auch neben ihnen der Privatunterricht sich immer behauptete, ja in der jüngsten Vergangenheit sogar (namentlich für die Ausbildung des Komponisten) eine erhöhte Bedeutung gewann, so hatte er doch seinen handwerklichen Charakter völlig verloren; auch als Privatschüler wurde der angehende Musiker jetzt „S t u d e n t", nicht mehr Lehrling und Famulus, wie er es früher bei seinem Meister gewesen war.

Unsere Konservatorien sind in der zweiten Hälfte des vorigen Jahrhunderts immer wieder Gegenstand der allerheftigsten Angriffe gewesen. Man hat die Art der musikalischen Erziehung, die sie ihren Zöglingen zuteil werden lassen, als durchaus unbefriedigend hingestellt, und namentlich von musikalisch fortschrittlicher Seite ist darauf hingewiesen worden, wie sehr sie versagt haben, als die neue Musik des Wagnerschen Zeitalters sie vor ganz neue Unterrichtsaufgaben stellte. Diese Vorwürfe, die man den öffentlichen Musikbildungsanstalten gemacht hat, sind ganz gewiss oft übertrieben worden, sodass man es begreift, wie ein vorsichtiger Beurteiler sie gerade in letzter Zeit wieder sehr warm hat in Schutz nehmen können. (Hermann Kretzschmar in seinen „Musikalischen Zeitfragen".) Vor allem ist es ungerecht, die Konservatorien speziell für solche Uebelstände verantwortlich zu machen, die mit dem Begriff und Wesen einer öffentlichen Kunstschule unabtrennbar verbunden sind. Die meisten musikalischen Fächer erfordern zum mindesten auf der höheren Ausbildungsstufe eine möglichst weitgehende Individualisierung des Unterrichts, und dieser Forderung vermag der Klassenunterricht unter keinen Umständen gerecht zu werden. Privatunterricht ist da das Ideal. Aber Privatunterricht ist teuer, der Besuch eines Konservatoriums relativ wohlfeil, und dieses ökonomische Moment ist es, was letzten Endes die Daseinsberechtigung der Konservatorien begründet.

So mag man zugeben, dass die Konservatorien oder doch wenigstens manche unter ihnen weit besser sind als ihr Ruf, der allerdings kaum schlechter sein könnte. Trotzdem darf nicht bestritten werden, dass unsere Musikschulen in mehr als einem Punkte das, was sie sehr gut hätten leisten können, in keiner Weise geleistet haben. Auf einiges wird noch später zurückzukommen sein. In unserem gegenwärtigen Zusammenhange sei nur darauf hingewiesen, dass selbst für die Erlernung der musikalischen Technik auf zwei wichtigen Gebieten der musikalischen Ausbildung die Konservatorien sich als ganz ungenügend erwiesen haben. Ich meine die Technik des Komponisten und die des Dirigenten. — Als die ganze musikalische Grammatik, d. h. die Gesamtheit der musikalischen Sprach- und Ausdrucksmittel im vorigen Jahrhundert eine Umwälzung erfuhr, wie man sie sich gewaltiger nicht denken kann, da hätte die Theorie der Praxis möglichst rasch nacheilen und die neuen Errungenschaften für die Zwecke der Lehre und des Unterrichts nutzbar machen müssen. Das war aber keineswegs der Fall, und wenn auch fortschrittliche Theoretiker nicht fehlten (ich erinnere nur an H u g o R i e m a n n, dessen überragende Bedeutung als geist- und gedankenvoller A n r e g e r auch der nicht verkennen sollte, dem die spekulativ unkritische Art des Riemannschen Denkens zuwider ist), so fehlte es doch weit, dass die offizielle musikalische Pädagogik und Didaktik von solchen Männern irgendwie profitiert hätte. Die Konservatorien blieben mit ganz verschwindenden Ausnahmen bei einem System der kompositionstechnischen Ausbildung, das im Grunde genommen zu der Zeit, da es in Aufnahme kam, schon veraltet war, und man kann sich denken, welche Resultate sie erzielten. Die Schüler lernten Dinge, von denen sie von vornherein wussten, dass sie unbrauchbar und überflüssig, oder doch zum mindesten für ihre Bedürfnisse als moderne Musiker nicht ausreichend waren. Das wirkte zunächst einmal auf den Eifer der Schüler selbst im allerungünstigsten Sinne: sie gewöhnten sich daran, Harmonielehre, Kontrapunkt und dergleichen als veralteten Schulkram zu behandeln, der doch zu nichts Rechtem nütze sei, und die üblen Wirkungen, die das hatte, wurden dadurch noch verstärkt, dass zum Teil auch die Lehrer in dieselbe Stimmung der „Wurstigkeit" gegenüber den theoretischen Fächern gerieten: sie fühlten, dass das, was sie ihren Schülern boten, in der Tat mehr oder minder wertlos sei, hatten aber nichts Besseres, was sie an dessen Stelle hätten setzen können, und hielten sich dafür wenigstens zu diesem Ausgleich für verpflichtet, dass sie es selbst mit den von ihnen gelehrten Regeln und Geboten nicht allzu genau nahmen. So bürgerte sich als einzige Konzession an den neuen Geist eine gewisse Nachsicht und Lässlichkeit gegenüber allen möglichen kompositionstechnischen Regelwidrigkeiten ein, wobei das Schlimme das war, dass solche Indulgenz, weil sie ganz ohne Sinn und Verstand ihre Gnadensonne leuchten liess über „Gerechte und Ungerechte", nicht nur auf eine Befreiung von lästigen Fesseln schulmeisterlicher Willkür, sondern auch auf das Endziel einer zunehmenden Verschlampung und Verlüderlichung der kompositorischen Technik hinwirkte, dass sie bei dem heranwachsenden Geschlecht das sowieso schon durch Missverstehen der modernen Meister arg geschädigte Gefühl für Reinheit und Sauberkeit der musikalischen Arbeit noch weiter verdarben. Dass es heutzutage eine so beklagenswert grosse Anzahl selbst begabter und namhafter Komponisten gibt, die, vom Gesichtspunkt des Kompositions h a n d w e r k s aus beurteilt, krasse Dilettanten sind, ist zum grössten Teil eine unmittelbare Folge dieses Versagens des theoretischen Unterrichts an den Konservatorien.

War auf dem Gebiete der Komposition Art und Inhalt des erzieherischen Unterrichts mit den veränderten Anforderungen einer neuen Zeit in Einklang zu bringen, so hätte für die technische Heranbildung des D i r i g e n t e n eine ganz neue Disziplin geschaffen werden müssen, — eine Aufgabe, der die Konservatorien, so wie sie nun einmal waren, noch weniger gewachsen sein konnten. Denn auch die T e c h n i k des modernen Dirigenten ist etwas, das man vordem in der gleichen Weise gar nicht gekannt hatte. Und diese Technik ist für den Musiker, der heutzutage die Dirigentenlaufbahn einschlägt, um so weniger leicht ohne besondere Anweisung zu erlernen, da er in der Regel von Haus aus dem O r c h e s t e r viel ferner steht als der Dirigent der Vergangenheit. D e r ging meist selbst aus dem Orchester hervor und hatte für gewöhnlich keine andere Stellung als die eines mit Dirigentenfunktionen betrauten K o n z e r t m e i s t e r s. Jetzt aber waren die Dirigenten am Konservatorium allgemein musikalisch ausgebildete Leute, als ausübende Musiker meist Klavierspieler, die oft nicht einmal eine Geige, geschweige denn ein anderes Orchesterinstrument jemals in der Hand gehabt hatten. Von der Technik des Orchesters und des Dirigenten hatten sie dort, woher sie ihre sonstige, in vielen Stücken sehr hochstehende musikalische Bildung bezogen, so gut wie gar nichts lernen können, und wenn sie zum ersten Male vor ein Orchester traten, standen sie ihren künstlerischen Untergebenen ungefähr so gegenüber wie ein junger Leutnant einem altgedienten Unteroffizier: sie wussten sehr viele, sehr schöne und auch nützliche Dinge; aber die A n w e n d u n g ihres Wissens und Könnens auf die besonderen Aufgaben, die nun an sie herantraten, mussten selbst diejenigen durch die Uebung erst erlernen, deren W i s s e n in jeder Hinsicht genügte (was selten genug der Fall war). Sie mussten in technischer Hinsicht, streng genommen, als D i - l e t t a n t e n beginnen, und man darf sich nicht wundern, dass sie es in nicht ganz vereinzelten Fällen auch g e b l i e- b e n sind. Ohne Zweifel haben sich ja die wirklich namhaften Dirigenten der Gegenwart im Laufe ihrer praktischen Tätigkeit ausnahmslos über diese Stufe technischen Dilettantismus erhoben und sind auch als Techniker Fachleute geworden. Aber d a s kann man wohl nicht bezweifeln, dass selbst unter den berühmten (unter den m i t R e c h t berühmten) modernen Dirigenten sich mehr als einer befindet, der in technischer Hinsicht eben nur genügt, sich aber keineswegs gerade a u s z e i c h n e t.

Zweierlei muss sich in der Person des Dirigenten wie in der eines jeden reproduzierenden Künstlers vereinigen: der ideale Dirigent muss ein in jeder Hinsicht vollkommener Interpret und ein ebenso vollkommener Techniker sein. Die Art und Weise, wie er den Inhalt des vorzuführenden Kunstwerks auffasst und ausdeutet, bestimmt seinen Rang als Interpret, die Art und Weise, wie er seine interpretorischen Absichten in der Ausführung verwirklicht, seinen Rang als Techniker. Im Sinne dieser Zweiteilung behaupte ich nun, dass — mit den die Gültigkeit der Regel bestätigenden Ausnahmen natürlich! — beim typischen deutschen Dirigenten der Gegenwart der Interpret stärker ist als der Techniker, dass uns heutzutage öfter unter den Dirigenten eine starke und interessante musikalische Persönlichkeit begegnet, die das, was sie will, wegen mangelhafter Technik nur ungenügend oder doch nicht mit voller Deutlichkeit, Präzision und Feinheit zu realisieren versteht, als dass umgekehrt ein in jeder Hinsicht vollkommener Orchestertechniker uns als Virtuos ebenso stark entzückte wie er uns als interpretierender Künstler unbefriedigt lässt.

Ia, die technische Seite des Dirigierens wird nicht nur vielfach unterschätzt, sondern, wie die des Komponierens, oft geradezu verkannt und ignoriert. Denn wenn man allgemein wüsste, dass beides, das Komponieren wie das Dirigieren, eine ganz besondere, eigens zu erlernende Technik verlangt, so wäre es ganz und gar unmöglich, dass, wie es gegenwärtig nicht selten geschieht, ein Pianist oder Sänger ohne weitere Schulung und Vorbereitung sich eines schönen Tages nur so hinstellte, um ein Orchester oder gar ein grosses vokales und instrumentales Ensemble zu dirigieren. Im umgekehrten Falle, wenn ein Dirigent, ohne jemals eine Vokalise gesungen oder eine Taste berührt zu haben, als Sänger oder Klavierspieler auftreten wollte, würde man ihm nicht übel auf die Finger klopfen. Aber das Dirigieren ist bis zu einem gewissen Grade vogelfrei, weil in weiteren Kreisen eben noch gar nicht die Ueberzeugung durchgedrungen ist, dass der Dirigent im Besitze einer s p e z i e l l e n Technik sein muss, die auch der allgemein musikalisch Höchstgebildete sich allererst zu e r - w e r b e n hat.

Der das Wort „Pultvirtuos" prägte, dachte offenbar bloss an das, was dem Nur-Virtuosen zum wahren Künstler fehlt, nicht aber auch an das, was einer als Techniker h a b e n muss, wenn er auf den Virtuosentitel Anspruch erheben will. Denn sonst hätte es ihm niemals einfallen können, den virtuosen Dirigenten als eine für die Gegenwart besonders charakteristische Erscheinung hinzustellen. Er wollte die Poseure und Komödianten des Dirigentenpults brandmarken und vergriff sich dabei im Ausdruck: denn an diesen, die wir allerdings in etlichen wohlausgewachsenen Exemplaren besitzen, ist nichts virtuos als die Kunst des Blendens und Dupierens. Nein, — an wirklichen Dirigiervirtuosen ist kein Ueberfluss, und ich für meinen Teil würde gar nichts dagegen haben, wenn es deren m e h r gäbe. Selbst solche, die n u r Virtuosen und keine Künstler im höheren Sinne des Wortes wären, könnten wir heutzutage sehr wohl gebrauchen, vor allem als Drillmeister und Erzieher unserer Orchester. Denn auch mit den virtuosen Orchesterleitungen, von denen man so häufig liest, ist es so eine Sache. Auch sie sind viel seltener, als man es gemeinhin annimmt. Gewiss: die technischen Anforderungen der modernen Musik sind so exorbitant, dass es schon einen hohen Grad von Leistungsfähigkeit bezeugt, wenn ein Orchester ihnen überhaupt nur b e f r i e d i g e n d zu entsprechen vermag. Aber von da bis zum „Virtuosen" im eigentlichen Sinne des Wortes ist's noch weit, und ich glaube sogar, dass gerade diese hohen technischen Anforderungen, die heute an das Orchester gestellt werden, zum Teil mit schuld daran sind, dass man verhältnismässig so selten ein deutsches Orchester wirklich vollendet sauber und bis in die kleinste Einzelheit hinein tadellos musizieren hört. Denn diese Anforderungen gehen oft bis an die Grenze des Ausführbaren, ja darüber hinaus. Schon Richard Wagner hat Dinge (z. B. für die Streicher) geschrieben, bei denen er eingestandenermassen nur eine u n g e f ä h r e Ausführung im Auge gehabt hatte, und vollends wird von Richard Strauss gelegentlich das „Schmieren" des Orchesters, d. h. die technisch nicht ganz exakte Wiedergabe des in Noten Aufgezeichneten geradezu als ein besonderes Ausdrucksmittel der Instrumentationskunst verwendet. Dadurch aber werden die Orchester an das leidige „Ungefähr" gewöhnt und verleitet, auch da mit halber oder Dreiviertelsgenauigkeit sich zu begnügen, wo es auf äusserste V o l l e n d u n g ankommt.

Hat ja doch der deutsche Musiker überhaupt eine gewisse angeborene Neigung zum „Schlampen", zum ungenauen und unpräzisen Musizieren. Er ist für das E l e m e n t a r e an der Musik durchschnittlich weit weniger begabt, als der slavische oder romanische Musiker, und diese Tatsache, die sich vielleicht am greifbarsten in dem nirgends auf der Welt so wie in Deutschland a l l g e m e i n verbreiteten Mangel an R h y t h m u s offenbart, — sie hat den Deutschen dazu geführt, dass er die innere Seite der Musik, ihre seelischen und geistigen Elemente in einer ausserhalb der deutschen Kunst ganz unerhörten Weise steigerte und ausbildete. Diese Spiritualität des deutschen Musiktriebes ist das, womit unsere Musik die Welt erobert hat. Sie ist unsere Stärke, — aber zugleich auch unsere Schwäche. Und eben das Gebiet der musikalischen A u s f ü h r u n g und W i e d e r g a b e ist es, wo unsere grösste musikalische Tugend, die nach innen gerichtete und der sinnlichen

Aussenseite der Klangwelt abgewandte Tendenz unserer musikalischen Natur gelegentlich zum Mangel wird. —

Unter den grossen Dirigenten der Gegenwart repräsentiert einer der allerberühmtesten noch den früheren Typus des aus dem Orchester hervorgegangenen Kapellmeisters: Hans Richter (geb. 1843), der ursprünglich Hornist war. Die Leitung der ersten Bayreuther Nibelungenaufführungen im Jahre 1876 hat seinen Ruf begründet. Ein Vierteljahrhundert wirkte er in Wien als Dirigent der Oper und der Philharmonischen Konzerte des Hoforchesters. In den letzten Jahren ist er — abgesehen von seiner Mitwirkung bei den Bayreuther Festspielen — dem deutschen Musikleben zugunsten Englands gänzlich untreu geworden. Wer ihn in seiner besten Zeit als Interpret Wagnerscher oder Beethovenscher Werke gehört hat, wird eine unvergessliche Erinnerung bewahren. Eine musterhafte Sachlichkeit und Schlichtheit zeichnet seine Auffassung aus, die gelegentlich sogar von einer leisen Neigung zum behaglich Philiströsen nicht freizusprechen ist. Als Techniker ist er von keinem übertroffen: wie er hört, wie er sich im Orchester auskennt, wie er schlägt — ruhig und straff rhythmisch, vor allem gross in seiner eigentlichen Spezialität, dem unerbittlich strengen, doch nicht starren Festhalten des einmal ergriffenen Tempos —, wie er ein grosses Ensemble überblickt und mit einem Minimum von Bewegungsaufwand beherrscht, all das ist unvergleichlich. Der nahe Umgang mit Richard Wagner und die hohe künstlerische Mission, die er in jenen Tagen empfing, da er vom Meister zum ersten Interpreten seines grössten Werkes berufen wurde, bewahrte ihn vor der Gefahr, im musikalischen Handwerk stecken zu bleiben. Jener andern Gefahr, die gerade einer Natur wie der seinen drohte: unter schwierigen Verhältnissen mit der Zeit bequem und phlegmatisch zu werden, ist er freilich doch wohl nicht ganz entronnen.

Eine Persönlichkeit, die (allerdings in niedrigerer Sphäre) manche verwandte Züge mit dem Charakterkopfe Richters aufweist, ist der Münchner Franz Fischer (geb. 1849). Auch er begann als Orchestermusiker (Violoncellist) und stand der Person und Kunst Richard Wagners nahe, verkümmerte dann aber, zeitlebens an zweiter Stelle wirkend, zu einer blossen Lokalzelebrität. Diesen beiden liesse sich nun ein Mann wie Arthur Nikisch (geb. 1855) insofern ganz schicklich anreihen, als er gleichfalls vom Orchester (Geiger) zum Dirigentenpult emporgestiegen ist. Freilich hat er im übrigen kaum irgend eine Aehnlichkeit mit ihnen. Von allen namhaften Dirigenten, die gegenwärtig in Deutschland wirken, steht Nikisch wohl der deutschen Musik innerlich am fremdesten gegenüber. Er verrät den Slaven nicht nur in seiner Vorliebe für Tschaikowsky und andere exotische Symphonik, sondern vor allem auch in einem gewissen Mangel an engerer Fühlung mit der eigentlichen musikalischen Kultur der Deutschen.

Nach der Seite sinnlich berückenden Klangzaubers hat er den Orchestervortrag ganz besonders raffiniert ausgebildet, und er, der ein Orchestertechniker allerersten Ranges ist, darf — vielleicht als der einzige unter den Berühmtheiten der Gegenwart — ein Virtuose des Dirigentenpults im eigentlichen und zugleich besten Sinne des Wortes genannt werden.

Diesem älteren Typus des Dirigenten steht nun der neuere gegenüber, für dessen Vertreter es bezeichnend ist, dass sie von Haus aus keine Orchesterleute von Fach sind. Wenn wir von Richard Wagner und Franz Liszt absehen, die ja beide an der Wiege der modernen Direktionskunst standen, ist Hans von Bülow (1830—1894) *) der erste, der diesen neuen Typus in reiner und hervorragender Weise repräsentiert. Wie so viele nach ihm ist er vom Klavier ausgegangen, das überhaupt jetzt immer mehr das Instrument des Musikers, speziell des Dirigenten wird.**) Im Gegensatz zu Liszt, dessen gigantischem Interpretengenie am Dirigentenpult eine nur sehr mangelhafte Technik zu Gebote gestanden zu haben scheint, war Wagner allen Urteilen nach auch technisch ein ganz eminenter Orchesterleiter. Seine Unterweisung empfing Bülow 1850—1851, und, einer der ganz wenigen persönlichen Schüler, die Wagner gehabt, erwies er sich auch darin als der würdige Jünger seines Lehrers und Meisters, dass er — unähnlich so manchem anderen Dirigenten unserer Zeit, der im Verhältnis des Interpreten zum Techniker mehr Liszt gleicht — in vollem Sinne das verwirklichte, was als das Ideal des Dirigenten zu gelten hat: das vollkommene Gleichgewicht zwischen den allgemein musikalischen und den speziell handwerkerlichen Qualitäten des Dirigenten, zwischen dem inneren Berufe zu dieser Kunst und ihrer äusseren Technik. Er war der erste „Wagnerdirigent", nicht nur in dem Sinne, dass er zuerst bei der Münchner Uraufführung des „Tristan" und der „Meistersinger" jene besonderen und gänzlich neuen Aufgaben zu lösen hatte, die Wagner in seinen späteren Werken dem Dirigenten stellt, sondern auch in dem weiteren Verstande, dass er das Bild des „vollkommenen Kapellmeisters", das Wagner vorgeschwebt hatte, zum ersten Male so verwirklichte, wie es der Meister selbst deshalb nicht hatte tun können, weil äussere Umstände und seine

---

*) Hans von Bülow, Briefe und Schriften. Herausgegeben von Marie von Bülow, 8 Bände, Leipzig 1895—1908.
**) Kapellmeister, die gar nicht Klavier spielen können, waren früher nicht selten. Heute trifft man sie kaum mehr an.

schöpferische Tätigkeit ihn hinderten, sich auch nach dieser Richtung hin voll auszuleben.

Ueber das, was Bülow als Dirigenten auszeichnete, ist viel geredet und geschrieben worden. Er stellte ein Vorbild auf, das wenige nach ihm wieder erreichten, keiner übertraf. Trotz mancher Schrullen und Launen, die dem Künstler so wenig wie dem Menschen fehlten, kann man sich das Bild der Bülowschen Dirigentenleistungen kaum glänzend genug vorstellen: es muss überwältigend gewesen sein. Aber mehr noch als die rein künstlerischen Vorzüge dieser einzigen Persönlichkeit imponieren uns Spätergeborenen, die wir den Dirigenten Bülow selbst nicht mehr haben hören können, die ethischen Qualitäten des Mannes. Er war ein Held und Kämpfer bis zum letzten Atemzuge, einer, für den es kein Ermüden und kein Ermatten gab, in dem mit sechzig Jahren noch die Feuerseele des idealbegeisterten Jünglings flammte, und den die Niedrigkeit des Alltags niemals in der Weise unterkriegen konnte, dass er bequem, lässlich und dem Schlechten gegenüber tolerant geworden wäre. Er hat niemals Wasser in seinen Wein gemischt, und dass er den Göttertrank der Kunst, so wie er ihn aus der Hand der Muse empfangen, lauter und rein bewahrt hat durch ein langes leidenreiches Leben hindurch, das ist sein höchster Ruhm, den wir Heutigen um so lauter zu preisen haben, als er gerade darin kaum einen einzigen echten und vollbürtigen Nachfolger gefunden hat.

Es gab in der neueren Zeit nur eine einzige künstlerische Stätte, an der ein Bülow wirklich an seinem Platze gewesen wäre, wo man mit Fug hätte sagen können: der richtige Mann an der richtigen Stelle. Es ist Bayreuth. Denn so streng man auch das beurteilen möge, worin auch bei Richard Wagners Bühnenfestspielen die Wirklichkeit hinter dem geträumten Ideale zurückblieb, das kann keiner bestreiten, dass hier etwas gewollt und nach Menschenmöglichkeit auch erreicht wurde, was in der gesamten Geschichte der künstlerischen Kultur nahezu einzig dasteht. Es gehört zur Tragik des Bülowschen Schicksals, dass die Verhältnisse es ihm versagten, an d e r Stätte sein künstlerisches Lebenswerk zu krönen, für die er wie kein anderer berufen war. Aber auch für Wagner war es tragisch, dass er bei der endlichen Verwirklichung seines höchsten Künstlertraumes gerade dieses Mannes entbehren musste. Bülow ergriff in der späteren Periode seines Wirkens die Propaganda für J o h a n n e s B r a h m s als eine neue künstlerische Aufgabe, der er sich mit der ganzen enthusiastischen Hingebung seines grossen Herzens widmete. Meiningen wurde unter ihm so etwas wie ein Bayreuth der Brahmsischen Symphonik, und als er auch von da weichen musste, hinterliess er das künstlerische Erbe einer Tradition, die dann auf F r i t z S t e i n b a c h (geb. 1855), den Brahmsspezialisten und den heutigen Dirigenten, überging. Die Arbeit der letzten Jahre (Berlin und Hamburg) setzte das in Meiningen Geleistete fort, und wie der junge Bülow mit seinen Münchner Taten den idealen Rekord des Wagnerdirigenten aufgestellt hatte, so gab der reife Mann das erste Beispiel des modernen K o n z e r t d i r i g e n t e n, der sich in unseren Tagen aus der früheren Einheit von Konzert- und Bühnendirigent allmählich zu differenzieren beginnt.

Bayreuth aber wurde für das letzte Viertel des vorigen Jahrhunderts die hohe Schule des Bühnendirigenten. Ausser dem ältesten der Bayreuther Dirigenten: H e r m a n n L e v i (1839—1900) und den beiden schon Genannten Richter und Fischer gehören dieser Schule an: der durch seine amerikanische Tätigkeit dem deutschen Musikleben lange entzogene und dann so jäh dahingeraffte A n t o n S e i d l (1850—1898), F e -

lix Mottl (geb. 1856), Karl Muck (geb. 1859), Richard Strauss u. a., auch Siegfried Wagner (geb. 1869), der Sohn des Meisters, aus dem zweifellos ein tüchtiger Dirigent hätte werden können, wenn er sich nicht infolge seiner eximierten Stellung der Notwendigkeit, etwas Ordentliches zu lernen, hätte für überhoben halten dürfen.

Unter den heutigen Dirigenten, die von Bayreuth ausgegangen und ganz in der Kunstanschauung Richard Wagners aufgewachsen sind, gebührt dem Münchner Hofoperndirektor Felix Mottl weitaus der erste Platz. Er ist von Haus aus Theaterkapellmeister, und als solcher verleugnet er sich auch im Konzertsaal nicht. Kraftvoll gesundes Temperament und eine warme Sinnlichkeit bilden die psycho-physiologischen Grundlagen seiner künstlerischen Persönlichkeit. Einzig und ganz unvergleichlich ist die naive, ja kindliche Freude am Musizieren, die er sich wie wohl kein anderer unter seinen Berufsgenossen bis heute bewahrt hat. Und diese Freude am Musizieren versteht er mit suggestiver Macht auf die Ausführenden zu übertragen. Alles wird frei und leicht unter seinem Stabe; nichts Forciertes gibt es da, nichts, was gewaltsam, gekünstelt oder gequält wäre.

Mottls Orchesterstil ist ein ausgesprochenes Al Fresco, und die Gefahr, dass er einmal das Detail allzu sehr vernachlässige, ist entschieden grösser, als dass je bei ihm der grosse Zug verloren ginge. Die Lust am schönen, gefühlsbeseelten Ton, wie auch wohl gewisse Bayreuther Einflüsse haben jene oft bemerkte Neigung zu möglichster Verbreiterung der langsamen Zeitmasse in Mottl grossgezogen, die ihn gewiss manchmal zu Uebertreibungen verleitet, ihm anderseits aber auch die Anlage und Durchführung von Steigerungen erlaubt, in deren Wucht und Grösse ihm niemand gleichkommt. Wie er es aber auch mache, immer verschwindet seine Person durchaus hinter dem Kunstwerke, das er interpretiert. In Mottl ist keine Spur von Eitelkeit und Gefallsucht; vom Poseur und Komödianten hat er gar nichts. Wenn es wahr ist, dass das Unmögliche anstreben muss, wer das Möglichste erreichen will, so kann man wohl sagen, dass Mottl — vor allem als Bühnenleiter und Organisator — sich sein Ziel nicht immer hoch genug gesteckt und auch nicht immer energisch genug verfolgt habe. Er ist eine konziliante Natur, und das Wort „unmöglich" spielt zweifellos eine zu grosse Rolle in seinem praktischen Sprachschatz. Man kann zweifeln, ob er überall das getan hat, was er hätte tun sollen und tun können. Aber, was er immer tat, das tat er als treuer und selbstloser Diener der Kunst, nicht für sich, sondern für die Sache.

Gerade in dieser letzteren Eigenschaft unterscheidet sich Mottl scharf von seinem ihm sonst vielfach ähnlichen Vornamensvetter Felix Weingartner (s. S. 84), bei dem immer die Person des Dirigenten selbst im Vordergrund steht. In Mottl dominiert die Freude an der Musik, in Weingartner die Freude an der eigenen Leistung; und das Gefühl dieser Verschiedenheit im Verhältnis der Person zum Kunstwerk war es ja wohl auch, was jenem witzigen Vorgänger Mottls die Bezeichnung „Talmi-Felix" für Weingartner eingab. Vielleicht fällt bei Weingartner der Schwerpunkt der ganzen künstlerischen Persönlichkeit noch mehr auf die Seite des blossen Temperaments, wie er sich denn auch in mancher Hinsicht schon sehr stark dem Typus des sogenannten „Schmissdirigenten" nähert, den unter den Berühmtheiten unserer Tage in ziemlich reiner Weise Richard Strauss repräsentiert. Wenn man die hervorragenden Qualitäten ungetrübt geniessen will, die Weingartner — übrigens mehr als Orchesterinterpret denn als Dirigent im spezi-

fisch technischen Sinne des Wortes — ganz zweifellos besitzt, so muss man ihn an der Spitze eines erstklassigen Orchesters hören, wo er bei der Vorbereitung der Aufführung keine andere Arbeit zu leisten braucht, als seine interpretorischen Absichten den Musikern mitzuteilen. Handelt es sich dann um eine Musik, die seinem Naturell entspricht, d. h. um eine solche, die äusserlich glänzend ist (wobei sie übrigens, nebenbei bemerkt, immer noch innerlich bedeutend sein kann), so wird man etwas erleben, das man nicht so leicht vergisst. Gewisse Werke von Liszt und Berlioz, auch einzelne von Beethoven habe ich so durch Weingartner zu einer Wirkung bringen hören, wie man sie sich vielleicht innerlich tiefer, aber ganz gewiss nicht äusserlich glanzvoller denken kann. Es liegt in Weingartners Individualität, dass er mit einer Musik, die nicht in irgend einem Sinne brillant ist, wenig anzufangen weiss, so z. B. mit Brahms, für den er neuerdings zwar Liebe, aber immer noch kein rechtes praktisches Verständnis in sich entdeckt hat. Vollends aber versagt er dann, wenn er nicht im voraus der Wirkung auf das Publikum gewiss ist. Denn wie der echte Schauspieler, so b r a u c h t er den Beifall zu seiner künstlerischen Existenz. Ohne äusseren Erfolg ist er ein Fisch auf dem Sande. Darum ist es ihm versagt, für irgend etwas, das noch nicht allgemein anerkannt ist, mutig einzutreten. Nach den Lorbeeren eines Propagators hat es ihn nie verlangt; ja, ich habe es erlebt, dass er gegenüber Neuheiten sogar jede Spur von künstlerischer Gewissenhaftigkeit verlor, wenn er an ihrem Erfolg zweifelte, und gewisse Münchner Erstaufführungen des von Weingartner geleiteten Kaimorchesters (beispielshalber die der 2. Symphonie Vincent d'Indys) gehören zu meinen peinlichsten Konzerterinnerungen.

Bei den Bayreuther Festspielen hat Weingartner niemals mitgewirkt. Aber er wurzelt als Dirigent durchaus im Boden der Wagnerschen Kunst, und neuerdings ist er als Direktor der Wiener Hofoper ja auch wieder zum Theater in Beziehung getreten, dem er Jahre hindurch ferngeblieben war. Freilich in dem engen und begrenzten Sinne, in dem etwa Josef Sucher (1834—1908) und Hermann Zumpe (s. S. 84) als Dirigenten spezifisch Wagnerscher Richtung und Gesinnung zu gelten haben, ist er „Wagnerdirigent" auch vor der Schwenkung nicht gewesen, die ihn in den letzten Jahren zu der von Wagner und Liszt herkommenden modernen Musik in einen ausgesprochenen Gegensatz brachte.

Ein ganz aparter Platz unter den Dirigenten der Gegenwart gebührt Gustav Mahler (s. S. 180). In mehr als einer Beziehung steht er als Ausnahmeerscheinung da. Zunächst wüsste ich heutzutage keinen — zum mindesten nicht unter denen, die auch als künstlerische Individualitäten im höchsten Sinne des Wortes in Betracht kommen —, der gleich ihm, ohne dass er selbst aus dem Orchester hervorgegangen wäre, nicht nur ein so lebhaftes, ins Einzelnste gehendes Interesse für die Technik des Orchesters, sondern auch eine so genaue Kenntnis und so nahe Vertrautheit mit all diesen Dingen besässe wie Mahler. Nicht minder ist er aber darin einzig, dass er als Wiener Hofoperndirektor eine nicht minder starke Begabung für die administrative und organisatorische Seite seines Amtes gezeigt hat wie für die künstlerische: ein ganz unschätzbarer Vorzug für den, der einem Theaterinstitute als wirklicher Herr und Leiter allseitig vorstehen soll. Die nicht zu überbietende, dämonische Energie des Willens kennzeichnet den Dirigenten Mahler. Von den Grundelementen der Musik ist demgemäss der Rhythmus, vor allem die in gewissem Sinne primärste, aber auch primitivste Form des Rhythmus: der Marsch und was ihm an anderen Bewegungsarten nahe kommt, die eigentliche Domäne Mahlers. Seine Art hat nichts Einschmeichelndes und nichts Ueberredendes, weder für die Ausführenden noch für die Hörer. Er bezaubert nicht, er b e z w i n g t; und immer sind es sozusagen G e w a l t streiche, mit denen er seine künstlerischen Siege gewinnt. Aber eben damit versteht er dort, wo es auf das Herausarbeiten scharfer Akzente, auf die Gestaltung einer wild und leidenschaftlich bewegten Szene oder auf Dinge aus dem Ausdrucksgebiete des Dämonischen und Phantastischen ankommt, zu packen und zu erschüttern wie kein anderer.

Man braucht kein enragierter Mahlerenthusiast zu sein — und ich glaube hinlänglich bewiesen zu haben, dass ich es nicht bin —, man kann ohne weiteres zugeben, was die Schwächen, Mängel und Fehler an Mahlers Opernleitung gewesen sind, ja, man darf vielleicht noch weiter gehen und es voll begreiflich finden, dass die Aera Mahler (schon wegen des: „Allzu scharf macht schartig") unmöglich dauern konnte — und trotzdem wird man es ewig beklagenswert finden, dass solch ein Wille den Widerständen des Alltags erliegen musste. Denn man kann Mahler alles abstreiten, aber nicht den heiligen Ernst, mit dem er sein Amt als ein künstlerisches auffasste, nicht die rücksichtslose Leidenschaft, das von ihm als richtig Erkannte durchzusetzen, und ebensowenig das reiche Mass von Wissen und Können, das zu einer solchen Stellung erforderlich ist. Ganz gewiss war das, was Mahler gemacht hat, nicht immer schön und gut. Aber es war immer e t w a s. Er hat gearbeitet und stets nach N e u e m gesucht. Wer das tut, kann irren; aber er müht sich niemals ganz v e r g e b l i c h. In irgend einer Weise muss seine Saat zum Wachsen und Reifen kommen; und wenn er nicht Vollender werden kann, so ist er doch Anreger und Bahnbrecher. —

Ich habe vorhin darauf hingewiesen, dass die meist

noch bestehende Personalunion zwischen Theater- und Konzertkapellmeister sich allmählich zu lösen beginnt. Beide Tätigkeiten differenzieren sich, und immer häufiger begegnen uns Dirigenten, die nicht mehr Einheitskapellmeister, sondern Spezialisten entweder der Bühne oder des Konzertsaals sind. Die musikalische Leitung eines Konzertes erfordert wesentlich andere künstlerische Eigenschaften als die einer Oper. Man kann im allgemeinen wohl sagen, dass die musikalische Kultur, die Feinheit und Exklusivität des Geschmacks beim Konzertdirigenten, wenn er voll befriedigen soll, grösser sein muss als beim Theaterdirigenten. Dagegen wird es nichts schaden, ja es kann sich sogar als nützlich erweisen, wenn das Temperament bei jenem minder „hitzig" ist, als man es von diesem mit Recht verlangt. Denn in der Oper kommt es immer darauf an, die Wirkung sozusagen auf dem k ü r z e - s t e n W e g e zu erreichen, während in einer intimeren Gattung die Wirkung oft gerade dadurch verfeinert und vertieft werden kann, dass man sie gewissermassen auf einem U m w e g e (nämlich über das zunächst und unmittelbar n i c h t Wirkende) erreicht. In der Sprache der antiken Aesthetik: beim Bühnendirigenten ist das P a t h o s, beim Konzertdirigenten das E t h o s das wichtigere. Ein Künstler, den man ausserhalb Wiens und Münchens freilich nur als unvergleichlichen Interpreten Anton Bruckners kennt, scheint mir als k ü n s t l e r i s c h e r Charakter das Ideal des Konzertdirigenten am reinsten zu verkörpern: F e r d i n a n d L ö w e (geb. 1865). — In Norddeutschland haben sich ausser den bei früherer Gelegenheit schon erwähnten als Konzertdirigenten hervorgetan: K a r l P a n z n e r (geb. 1866; Bremen), M a x F i e d l e r (geb. 1859; Hamburg), O s k a r F r i e d (geb. 1871; Berlin). H e r m a n n A b e n d r o t h (Lübeck; s. S. 200); in der

Schweiz: Hermann Suter (Basel), Volkmar Andreae (Zürich) u. a. m.

Es liegt in dem Uebergewicht begründet, den das Orchester als das eigentliche moderne musikalische Ausdrucksmittel gewonnen hat, dass gegenüber den zahlreichen berühmten Orchesterleitern unserer Zeit eine weit geringere Anzahl von Musikern als spezifische Chordirigenten zu nennen sind. Unter den Verstorbenen wäre zu nennen der um die Chorgesangspflege in jeder Weise hochverdiente Franz Wüllner (1832—1902, in München, Dresden und Köln wirkend), von Lebenden Philipp Wolfrum (geb. 1854), der die musikalischen Verhältnisse der kleinen Universitätsstadt Heidelberg ganz aus dem Nichts geschaffen und zu einem sehr beachtenswerten Faktor im deutschen Musikleben gemacht hat, Siegfried Ochs (geb. 1858), der glänzende Leiter des Philharmonischen Chores zu Berlin usw. —

Im Dirigenten gipfelt die reproduktive musikalische Kunst der Gegenwart. Wie er als eine relativ neue Erscheinung auftritt, die man in gleicher Weise zuvor nicht gekannt hatte, so wird er nun auch der eigentliche Repräsentant der modernen Interpretation, der ausübende Musiker *par excellence.* Er nimmt heute die beherrschende Stellung ein, die in andern Perioden der Musikgeschichte der Sänger oder auch der Instrumentalvirtuose innegehabt hatte. Und in der Tat hat sich ja auch die neuere musikalische Produktion mit einer so starken Bevorzugung dem Orchester zugewendet, dass schon aus diesem Grunde der Dirigent den Vorrang unter den Vertretern der Reproduktion bekommen musste. Namentlich tritt der Instrumentalsolist durchaus in den Hintergrund, und zwar nicht nur der Geiger und Violoncellist, die nun ihr künstlerisch bedeutsamstes Betätigungsfeld im Orchester und in der Kammermusik finden, sondern auch der Pianist, obgleich das Klavier immer mehr und immer ausschliesslicher das Instrument der Zeit geworden ist. Diese Herrschaft des Klaviers, das die Streichinstrumente namentlich aus der Gunst der Dilettanten allmählich verdrängt, hat man oft beklagt, und es ist gewiss, dass das Klavier mit seiner feststehenden Intonierung und seiner mechanischen Spielweise eine Gefahr für die elementare musikalische Ausbildung bedeutet. Die Vorzüge, die es auf einer höheren Ausbildungsstufe bietet, sind dann freilich wieder so gross, es ist namentlich auch als repräsentierendes Instrument, das die annähernde Uebertragung jeder Art von vielstimmiger Musik, auch der kompliziertesten, erlaubt, so unersetzlich, dass man seine Bevorzugung nur allzu wohl begreift und einsieht, dass es für eine vernünftige Musikkultur nicht sowohl darauf ankommt, den ganz aussichtslosen Versuch einer Beschränkung in der Pflege des Klavierspiels zu machen, als dafür zu sorgen, dass den aus dieser Pflege drohenden Gefahren sonst irgendwie ausgleichend begegnet werde.

Dass das Klavier heute in erster Linie als vertretendes Instrument gepflegt wird, und dass demgemäss der Klavierauszug für viele klavierspielende Musikfreunde fast eine grössere Rolle spielt als das pianistische Originalwerk, hat es wohl mit verschuldet, dass die modernen Komponisten dem Klavier so wenig Interesse entgegenbringen, das ihnen ja allerdings auch in klanglicher Hinsicht nur wenig Anregung bietet. Eine Zeitlang schien es, als ob Liszt und Brahms die letzten Klavierkomponisten bleiben sollten, die für den Konzertsaal in Betracht kämen, bis dann Max Reger auftrat und mit seinen imponierenden Variationswerken den Klavierspielern ein wertvolles Geschenk machte. Aber auch er fühlte sich zum Klavier nicht entfernt im gleichen Masse hingezogen wie zu dem anderen klanglich gewaltigeren und farbenreicheren Tasteninstrument: der Orgel. Für die „Königin der Instrumente", die seit dem allmählichen Verblühen der protestantischen Organistenkunst eine Königin im Exil gewesen war, schrieb er die Werke, die ihn — in der virtuosen Interpretation seines Freundes Karl Straube (geb. 1873) *) — zuerst berühmt machten. Im übrigen gibt es in Deutschland kaum eine irgendwie nennenswerte zeitgenössische Klavierliteratur, und die wenigen Pianisten, die nach Novitäten hungrig sind, müssen zu den neueren Russen und Franzosen ihre Zuflucht nehmen.

Für die Stellung des Pianisten selbst ist es nun bezeichnend, dass er immer mehr aufhört, reiner und blosser Virtuose zu sein. Die Wendung, die Liszt für seine Person vollzogen hatte, als er sich in Weimar niederliess und den Virtuosen auszog, wurde vorbildlich für die ganze folgende Generation. Wenn es dem Meister selbst noch nicht ganz gelungen war, den Virtuosen, dessen Laufbahn er aufgegeben hatte, auch innerlich zu überwinden, so zeigt sein grösster Schüler Hans von Bülow diese innere Wandlung schon am Beginn seiner Laufbahn als eine vollzogene Tatsache. Der moderne Pianist betreibt das Klavierspiel nicht mehr als virtuosen Selbstzweck, sondern er fühlt sich als Interpret im höheren Sinne des Wortes, als dienender Vermittler des Kunstwerks. Immer häufiger wird es, dass hervorragenden Pianisten ihr Beruf auf die Dauer nicht mehr genügt, dass sie sich, wie Bernhard Stavenhagen (geb. 1862), als Dirigenten dem Orchester zuwenden oder, wie d'Albert, den Flügel mit dem

---

*) Vergl. die mit schöner Begeisterung geschriebene Studie: Max Reger und Karl Straube von Gustav Robert-Tornow, Göttingen 1907.

Arbeitstische des Komponisten vertauschen. Auch die wachsende Bedeutung, die das Kammermusikspiel für den neueren Pianisten gewonnen hat, wirkte in der gleichen Richtung, dass sie die Fortentwicklung des Klavierspielers vom Virtuosen zum ernsten und musikalisch allseitig durchgebildeten Künstler förderte.

In der Geschichte des Geigenspiels nimmt Josef Joachim (1831—1907) eine ähnliche Stellung ein wie Liszt in der des Klavierspiels. Wie der Name des grossen Pianisten für immer mit der Geschichte des Wagnerschen Lebenswerkes verbunden ist, so der des berühmten Geigers mit der Propaganda für das volle Verständnis der Musik eines Beethoven und Brahms. Der Virtuose begibt sich seiner Souveränität und wird der Vasall des Schaffenden, er tritt — um einen Terminus der Hegelschen Philosophie in verändertem Sinne zu gebrauchen — aus seinem „Für-sich-sein" über in das „Für-andere-sein". Gewiss gibt es auch heutzutage, wie unter den Pianisten, so auch unter den Vertretern der Streichinstrumente noch sehr viele, die nichts höheres als Virtuosen sind. Aber sie finden als solche nicht entfernt mehr die Beachtung, die man ihnen früher schenkte, und nichts ist vielleicht bezeichnender für diese veränderte Sachlage, als dass ein so glänzender und echter Vertreter des Virtuosentums wie der Violoncellist Heinrich Kiefer (geb. 1867) lange Zeit kaum beachtet wurde, bis er als Mitglied des Münchner Streichquartetts sich bekannt machen und von nun an auch als Solospieler wachsendes Aufsehen erregen konnte. Wozu man als ergänzenden und bestätigenden Gegensatz etwa den Fall Frédéric Lamond s (geb. 1868) nehmen möge, der als Beethovenspezialist, und zwar mit Recht, eine Berühmtheit wurde, obgleich er nur als Interpret etwas bedeutet und, rein pianistisch betrachtet, nicht eben stark ist. Und in der gleichen Richtung entwickelte sich die für den speziell solistischen Gebrauch bestimmte Kompositionsgattung: das Instrumentalkonzert. Das Lisztsche Klavierkonzert bedeutet technisch die höchste Steigerung des eigentlichen Virtuosenkonzertes, musikalisch zugleich aber auch schon eine Annäherung an jene edlere Art des Klavierkonzerts, die in der Vergangenheit an Beethoven, in neuerer Zeit an Brahms ihre bedeutendsten Vertreter hatte.

Ich zähle ohne irgendwelchen Anspruch auf auch nur annähernde Vollständigkeit einige der namhaftesten Instrumentalisten der Gegenwart auf, — als Klavierspieler ausser den schon genannten d'Albert, Stavenhagen und Lamond: den auch als Komponist bemerkenswerten Xaver Scharwenka (geb. 1850), den um ältere Klaviermusik hochverdienten Richard Buchmayer (geb. 1857), die Lisztschüler Arthur Friedheim (geb. 1859), Emil Sauer (geb. 1862) und Konrad Ansorge (geb. 1862), den Halbitaliener Ferruccio Busoni (geb. 1866), der sich gleichfalls, wenn auch bis jetzt ohne Erfolg, als Komponist versucht hat, ebenso wie der erfolgreichere Ernst von Dohnanyi (geb. 1877), endlich den Halbfranzosen Eduard Risler (geb. 1873), — von Damen: Sophie Menter (geb. 1846), Annette Essipoff (geb. 1851), Teresa Carreno (geb. 1853) und viele jüngere, — als Geiger: Edmund Singer (geb. 1830), den Konzertmeister der ersten Bayreuther Festspiele August Wilhelmj (1845—1907), den durch seine zahlreichen Schüler auch für Deutschland bedeutsam gewordenen Belgier Eugene Ysaye (geb. 1858), Willy Burmester (geb. 1869), den als Nachfolger Joachims ganz für das deutsche Musikleben gewonnenen Franzosen Henri Marteau (geb. 1874), Fritz Kreisler (geb. 1875) usw., — als Violoncellisten: den gleich Singer aus einer längst entschwundenen Zeit noch in die Gegen-

wart hereinragenden Nestor des Instruments B e r n -
h a r d C o s s m a n n (geb. 1822), den Violoncellisten des
Joachimquartetts R o b e r t H a u s m a n n (geb. 1852),
J u l i u s K l e n g e l (geb. 1859), H u g o B e c k e r (geb.
1864), den schon erwähnten K i e f e r u. a.

Noch mehr als für den Klavierspieler ist für den Geiger und Violoncellisten die K a m m e r m u s i k das Gebiet geworden, auf dem er sich künstlerisch schadlos halten konnte für die wachsende Beschränkung, die seine solistische Betätigung durch die Richtung des musikalischen Zeitgeschmacks erfuhr. Dabei ergab sich im Betrieb des Kammermusikspiels insofern eine wesentliche Veränderung, als die r e i s e n d e n Q u a r t e t t - und T r i o v e r -
e i n i g u n g e n, die man früher nur vereinzelt gekannt hatte, immer mehr eine ständige Erscheinung unseres Konzertlebens wurden. Die Gefahr, die solche Konkurrenz für eine einheimisch-bodenständige Kammermusikpflege bedeutet, ist oft und mit Recht betont worden. Man sollte darüber aber nicht vergessen, dass eine Verschärfung des Wettbewerbs, wie auf jedem Gebiete der Kunst, so auch hier ihr Verdienstliches hat, dass die reisenden Gesellschaften dem Musikfreund auch an solchen Orten Leistungen ersten Ranges bieten, wo er sonst nur Mittelmässiges oder Minderwertiges hatte hören können, und dass der rege Austausch geistiger Güter, den dieses Reisen für die Künstler wie für das Publikum notwendigerweise mit sich bringt, der Universalität unserer musikalischen Kultur nur zugute kommen können.

Der Begründer des neueren Quartettspiels, dem als vornehmste künstlerische Aufgabe die Erschliessung des „letzten Beethoven" zufiel, war Joachim. Was er mit seinen Quartettgenossen in der Ausbildung eines reinen und edlen Vortragsstiles erreicht hat, das durften auch wir Jüngeren, die den Solisten Joachim nur mehr vom Hörensagen kannten, zu tiefster seelischer Ergriffenheit noch erleben. Der Gefahr einer akademischen Verknöcherung des kammermusikalischen Vortrags, die das Beispiel des alternden Joachim dann schliesslich heraufbeschwor, begegnete mit glücklichster Wirkung das jugendliche Temperament des B ö h m i s c h e n S t r e i c h q a r t e t t s, das seine keckere und lebensvollere Auffassung allmählich auch für die Interpretation der Klassiker durchsetzte. Die „Böhmen" wurden mehr oder minder für alle Kamermusikvereinigungen vorbildlich, die heute das rege Konzertleben auf diesem Gebiete beherrschen und aus deren grosser Zahl ich nur die „M ü n c h n e r", die „B r ü s s e l e r", die Quartette H a l i r in Berlin, R o s é in Wien, P e t r i in Dresden, R e b n e r in Frankfurt, das Leipziger G e w a n d h a u s - Q u a r t e t t, das „R u s s i s c h e T r i o" nenne —

Trat der Instrumentalist als S o l o s p i e l e r in der neueren Musik einigermassen zurück, so waren dafür die dem V o k a l s o l i s t e n gestellten Aufgaben gerade in der Gegenwart um so grösser und bedeutender. Um das zu vergegenwärtigen, brauche ich nur an die ganz neuen Anforderungen zu erinnern, die das K u n s t w e r k R i c h a r d W a g n e r s an die Bühnensänger, das m o d e r n e L i e d an die Konzertsänger stellte. Wenn man aber allgemein überzeugt ist von dem hohen Stande unserer reproduktiven Instrumentalmusik, so herrscht bezüglich der heutigen Gesangskunst fast ebenso allgemein verbreitet gerade die gegenteilige Ansicht. Die Klagen über den Verfall der Gesangskunst in unserer Zeit sind bekannt. Es wäre töricht zu behaupten, dass sie ganz unbegründet seien. Aber das glaube ich doch sagen zu können, dass diese Jeremiaden oft übertrieben wurden und heute auch in mancher Hinsicht schon veraltet sind. Denn so gewiss es ist, dass unsere Gesangspädagogik sich zunächst ausserstande zeigte, den modernen Anforderungen gewachsene Gesangskünstler heranzuziehen, nachdem jene ältere Generation allmählich ausgestorben war, die eine aussergewöhnliche Begabung und ein gesunder Instinkt dazu befähigte, etwas zu leisten, wofür sie ursprünglich gar nicht gebildet war, — ebenso sicher ist es, dass darin in den letzten Jahren eine wesentliche Besserung eingetreten ist. Wenn man von der Tenornot unserer Bühnen absieht, die doch in nichts anderem ihren Grund hat als darin, dass solche phänomenale Stimmen, wie sie etwa das Wagnersche Musikdrama verlangt, eben von Natur selten sind, muss man doch sagen, dass uns stimmlich gut begabte und gesanglich tadellos geschulte junge Sänger, die zugleich als echte Künstler durch ernstes Streben, Intelligenz und Gestaltungsvermögen sich hervortun, immer häufiger begegnen. Und es darf nicht verkannt werden, dass Bayreuth nach dieser Richtung hin, ich meine: durch die Aufstellung von wirklichen Musterbildern musikdramatischer Gesangs- und Darstellungskunst eminent anregend und fördernd gewirkt hat,— obgleich die sogenannte Bayreuther „Stilbildungsschule" nicht entfernt das geworden ist, was sie nach des Meisters Absicht hätte werden sollen, und obgleich auch bei der Auswahl der für die Festspiele bestimmten Künstler grobe, ja unbegreifliche Missgriffe nicht immer vermieden wurden.

Die Trennung von Bühne und Konzertsaal, die sich beim Dirigenten, wie wir gesehen haben, eben erst anbahnt, ist beim Sänger schon viel weiter vorgeschritten. Nicht nur dass es eine ganze Klasse von Künstlern gibt, die speziell Konzertsänger sind — und zwar sind das in neuerer Zeit nicht mehr ausschliesslich solche, deren stimmliche Begabung für die Bühne nicht ausreicht —, es hat sich auch für den Konzertsaal ein ganz besonderer Gesangs- und Vortragsstil, ja ein besonderes (und zwar der Bühne gegenüber höher stehendes) Niveau der musikalischen Kultur herausgebildet. Bühnensänger — und zwar selbst Grössen vom Range einer Lilli Lehmann und Ernestine Schumann-Heink — machen eine schlechte Figur im Konzertsaal und wirken geradezu peinlich auf den feiner empfindenden Zuhörer, wenn sie kein Gefühl dafür bekunden, dass der Konzertsaal eine ganz andere Art von Kunst verlangt als das Theater. Ihnen gegenüber wird der heutige Stand des Konzertgesanges in verschiedenem Grade der Annäherung an das Ideal vertreten von Männern wie Johann Meschaert, Felix Senius, Felix Kraus, Ludwig Hess, — von Frauen wie Marie Philippi, Lula Gmeiner, Therese Behr, Tilli Koenen u. a. — nicht zu vergessen die allzu früh verblichene, namentlich als Interpretin Brahmsischer Lyrik nicht wieder erreichte Hermine Spies.*)

Einen gesonderten Platz darf Ludwig Wüllner für sich in Anspruch nehmen. Von ihm hätte man noch vor wenigen Jahren sagen können, dass er den „modernsten" Typus des Konzertsängers repräsentiere. Denn bei ihm tritt das gesangliche, ja sogar das musikalische Moment durchaus zurück hinter dem mimisch-deklamatorischen und poetisch-literarischen. Seine Reproduktionskunst entspricht jener äussersten Stufe der „literari-

---

*) Von unseren Bühnensängern, deren Name in aller Munde sind, rufe ich nur einige der bekanntesten ins Gedächtnis, — als schon der Vergangenheit angehörig: Marianne Brandt, Pauline Mailhac, Mathilde Mallinger, Amalie Materna, — Franz Betz, Paul Bulss, Heinrich Gudehus, Eugen Gura, Fritz Plank — aus der Gegenwart: Emmy Destinn, Zdenka Fassbender, Ellen Gulbranson, Thila Plaichinger, — Alois Burgstaller, Ernst Kraus, Fritz Feinhals, Anton van Rooy u. s. w.

sierenden Vergeistigung" der Musik (im Sinne einer
Durchsetzung des Tonlebens mit b e w u s s t e n aussermusikalischen Geisteselementen), die für die letzten Aus-
läufer der von Wagner und Liszt herkommenden Richtung bezeichnend ist, gegen die aber auch bereits schon,
eine Reaktion zugunsten einer stärkeren Betonung des
s p e z i f i s c h Musikalischen eingesetzt hat. Ohne eigentliche stimmliche Begabung hat es Wüllner verstanden,
mit Hilfe einer ungeheuren Energie und starken musikalischen Intelligenz sich soviel gesangliches Vermögen zu
erwerben, wie er unbedingt nötig hatte, um seinen Vor-
trägen, die in allem und jedem die Macht einer starken,
mir persönlich freilich nicht eben sympathischen Individualität verraten, nur überhaupt die äussere Form gesang-
licher Leistungen geben zu können.

Der Umstand, dass uns H o l l a n d in den letzten Jahr-
zehnten eine so ganz auffallend grosse Anzahl gute Sänger
und Sängerinnen geschenkt hat, lenkt die Aufmerksamkeit
auf einen Punkt der g e s a n g l i c h e n A u s b i l d u n g,
der nicht unbemerkt geblieben ist, aber doch wohl noch
nicht g e n ü g e n d beachtet wurde. Urteilsfähige Stimmen haben sich nämlich hören lassen, dass die Ursache
für das in Holland ungewöhnlich häufige Vorkommen
schöner und ausbildungsfähiger Stimmen in nichts anderem zu suchen sei als in der vortrefflichen Organisation
des holländischen S c h u l g e s a n g s u n t e r r i c h t s, die
es namentlich auch verhindere, dass so viele Stimmen wie
bei uns in der Mutationsperiode zugrunde gerichtet werden. Von jeher ist für den Tiefstand der deutschen Gesangskunst der Gesangs u n t e r r i c h t in erster Linie
verantwortlich gemacht worden; man dachte dabei aber
vorzugsweise an die h ö h e r e gesangliche Ausbildung
und an den greulichen Charlatanismus, der auf diesem
Gebiete schlimmer haust als irgendwo anders. Das hol-

ländische Beispiel gemahnt nicht zu vergessen, wie viel an dem stimmlichen Material, das uns Deutschen zweifellos schon von der Natur nicht gerade im Ueberfluss beschert ist, oft bereits auf einer viel n i e d r i g e r e n Stufe, nämlich in der Schule gesündigt wird. Auch hier gilt, was man in einem gewissen Sinne von der gesamten musikalischen Ausbildung sagen kann, dass Fehler und Versäumnisse um so bedenklicher und in ihren Folgen schwerwiegender sind, je e l e m e n t a r e r die Stufe war, auf der sie begangen wurden.

Wie die Gesangslehrer für den Verfall der Gesangskunst, so hat man ja auch unsere Konservatorien für all das verantwortlich machen wollen, was man in der durchschnittlichen Ausbildung des heutigen Musikers für mangelhaft hielt. Und gewiss haben die Konservatorien gerade in der zweiten Hälfte des 19. Jahrhunderts vielfach versagt und das nicht geleistet, was sie hätten leisten sollen und können (s. S. 286). Aber eine grosse Schuld an den geringen Leistungen der Musikschulen trägt die Minderwertigkeit des Materials, mit dem sie zu arbeiten haben, und zwar nicht nur die angeborene Minderwertigkeit — gegen die nur mit rigorosester Strenge bei der Aufnahme anzukämpfen wäre —, sondern namentlich auch die anerzogene Minderwertigkeit, d. h. die mangelhafte oder gar verkehrte Art der V o r b i l d u n g der Schüler. Unseren Konservatorien fehlt durchweg ein rationeller U n t e r b a u, ein musikalischer Elementarunterricht, der es bezweckt und erreicht, den Schüler, so weit es ihm seine Fähigkeiten nur immer erlauben, i n n e r l i c h m u - s i k a l i s c h zu machen. Die Ausbildung des rhythmischen Empfindens und Vorstellens wie die des musikalischen Hörens — um nur das Allerwichtigste zu nennen — ist bei uns fast überall noch dem blinden Glück und Zufall überlassen, und wo man sich systematisch damit befasst hat, ist es nicht immer mit dem besten pädagogischen Instinkte geschehen.

Der Genfer Komponist und Konservatoriumsprofessor E m i l J a q u e s - D a l c r o z e hat eine Methode ersonnen und ausgebildet, die von dem an die Körperbewegung geknüpften Rhythmus ausgeht und es fertig bringt, die Elemente des musikalischen Ausdrucks in einer Weise als etwas dem Schüler innigst Vertrautes und in ihm selbst Lebendiges einzuprägen, die mich wie jeden anderen Musiker in staunende Bewunderung versetzte, als ich zum ersten Male Gelegenheit hatte, von den Unterrichtsergebnissen dieses genialen Pädagogen Kenntnis zu nehmen. Es wäre zu hoffen, dass Jaques' Methode in Deutschland Eingang fände und durch sie eine Reform des musikalischen Unterrichts v o n u n t e n her sich anbahnte, die dann auch das tragfähige Fundament für alle Verbesserung der h ö h e r e n künstlerischen Ausbildung abgeben könnte.

Ein sinn- und lebensvoller Elementarunterricht ist namentlich aber auch für die musikalische Ausbildung des L a i e n von Bedeutung, und zwar für diese vielleicht noch mehr als für die des Fachmusikers. Denn der stark Begabte — und das sollte der immer sein, der eine Kunst zum Beruf erwählt — wird sich auch ohne die richtige Anleitung schliesslich wohl zurecht finden: wenn seine elementare musikalische Erziehung ungenügend war, wird er vielleicht mehr Zeit gebrauchen, um ans Ziel zu gelangen, er wird jedenfalls auch nicht all das erreichen, was er unter günstigeren Umständen hätte erreichen können; aber selten wird es vorkommen, dass er deswegen g a n z scheiterte. Anders der Laie: für ihn handelt es sich zunächst darum, überhaupt einmal in ein richtiges Verhältnis zur Kunst zu kommen. Die einzig mögliche Grundlage dieses Verhältnisses ist aber die M u s i k a l i -

t ä t. Wer Musik als Kunst geniessen will, muss musikalisch sein, d. h. es muss — wenn auch nur in der allerprimitivsten Weise — bei ihm eine Brücke führen von der Fähigkeit, Töne als den Ausdruck seelischer Inhalte zu e m p f i n d e n, zu der Fähigkeit, Töne als Elemente eines künstlerischen Gestaltens v o r z u s t e l l e n. Dass beide Fähigkeiten, die Begabung für das, was Natur, und die für das, was Kunst an der Musik ist, gleicherweise vorhanden und jede für sich ausgebildet seien, ist unerlässliche Voraussetzung. Aber diese isolierten Fähigkeiten genügen noch nicht; sie müssen sich miteinander verbinden und innig durchdringen. Denken und Empfinden laufen beim musikalischen Hören nicht nur nebeneinander her, sondern sie sind in jedem Augenblick intensiven und bewussten musikalischen Geniessens als denkendes Empfinden und empfindendes Denken zu einer unlösbaren Einheit verschmolzen. Wem Musik (im extremen Sinne) b l o s s „Ausdruck" ist, der vertritt die ästhetische Barbarei: er ahnt nichts von dem, was spezifisch künstlerisch an der Musik ist. Umgekehrt hält einer, der die Töne und ihre Kombinationen als reines Verstandesspiel geniesst, die leere S c h a l e des musikalischen Kunstwerks in der Hand. Denn wie bei jeder Kunst, ist auch bei der Musik der Kern — und der ist überall die Hauptsache! — etwas, was sozusagen selbst („an sich") n i c h t Kunst ist: nämlich das Stück L e b e n und N a t u r, das sich in künstlerischer Form offenbart. Die Formel für das Ideal des musikalischen Hörens liefert also gewissermassen die konkrete Synthese jener beiden extremen Standpunkte der Musikästhetik, die durch E d u a r d H a n s lick und F r i e d r i c h v o n H a u s e g g e r vertreten werden. Diesem Ideal wird einer aber um so eher sich annähern können, je früher und je mehr er sich daran gewöhnt hat, den Parallelismus zwischen dem Ton als Ausdrucksmittel und dem Ton als Kunstmittel jederzeit im Sinne einer Einheit, einer I d e n t i t ä t zu verstehen. Das ist aber eben das leitende Prinzip der Jaquesschen Methode, die von den ersten und elementarsten Uebungen an kein musikalisches Kunstmittel in Anwendung bringt, ohne es mit einem Ausdrucksgehalte zu erfüllen, aber auch keinen mimischen oder tonlichen Ausdruck, ohne den Schüler zum klarbewussten Vorstellen des ihm entsprechenden Kunstmittels zu zwingen. —

Von all den vielen Uebeln und Missständen, die man dem Musikleben der Gegenwart nachgesagt hat, scheint mir eines vor allem bedenklich zu sein: die unleugbare Disharmonie in dem Verhältnis derjenigen, die ernste Musik produzieren, zu der Masse derer, die als Kunstgeniessende für diese Musik in Betracht kommen. Unsere Musik gerät immer mehr in Gefahr, ihr Publikum zu verlieren und zu einer Kunst zu werden, die ausschliesslich für Künstler da ist, nur an diese sich wendet und nur von ihnen ganz verstanden und genossen werden kann. Zieht man das ab, was Snobismus und Modesucht an allgemeiner Teilnahme für moderne Musik vortäuschen, so erhält man, glaube ich, ein ganz betrübliches Resultat. Die zeitgenössische Produktion auf dem Gebiete der höheren Musik ist nahezu schon eine interne Angelegenheit der Musiker geworden, für die der Draussenstehende zwar oft Interesse h e u c h e l t, aber nur ganz selten auch wirklich h a t. Und wenn man das Verhältnis des Publikums zur älteren Musik betrachtet, so bietet sich ein Bild, das zwar etwas, aber nicht sehr viel und namentlich auch nicht im w e s e n t l i c h e n besser ist. Es gibt heute eigentlich nur zwei Meister, die auf die Masse der Musikgeniessenden wirklich stark wirken, der eine im Theater, der andere im Konzertsaal: W a g n e r und B e e t h o v e n. Diese beiden sind zwei so grosse, ernste und echte

Meister, dass man sich dieser Tatsache ehrlich freuen dürfte, wenn nicht die Einseitigkeit und Ausschliesslichkeit dieser Vorliebe allzu stark den Verdacht weckte, dass der Wagner- und Beethovenenthusiasmus unseres Publikums im allerbesten Falle auf eine ästhetisch wie ethisch gleich wertlose Klang- und Gefühlsschwelgerei und damit auch auf ein völliges Missverstehen des eigentlichen Wesens der Kunst hinauslaufe.

Selbstverständlich wird es immer nur eine ganz beschränkte Anzahl von Menschen sein, die überhaupt befähigt sind, sich der Musik in ihrem innersten Wesen wirklich zu nähern. Aber einmal liegt es im Geiste unserer demokratischen Zeit, dass wir die Forderung erheben, es möchte allen innerlich Berufenen ohne jegliche Ausnahme, d. h. also auch den durch ihre soziale Lage für gewöhnlich vom Kunstgenuss Ausgeschlossenen der Zugang zur höheren Musik ermöglicht werden, dann aber wünschen wir auch, dass alle, die irgendwelche musikalische Bedürfnisse zu befriedigen haben, dies in möglichst anständiger, edler und künstlerischer Weise tun sollten. Nicht vorhandene musikalische Bedürfnisse erst auf künstlichem Wege zu wecken, wäre gewiss nicht angebracht. Aber dafür Sorge zu tragen, dass sie da, wo sie vorhanden sind, so befriedigt werden, dass es der Kunst wie dem Kunstgeniessenden selbst zum grösstmöglichen Segen gereiche, das ist der wahre Zweck einer jeden vernünftig fördernden Musikpflege.

Für den Erfolg solcher Bestrebungen scheint mir aber zweierlei von ausschlaggebender Wichtigkeit zu sein: der allgemeine Stand der musikalischen E r z i e h u n g und dann die Art und Weise, wie Ideen, Erkenntnisse und Forderungen, die musikalische Gegenstände betreffen, l i t e - r a r i s c h vermittelt werden. Auf dem Gebiete der musikalischen Erziehung, in erster Linie auf dem des musikalischen Elementarunterrichts sind Reformen im Sinne meiner Andeutungen dringend nötig, wenn wir vorwärts kommen wollen. Weit besser steht es in unserer Zeit mit der literarischen Vermittlung des Musikalischen. Schon der eine Umstand, dass im 19. Jahrhundert so viele und so bedeutende schaffende Musiker selbst als Musikschriftsteller aufgetreten sind, musste hebend auf die Musikliteratur im allgemeinen einwirken. Dann sah die zweite Hälfte des Jahrhunderts die Entstehung und allmähliche Ausbildung einer besonderen M u s i k w i s s e n s c h a f t, die sich zwar mit wenigen Ausnahmen vorderhand noch durchaus auf die M u s i k g e s c h i c h t e beschränkt, aber auf diesem Gebiete zweifellos hoch Anerkennenswertes geleistet hat. Wie bei jeder Anwendung wissenschaftlicher Forschungsmethoden auf künstlerische Gegenstände liegt auch bei der Musikwissenschaft die Gefahr nahe, dass das Künstlerische über dem Wissenschaftlichen zu kurz komme, dass der Forscher aus dem lebendigen Kunstobjekt erst ein totes Präparat mache, ehe er es unter seine wissenschaftliche Lupe nimmt. Dieser Gefahr ist auch die Musikwissenschaft unserer Zeit nicht immer ganz entgangen; aber gerade ihren bedeutendsten Vertretern — man denke an Männer wie H u g o R i e m a n n und H e r m a n n K r e t z s c h m a r — darf man wohl das Zeugnis geben, dass sie, jeder nach seiner Weise, stets in vertrauter Fühlung mit der Musik als lebendiger Kunst geblieben sind. Und wenn dieses Verhältnis bei Kretzschmar (namentlich was die neuere und neueste Musik betrifft) vielleicht noch inniger ist als bei Riemann, so mag die Erkenntnis dieses Unterschiedes das Mittel angeben, das den Musikwissenschaftler am besten vor jener Gefahr der Kunstentfremdung schützt. Die Panacee heisst: m u s i k a l i s c h e P r a x i s irgendwelcher Art. Denn ich glaube nicht fehlzugehen, wenn ich es für Kretzschmars Stellung zur Musik als Kunst für höchst wesentlich ansehe, dass er sich über ein Vierteljahrhundert auch praktisch als Dirigent betätigt hat. Irgendwie — sei es als Kapellmeister, Spieler oder Komponist — sollte aber jeder einmal, und zwar **ernstlich**, praktische Musik betrieben haben, der über Musik mitreden will. Denn von allen inkompetenten Beurteilern musikalischer Dinge sind die die gefährlichsten, die auf dem Gebiete unserer Kunst zugleich wissenschaftlich **Fachleute** und künstlerisch **Dilettanten** sind.

Namenregister.

A

Abendroth, Hermann 200, 300.
d'Albert, Eugen 77 ff., 305 f., 319.
Andreae, Volkmar 301.
Ansorge, Konrad 227, 271, 305.

B

Bach, J. S. 49, 146, 151, 177 f., 207, 211. 233, 248, 253—256, 258.
Bachmann, Franz 255.
Bargiel, Woldemar 157 f.
Batka, Richard 94.
Baussnern, Waldemar v. 68, 84, 238.
Becker, Albert 259.
Becker, Hugo 306.
Beer-Walbrunn, Anton 202, 271.
Beethoven 33 f., 47, 49 123, 125, 146, 150—153, 155, 158, 163—166, 182, 207, 210 f., 225, 244, 248, 250, 265, 292, 299, 306, 308, 314.
Behr, Therese 309.
Berger, Wilhelm 260, 263 f.
Berlioz, Hektor 68, 98, 123, 125, 130 f., 139, 143, 151, f., 162, 166, 182—185, 194, 205, 243, 264, 266, 300.
Berneker, Konstanz 259.

Betz, Franz 309.
Bierbaum, O. J, 95, 230.
Bischoff, Hermann 201, 203 f., 212, 223, 228.
Bizet, Georges 91.
Blech, Leo 90, 92, 319.
Bleyle, Karl 199.
Boehe, Ernst 199, 203 f., 224.
Böhmisches Streichquartett 307.
Brahms, Johannes 77, 98, 113, 147—163, 165 f., 173, 176 ff., 190, 201, 212 ff., 217 f., 225, 229, 231, 240. 256 ff., 261, 265—268, 271, 294, 299, 304, 306.
Brambach, K. J, 112, 260.
Brandt, Marianne 309.
Braunfels, Walter 200.
Braunroth, Ferdinand 190.
Bronsart, Hans v. 62 f., 81, 144 f.
Bruch, Max 261, 264.
Bruckner, Anton 53, 113, 125, 152, 163—166, 175, 182—185, 195, 232, 247, 249 ff., 257, 301.
Brüll, Jgnaz 127.
Brüsseler Streichquartett 307.
Buchmayer, Richard 305.
Bülow, Hans v. 81, 173, 196, 198, 292—295, 303.
Bülow, Marie v. 292.

Bulss, Paul 309.
Bungert, August 57, 60 f.
Bürger, G. A. 145.
Burgstaller, Alois 309.
Burmester, Willy 305.
Busch, Wilhelm 84.
Busoni, F. B. 305.

C

Calsabigi, Raniero da 51.
Carreno, Teresa 305.
Cornelius, Peter 62—69, 71 ff., 75 f., 81 f., 229, 263.
Cossmann, Bernhard 306.
Cossmann, P. N. 119.
Courvoisier, Walter 199, 223.
Curti, Franz 263.

D

David, Félicien 191.
David, Ferdinand 81.
Dehmel, Richard 223, 230.
Destinn, Emmy 309.
Dickens, Charles 57.
Dietrich, Albert 157 f. 318.
Dohnanyi, Ernst v. 271, 305.
Draeseke, Felix 62 f., 66, 144 f, 190, 257, 259, 269.

E

Eccord, Johannes 253.
Ehrenberg, Karl 201, 271.
Ehrenfels, Christian v. 85.
Eichendorff, Josef v. 213, 216, 220, 230, 235.
Elgar, E. W. 260.
Essipoff, Annette 305.
Eyken, Heinrich van 227.

F

Fasch, Karl 241.
Fassbender, Zdenka 309.

Feinhals, Fritz 309.
Fiedler, Max 300.
Filke, Max 252.
Fischer, Franz 291, 295.
Forster, Josef 92.
Frank, Ernst 73.
Franz, Robert 157, 212.
Fried, Oskar 261, 300.
Friedheim, Artur 305.

G

Gerhäuser, Emil 115.
Gernsheim, Friedrich 162, 268, 268.
Gewandhaus-Quartett, Leipziger 307.
Glasenapp, K. Fr. 54.
Gluck, Chr. W. v. 34, 46 f., 51.
Gmeiner, Lula 309.
Goldmark, Karl 56 ff, 62, 205.
Goldschmidt, Adalbert v. 84.
Goethe 133 ff., 230.
Götz, Hermann 71 ff., 161.
Gouvy, Theodor 33 f.
Grammann, Karl 83.
Grimm, J. O. 157 f.
Grun, James 119, 124.
Gudehus, Heinrich 309.
Gulbranson, Ellen 309.
Gura, Eugen 309.

H

Haas, Josef 271.
Halir-Quartett 307.
Händel, G. Fr. 51, 150.
Hanslick, Eduard 313.
Hartmann, Eduard v. 257.
Hartmann von Aue 120.
Hasse, Max 66 f.
Hauptmann, Gerhart 60, 120.
Hausegger, Friedrich v. 313.

Hausegger, Siegmund v. 84, 144,
    188, 202, 223, 262 f.
Hausmann, Robert 306.
Haydn, Josef 251.
Hebbel, Friedrich 77, 115, 262.
Hegar, Friedrich 263.
Hegel 207, 305.
Hermann, Hans 227.
Herzogenberg, Heinrich v. 161,
    268.
Hess, Ludwig 310.
Hiller, J. A. 177.
Hoffbauer, Karl 68.
Hoffmann, E. T. A. 200.
Hoffmann, Hugo 125.
Hofmann, Heinrich 83.
Hofmannsthal, Hugo v. 109.
Holstein, Franz v. 127.
Huber, Hans 205, 268.
Huber, Josef 63.
Hummel, Ferdinand 92.
Humperdinck, Engelbert 56, 81,
    85, 87—90, 92—95, 97, 227.

I

d'Indy, Vincent 298.
Istel, Edgar 66, 81, 200.

J

Jadassohn, Salomon 204.
Jansa, Leopold 56.
Jaques-Dalcroze, Emile 312,
    314.
Joachim, Josef 304, 306 f.

K

Kahn, Robert 268.
Kaskel, Karl v. 90.
Kaun, Hugo 205, 271.
Kiefer, Heinrich 304 f.
Kiel, Friedrich 190, 259.
Kienzl, Wilhelm 89, 106.

Kistler, Cyrill 89.
Klauwell, Otto 33.
Klengel, Julius 306.
Klopstock 137 f.
Klose, Friedrich 85, 125, 185 f.,
    202, 205, 259.
Klughardt, August 205, 260.
Kniese, Julius 87.
Knorr, Iwan 119.
Kogel, Fritz 318.
Koenen, Tilli 309.
Königslöw, Otto v. 112.
Koessler, Hans v. 260.
Kraus, Ernst 309.
Kraus, Felix 309.
Krebs, Karl 143.
Kreisler, Fritz 305.
Kretschmer, Edmund 58 f.
Kretzschmar, Hermann 284, 316.
Kullak, Theodor 190.
Kwast, James 119.

L

Lachner, Ignaz 75.
Lachner, Vincenz 125.
Lamennais, Abbé 248.
Lamonds, Frédéric 304.
Lampe, Walter 202.
Lassen, Eduard 62 f., 68.
Lederer, Richard 203, 271.
Lehmann, Lilly 309.
Leo XIII., Papst 243.
Leoncavallo, Ruggiero 91.
Levi, Hermann 66 ff., 294.
Liliencron, Detlev v. 230.
Liszt, Franz 53, 61 f., 66, 75, 77,
    81, 83, 98, 130 ff., 134—148,
    151 ff., 162 f., 166 f., 171,
    185 f., 194, 212, 227 f., 247—
    250, 257, 264, 266, 268 f.,
    292 f., 298 f., 303 f., 306, 310.
Lohmann, Peter 63.

Lorenz, K. A. 260.
Lortzing, Albert 61, 89.
Louis, Rudolf 119, 185.
Löwe, Ferdinand 300.
Loewe, Karl 237.

M
Mackay, J. H. 230.
Mahler, Gustav 166 f., 180—185, 205, 236, 298 f.
Mailhac, Pauline 309.
Mallinger, Mathilde 309.
Marteau, Henri 238, 305.
Mascagni, Pietro 91.
Materna, Amalie 309.
Mayreder, Rosa 74.
Mendelssohn, Arnold 127, 231,
Mendelssohn, Felix 155, 158, 203, 256.
Menter, Sophie 305.
Meschaërt, Johann 309.
Meyer, Wilhelm 97.
Meyerbeer, Giacomo 58, 109, 184.
Mojsisovics, Roderich v. 318.
Mörike, Eduard 215, 220, 230.
Mors, Richard 199.
Mosenthal, S. H. v. 56, 58.
Mottl, Felix 66f., 84, 113, 125, 295, 296 f.
Mozart, W. A. 33f., 49, 73, 76, 151, 155, 244, 252.
Muck, Karl 295.
Münchner Streichquartett 305, 307.

N
Naumann, Otto 195, 261.
Neff, Fritz 199, 261, 264.
Nessler, Viktor 60f., 226.
Nicodé, J. L. 190 ff., 194, 264.
Nicolai, Otto 69.
Niemann, Walter 196.

Nietzsche, Friedrich 148, 151.
Nikisch, Arthur 291.

O
Ochs, Siegfried 301.

P
Panzner, Karl 300.
Pauer, Ernst 77.
Petri-Quartett 307.
Pfitzner, Hans 85, 118—125, 196 200, 202, 216, 231, 234 ff., 262, 271 274 ff.
Philippi, Marie 309.
Piccini, Nicola 46.
Pius IX., Papst 243.
Plaichinger, Thila 309.
Plank, Fritz 309.
Plüddemann, Martin 237.
Possart, Ernst 227.
Pottgiesser, Karl 202 271.

R
Raff, Joachim 62 f., 75, 81, 144 f.
Raimund, Ferdinand 90.
Ramann, Lina 136.
Rameau, J. Ph. 51.
Rath, Felix vom 199, 271.
Rebner-Quartett 307.
Reger, Max 162 f., 166 f., 174— 181, 202, 231—234, 259, 263, 266, 271—274, 302.
Reichenberger, Hugo 200.
Reinecke, Karl 127, 158.
Reiter, Josef 90.
Reuss, August 199, 271.
Reuss, Heinrich XXIV., Fürst 161, 268.
Reznicek, E. N. v. 79, 80.
Rheinberger, Josef 96, 127, 198, 202.
Richard, August 200.

Richter, Hans 77, 167, 290, 295.
Riemann, Hugo 94, 174. 202, 284, 316.
Riesler, Eduard 305.
Ritter, Alexander 62, 81 ff., 85, 98, 144, ff., 168, 173, 196, 197, 227, 269.
Robert-Tornow, Gustav 303.
Roese, Otto 102, 104.
Rooy, Anton van 309.
Rosé-Quartett 307.
Rosmer, Ernst 94 f.
Rousseau, J. J. 29.
Rubinstein, Anton 77, 205.
Russisches Trio 307.
Ruthardt, Adolf 125.

S

Sachs, M. E. 202.
Sandberger, Adolf 202.
Sauer, Emil 305.
Schäfer, Theo 190.
Scharwenka, Fr. X. 305.
Scheffel, J. V. 60.
Scheinpflug, Paul 190, 192, 194.
Schiller 182
Schilling-Ziemssen, Hans 318.
Schillings, Max 81, 85, 110—116, 118, 187, 195, 197, 199, 224, 227, 268.
Schleiermacher, Friedrich 257.
Schmid, H. K. 202.
Schmidt, Leopold 103.
Schnerich, Alfred 251.
Scholz, Bernhard 127, 157 f.
Schönberg, Adolf 271.
Schreiber, Felix 200.
Schubert, Franz 81, 152, 182, 211 f., 215, 232.
Schulz-Beuthen, Heinrich 205.
Schumann, Clara 157.

Schumann, Georg 162, 264, 268·
Schumann, Robert 151, 153 ff., 157—160, 166, 212—216, 229, 231, 235, 267 f., 271, 277.
Schumann-Heink, Ernestine 309.
Schütz, Heinrich 253.
Seidl, Anton 294.
Seidl, Arthur 99.
Sekles, Bernhard 231.
Senius, Felix 309.
Shakespeare 57.
Siegel, Rudolf 199.
Singer, Edmund 305.
Smetana, Friedrich 73.
Sommer, Hans 89, 226.
Sporck, Ferdinand Graf 78, 114 f.
Stavenhagen, Bernhard 303, 306.
Steigentesch, Freiherr v. 78.
Stein, Heinrich v. 54.
Steinbach, Fritz 294.
Stern, Alfred 238.
Straube, Karl 272, 303.
Strauss, Franz 97.
Strauss, Richard 17—21, 25, 60, 81, 85, 97 ff., 101—111, 147, 161 f., 166—176, 180 f., 186 f., 189, 191 f., 194—197, 201, 206, 211, 222 f., 227, 230, 236, 261 f. 264, 269 f., 290, 295, 296.
Streicher, Theodor 224 ff., 261, 264.
Sucher, Josef 298.
Suter, Hermann 261, 301.

T

Taubmann, Otto 85, 258.
Thomassin, Désiré 271.
Thuille, Ludwig 81, 95—98, 161, 197—202, 224, 263 f., 269 ff
Tinel, Edgar 260.

U
Umlauft, Paul 92.
Urspruch, Anton 75 f., 261, 264·

V
Verdi, Giuseppe 76, 91.
Vierling, Georg 260.
Volbach, Fritz 205, 261.
Voltaire 77.
Vrieslander, Otto 224 ff.

W
Wagner, Franziska 81.
Wagner, Richard 34, 46—56, 59—62, 64, 68 ff., 72 f., 81 ff., 85, 87, 91 f., 98, 102, 113 f., 116 f., 123—127, 131, 135, 140 ff., 146 f., 150--153, 158, 160, 162, 164, 167, 182, 184 f., 189, 198, 201 f., 210 ff., 214, 216—221, 225, 239 f., 250, 264, 266, 268 f., 275 f., 281, 290—296, 298 f., 304, 307 ff., 314.
Wagner, Siegfried 87 ff., 295.
Weber, K. M. v. 112.
Weingartner, Felix 84, 187, 269, 296, 297.
Weis, Karl 89.
Weismann, Julius 199, 271.
Weissheimer, Wendelin 83.
Wette, Adelheid 95.
Wiemann, Robert 261.
Wilde, Oscar 103 f., 107, 110.
Wilhelmj, August 305.
Winterfeld, Karl v. 253.
Witt, Fr. X. 245.
Wittgenstein, Karoline Fürstin 134.
Wolf, Hugo 50, 73 ff., 93, 153, 187, 212—225, 228 f., 232, 268.
Wolf-Ferrari, Ermanno 79 f.
Wolfrum, Philipp 257, 301.
Wolzogen, Ernst v. 100, 110.
Wolzogen, Hans v. 78.
Woyrsch, Felix 260, 264.
Wüerst, Richard 190.
Wüllner, Franz 301.
Wüllner, Ludwig 309.

Y
Ysaye, Eugène 305.

Z
Zelter, Karl 211.
Zenger, Max 127, 202.
Zöllner, Heinrich 59 f., 226, 264, 271.
Zöllner, Karl 59.
Zumpe, Hermann 84, 298.

Nachträge und Berichtigungen.

Seite 58. Edmund Krets.chmer starb 1908.

Seite 75 Z. 15 v. u. lies: „einem Werk".

Seite 77. Nachdem das zuerst ohne sonderlichen Eindruck an die Oeffentlichkeit getretene „Tiefland", textlich und musikalisch eine Art von deutscher „Cavalleria", in neuer Bearbeitung einen starken Bühnenerfolg gehabt hat, ist d'Albert nun inzwischen schon wieder mit einer neuen (komischen) Oper erschienen: „Tragaldabas".

Seite 89 Z. 3 v. u. lies: „wie Kienzl".

Seite 90. Leo Blechs neuestes Werk, die komische Oper „Versiegelt" soll nach den Berichten über die sehr erfolgreiche Hamburger Uraufführung (November 1908) das erfüllen, was sein Einakter „Das war ich" seinerzeit versprochen hatte.

Seite 91 Z. 4 v. u. lies: „über".

Seite 92 Z. 14 v. u. lies: „Pontevedra".

Seite 157. Albert Dietrich starb 1908.

Seite 161 2. Z. v. u. lies: „Friedrich Gernsheim.

Seite 200. Unter den aus der Münchner Schule hervorgegangenen Dirigenten wäre noch der kürzlich auch als Opernkomponist hervorgetretene Hans Schilling-Ziemssen zu nennen.

Seite 202. Schüler Thuilles an der Münchner Akademie war auch der späterhin stark durch Reger beeinflusste Roderich von Mojsisovics (geb. 1877).

Druck von Mänicke & Jahn, Rudolstadt.

www.ingramcontent.com/pod-product-compliance
Lightning Source LLC
Chambersburg PA
CBHW050855300426
44111CB00010B/1261